本书为国家社会科学基金重大项目
“网络社会的结构变迁与演化趋势研究”（15ZDA045）最终成果

网络与空间社会学丛书

网络社会的结构变迁与演化趋势

刘少杰　著

中国人民大学出版社
·北京·

总　序

改革开放40多年来，中国实现了举世瞩目的快速发展，社会生活的各个层面都呈现了无比深刻的变化。在无限丰富的发展变化中，网络社会的崛起最令人耳目一新。起初，人们曾把网络社会看作与现实社会不同的虚拟社会。而时至今日，由计算机和移动通信技术支持的网络社会，已经在经济、政治、文化、教育和日常生活的各个领域展开，越来越多的人清楚地认识到，网络社会不是虚拟社会，而是一个形式与地方社会不同但内容十分充实的现实社会。

尤其重要的是，网络社会在中国的大规模崛起，展开了一个范围无限广阔的新型社会空间。网络空间既是人们在线上开展各种网络活动、灵活便捷地进行信息交流的空间，是超越了特定地理边界或地方场所限制的身体不在场的缺场空间，也是凭借网络信息技术而进入各个社会领域、同实体空间交织在一起的在场空间。因此，网络空间是一个线上与线下、缺场与在场交互统一的社会空间。

到目前为止，中国已经有8亿多人口成为网民，他们利用灵活简便的网络技术开展了丰富多彩的信息交流活动，短信、微博、微信、QQ、陌陌、抖音、知乎，各种得心应手的网络交流方式不仅使社会信息沟通变得空前活跃，而且还使人们结成了微博群、微信群、QQ群、陌陌群、抖音群、知乎群……形式多样的网络群体真是生动活泼、五彩缤纷。不断加快的信息交流提升了社会效率，大量生成且特点各异的网络群体则使社会呈现了崭新的构成结构。

快速的信息交流还增强了网络空间的内容密度和联系程度，社会认同、社会排斥乃至社会矛盾也在网络空间中呈现了空前复杂的程度。这是一种网络化条件下的时空压缩，并且是一种扩展中的压缩。时空压缩是变化速率的加快和空间密度的加大，而时空扩展则是变化过程的多样化和展开范围的拓宽与延展。因为任何事物都是在时间过程中流变、在空间形式中呈现的，所以网络化条件下的时空压缩与扩展，必然表现在社会生活的各个领域或不同层面。

网络社会的崛起给人们展示的新空间现象，可谓千姿百态、气象万千。网络社会的丰富多彩和日新月异，不仅使无数青年人成为"低头族"的网虫，而且使很多中老年人也变成了在网络活动中流连忘返的网迷。然而，无论人们对网络空间怎样迷恋，他们也一定要在实地空间中生存，衣食住行等身体活动或生命需求的不可超越性，注定人类无法脱离地理空间而常驻于信息空间之中。正是这个简单的道理，使亿万网民不可回避地把他们在网络空间中接收的信息，同地理空间中的各种境遇联系起来思考。

网络中海潮般涌动的信息，无论有多么遥远和复杂，多么汹涌和激荡，其根源都在于人们对地理空间的感受和对周围世界的认知。因此，网络空间的根基在于地理空间，理解网络空间中的复杂现象，离不开对地理空间现象的观察与思考。地理空间有多种称谓：地方空间、物理空间、实体空间、在场空间等等。不过，无论怎样称谓，它都呈现出一个具有实体性、边界性和相对稳定性的空间状态。

改革开放以来，中国社会的地理空间虽然不像网络空间那样新奇、易变甚至陌生，但其变化的复杂性也可以说是千载不遇。中心城市的大规模建设，偏远乡村的脱贫致富，高铁和高速公路的四通八达，东南沿海的兴旺发达，东北和西部的发展滞后，凡此种种，都是人们身处其中的地理空间的发展状态。而地理空间的发展是一种差别化的不平衡发展，原本处于大致相同生活状态的社会成员，却因为所处地理空间的位置和资源的差别，落入了收入差距拉大的境地。

地理位置、地区发展、空间资源、空间环境等方面的差别，导致家庭财富、空间权利、空间关系、空间参与、空间评价和空间预期等方面更加复杂的分化，而这已经从地理空间的问题转变为社会空间的问题。并且，地理空间、物理空间或地方空间的分化，一定会影响人们在社会空间中的阶层地位、利益关系、群体认同、社会交往、社会流动和贫富差距等方面的变化，也就是社会空间的变化。改革开放以来，社会学界所提出和研究的大量社会问题，大部分可以被看作是社会空间发展变化的反映。

在网络空间大规模生成、地方空间复杂分化、社会空间发展不平衡的新形势下，人们的观念空间或表象空间也必然随之进入空前复杂的状态。确如历史唯物主义所论，人们的思想观念和价值评价是对现实社会的反映。尤其在网络化时代，这种反映会在迅捷的网络信息交流中变得异常复杂。并且，网络技术能把抽象的价值原则和理想信念转化为无比生动的视频图像，为空间表象的生成和传播创造了更加引人注目的灵活形式和广泛传递的有效途径。

与概念、判断和推理不同，表象不是逻辑思维，而是在感觉和知觉基础上形成的感性认识形式，是广大人民群众在日常生活中具体而直接反映现实的形象的意识活动。空间表象是人们面对空间存在、空间关系或空间变化而产生的形象的感性认识，生活在不同空间条件或空间环境中的人们形成了差异万千的空间表象，在观念沟通特别是网络信息交流中，汇合成了形象生动、取向各异、灵活交流而又矛盾互动的表象空间。

综上所述，改革开放以来，中国社会的地理空间、社会空间、网络空间和表象空间都已经向人们展现了复杂的变化和丰富的内容，对人文社会科学研究则提出了一系列值得深思的重大时代课题。面对四重空间深刻而广泛的复杂变化，如能突破传统社会科学单纯强调结构分析的研究方式或思维方式，在直接面对四重空间感性现象并对之做出多样性和差异性考察的同时，开展深层的结构论分析，实现在新形势下面对新社会现象的空间论考察和结构论分析的综合，或许能为人文社会科学研究带来勃勃生机。

网络与空间社会学丛书，是基于上述思考做出的一个选题。时下，国际秩序发生了空前剧烈的动荡变迁，中国改革开放也面临着前所未有的复杂形势。城乡发展、社会分化、网络交流和观念表象，无论哪个空间领域都呈现了复杂多变的现象。并且，这四重空间的变化是纵横交织、紧密联动的，任何一重空间或各重空间的某个角落的变化，都会不可避免地直接或间接地引起其他空间的变化。因此，应当在四重空间的整体联系中展开学术研究的理论视野。

5G 移动通信技术即将实现广泛应用，在网络信息生成、交流和传播的速度提高十几倍甚至数十倍的条件下，原本就已经快速变化的网络空间和表象空间，一定会发生更加迅速的变化。同时，在极速中运行的5G信息交流与传播，必将大幅提高社会活动的效率和加快变化的节奏，地理空间和社会空间在呈现新的发展态势的同时，也必然会产生更加复杂的不确定性甚至社会风险。这些空间变迁将为社会学研究提出更多具有重大学术价值和现实意义的选题，辛勤耕耘的学者们将创作出更多具有崭新视野和深刻见地的学术著作，而本套丛书则是展示这些网络信息化条件下空间社会学研究成果的学术窗口。

刘少杰

2019年8月20日

目 录

导论　中国网络社会的发展历程

互联网技术引入中国，到 2019 年已有 30 多年的历史。短短 30 多年的时间，互联网在中国产生的各种影响或作用，无论在广度还是深度上，都以其惊人的速度引起了难以预料的社会发展与变迁。学术界已从网络技术创新、网络经济增长、网络文化繁荣和深化网络治理等不同角度，对互联网在中国的应用发展过程做出了很多概括，对于总结历史经验，进一步推进网络技术在中国的应用，以及促进网络社会的健康发展，都具有十分重要的意义。本书首先对互联网技术广泛应用引起中国社会交往方式和群体形式的变化做出一些考察，亦即对网络社会在中国生成与发展的历程做一些回顾和思考，或许能引起学界对中国网络社会发展做更加深入的探讨。

一、日新月异的快速网络化

中国社会生活网络化的快速发展，实在是令人难以预料。1987年9月14日，北京计算机应用技术研究所发出了中国第一封电子邮件："Across the Great Wall，we can reach every corner in the world.（越过长城，我们能到达世界的每一个角落。）"中国人实现了对互联网的第一次具有里程碑意义的接触。从踏入互联网的这个第一步算起，中国互联网的发展历程已有30多年的时间。

30多年来，中国网络社会加速度地大规模崛起。不仅已有半数以上人口通过实名制注册为网民，积极地参与了网络活动，而且无论是在公共场所，还是在个人住处，网络浏览、网络交流、网络购物和网络群聚，都已成为广大网民随时开展的日常活动。网络浏览、微信交流，在中国已成为最常见的社会现象，似乎已经代替了"大声说话"的普遍习惯。一些在十几年以前来中国访问的西方客人，通常都对中国人在公共场所大声说话甚至高声喊话的嘈杂场景留下了较深印象。而如今，随着人们对互联网活动的热衷参与，在公共场所里大声说话的人越来越少，更多的个人行为是手机上网。在候机厅中、列车上、公共汽车里，虽然偶尔也能听到有人大声说话，但是这已经变成少见的个别人行为了，而大多数人的主要活动是在无声地"网游"。

不要小看这种从大声说话到默默网游的变化，这不是个别人生活细节的变化，而是广大社会成员的一种普遍的交往方式的变化。人们通过社会交往展开了社会生活的各种形式，交往方式的变化一定会引起社会生活展开形式的变化。在网络交流没有成为广大社会成员的基本交往方式之前，人们的交往活动主要是在特定场所中开展的面对面的直接交往，在人员密集的场所中不被别人的语言呼唤所淹没，养成大声说话的习惯也就在所难免。而网络交流可以把人们带到一个超越局部场所的缺场空间中去，人们可以凭借便捷的网络技术开展更广阔、更丰富的信息沟通与观念交流，但这已经不是在特定场所中面对面的直接的在场交往，而是在没有边界的网络空间中开展的具有间接性的缺场交往。

近几年一个发展更快、更加引人注目的网络行为是网络购物或网络交易。经过阿里、京东和亚马逊等网络公司的大力推进，网络购物已经成为广大社会成员普遍的日常消费行为，它不仅为商品营销开辟了广阔的新渠道，而且也对传统商业形成了尖锐挑战。到某些商场里逛一逛就能清楚感受到，网络购物已经对传统商业构成了明显冲击。拥挤不堪的繁盛景象似乎已经难以再现，冷冷清清的氛围让商场经营者感到实体店经营已是明日黄花、江河日下。与之相反，网络购物却如火如荼地发展着，不仅购买一些电子商品可以去天猫和京东网购，而且连买油盐糖茶、蔬菜水果也可以足不出户了。尤其那些穿梭于大街小巷的网络外卖，对种类不一的实体店的冲击就更为明显了。网络购物既省事又便宜，百姓何乐而不为？

不用钞票的网络交易更是不可轻视。不经意之间，网络交易已经广泛展开，人们越来越明确地认识到，网络交易不仅十分便捷，而且还比较安全。现在网络交易已经处处可行了，人们出门不必带钱包，只要带着手机，几乎所有交易活动都可以通过网络支付完成，就连给孩子买杯奶茶、买块烤地瓜都可以扫二维码了。短短两三年的时间，零售商们纷纷实行了网络交易，或者微信支付，购买日常消费品、乘车住店、吃饭娱乐，无所不能。这种无纸化交易冲击了银行业。原来银行遭受的网络交易冲击主要来自支付宝，现在除了支付宝，其他网络支付手段也纷纷出现了。

并且，中国网络社会的崛起，还不能仅从网民的个人行为去观察，更重要的是政府、企业或各种社会组织都已经争先恐后地进入了互联网，“互联网＋”已经成为政府行政、企业经营和社会组织活动是否跟上时代节拍、能否焕发活力的标志。“互联网比石油还重要”的时代，在中国已经为期不远了。网络政治、网络经济、网络文化、网络教育、网络医疗……凡是能提到的社会领域，就能把互联网加上。互联网已经无处不在、无时不有，它已经无孔不入地实现了对社会生活的重构。

二、网络技术引入与发展的总结

近几年，已有一些学者对互联网技术在中国的发展历程做出了总结，这对于考察网络社会的历史发展具有重要参考价值。对中国互联网技术的发展历程比较有影响的总结有：陈建功和李晓东的中国互联网发展的三阶段论[①]，方兴东等人的中国互联网发展三次浪潮和三次

① 陈建功，李晓东．中国互联网发展的历史阶段划分．互联网天地，2014（3）．

创新论[①]。

陈建功和李晓东把中国互联网技术发展的第一阶段称为引入期，时间跨度为20世纪80年代初到1994年。他们指出："引入期指互联网作为舶来品从美国引入中国的过程。在这一过程中，互联网从'暗度陈仓'到书面获许，从信息检索到全功能接入，从科研推动到商业化萌芽，每一步都走得十分艰辛。在这一过程中，学术需求推动了互联网在中国的落地、生根、发芽。"[②] 在这一阶段，互联网技术在中国主要被作为信息检索和信息通信的工具使用。

第二阶段称为商业发展期，时间跨度为1994年到2006年。在全功能接入国际互联网之后，经过基础准备、加速发展、泡沫膨胀与破裂、可持续发展几个亚阶段之后，中国互联网技术的主要商业模式逐渐确立并成熟起来，互联网市场价值不断获得突破性增长。商业互联网已经走上良性的可持续发展之路。[③]

第三阶段称为社会价值凸显期。在陈建功和李晓东看来，互联网技术的价值凸显，主要表现为广大社会成员广泛利用微博和微信开展了自为媒体的即时通信交流。他们称之为"人即传媒"的时代。"人即传媒时代的到来，意味着来自社会底层的力量，获得了更有力的推动社会进步的工具。"[④] 在这个"人即传媒"的时代，微博、微信成为广大网民得心应手的信息交流设置，在大规模应用中不仅改变了人们

① 方兴东，潘可武，李志敏，等．中国互联网20年：三次浪潮和三大创新．新闻记者，2014（4）．

② 陈建功，李晓东．中国互联网发展的历史阶段划分．互联网天地，2014（3）．

③ 同②.

④ 同②.

的交往方式，而且也使社会生活获得新的群体形式。并且，因为广大网民通过微博、微信对社会生活积极参与和广泛介入，其正负效应也充分显示出来。

方兴东等人从三次浪潮和三大创新角度总结了互联网技术在中国的发展历程。在发表于2014年的一篇题为《中国互联网20年：三次浪潮和三大创新》的文章中，方兴东等人编制了一张说明互联网技术发展阶段的表（见表0－1）：

表0－1　互联网技术发展阶段

阶段		第一阶段	第二阶段	第三阶段	第四阶段
阶段名称	史前阶段	互联网1.0	互联网2.0	互联网3.0	网络空间时代
大致时间	1994年之前	1994—2001年	2001—2008年	2009—2014年	2015—2024年
阶段特性	科研阶段	商业化阶段	社会化阶段	即时化阶段	网络空间阶段
突出属性	学术属性	媒体属性	社交特性	即时属性	网络空间属性
中国网民数临界点	无	3%(3 370万，2001年)	22%（3亿，2008年)	50%（7亿，2015年)	70%（10亿，2024年)
全球网民数临界点	0.4%（1 600万，1995年)	8.6%(5.73亿，2002年)	23.9%(15.87亿，2008年)	40%（30亿，2015年)	65%（50亿，2024年)
商业创新	邮件	门户、B2C	博客、视频、SNS	微博、微信	变革各行各业
制度创新	科研机构	产业部门	九龙治水①	意识形态主导	网络空间治理
文化创新	国际交流	网络媒体	个人媒体		

① “九龙治水”指互联网管理部门多，政出多门，治理效果不好。——作者注

续前表

阶段		第一阶段	第二阶段	第三阶段	第四阶段
中国领军企业或应用	邮件	新浪、搜狐、网易、8848 等	百度、阿里、腾讯等	新浪微博、腾讯微信、余额宝等	腾讯、阿里、百度等
全球领军企业	AOL、Compuserve 等	Netscape、Yahoo!、Amazon 等	Google、Yahoo!、eBay 等	Facebook、Youtube、Twitter 等	Google、Apple、Facebook等
全球基本格局	美国绝对主导	美国主导	中国开始崛起	中国崛起	中美两强博弈

资料来源：方兴东，潘可武，李志敏，等．中国互联网 20 年：三次浪潮和三大创新．新闻记者，2014（4）．

由表 0－1 可知，方兴东等人论述的商业创新、制度创新和文化创新，是同时贯穿于中国互联网技术发展历史的三条主线，并不是不同的历史阶段。从发展阶段上看，方兴东等人以互联网技术发展为根据概括了三个历史阶段：互联网 1.0 阶段、互联网 2.0 阶段和互联网 3.0 阶段。①

互联网 1.0 阶段开始于 1994 年，中国互联网发展呈现了时间长达 7 年的第一次浪潮，以新浪、搜狐、网易等三大门户的创建为发端。互联网 2.0 阶段亦即第二次浪潮，开始于 2001 年，经历时间大约也是 7 年。"这一场火热是由中国移动策动的短信 SP 业务所带动的"②，携程、盛大、百度等网络公司纷纷上市，特别是阿里上市，使互联网的发展进程呈现了令人为之兴奋的兴旺局面。互联网 3.0 阶段开始于 2009 年，中国互联网发展掀起了第三次浪潮，微博、微信类

① 方兴东，潘可武，李志敏，等．中国互联网 20 年：三次浪潮和三大创新．新闻记者，2014（4）．

② 同①.

服务崛起，将中国互联网带入即时传播时代。特别是微信广泛应用，人们结成了无法计数的微信群，中国社会展开了崭新的并且无限活跃的群体形式。

从上述考察可以发现，关于互联网技术在中国 30 多年发展历程的总结，因为其包含内容的丰富性、影响作用的广泛性和涉及因素的复杂性，学者们可以从很多不同角度做出梳理概括。不过，无论从哪些角度来总结中国互联网技术的发展史，都不可能绕过互联网技术的发展创新，社会成员的参与程度和经济、文化及社会效益等三个方面。而这三个方面也正是我们对网络社会发展变迁做出总结的基本关注点，同时我们还要把这三个方面的发展变化同其对社会生活的影响结合起来考察，并且在这种考察中重点揭示网络社会的变迁。或者说，我们将借鉴关于互联网技术历史发展的总结成果，对中国网络社会发展的历史做出考察和总结。

三、中国网络社会的发展阶段

应当明确的是，互联网技术发展史同网络社会发展史是两个不同的概念。尽管互联网技术发展直接而有力地影响了社会变迁，互联网技术创新和广泛应用的过程也就是社会生活网络化变迁或网络社会生成发展的过程，但关于互联网技术发展史的总结，主要侧重的是互联网技术革新，互联网设置创新，互联网规模扩张，互联网的经济、文化和社会效益等，简言之，重点在于互联网技术发展和功能作用提升等方面。而对网络社会的发展历史做出总结，重点则在互联网技术应用引起了何种形式、何种程度以及何种性质的社会变迁。

我们借鉴关于互联网技术发展史的研究成果，从网络社会学视角对中国网络社会 30 多年的发展历程做一个阶段划分。

史前阶段：学习引入阶段（1987—1994）——学习互联网知识、引入互联网技术和开启互联网通信阶段。陈建功等人把这一阶段称为“引入阶段”，方兴东等人则称之为“史前阶段”，其共同点在于：都认为这是一个为中国互联网事业大规模发展做出积极探索的引入学习阶段，并且都把 1994 年中国正式与互联网实现链接作为这个时期的结束。虽然对这个时期的起点没有做出明确的认定，但都承认这个时期的第一件大事是：1987 年 9 月 14 日，北京计算机应用技术研究所发出了第一封电子邮件，中国迈开了进入互联网的第一步，就像这封邮件的内容一样：“越过长城，我们能到达世界的每一个角落。”我们把中国发出第一封电子邮件作为中国网络社会发生的开端，它标志着学习互联网知识、引入互联网技术、开展互联网活动已经在中国成为现实。

应当承认的是，方兴东把 1994 年之前称为互联网事业发展的史前时期，有其合理之处。因为尽管发出了第一份电子邮件，是中国学习、探索和引入互联网知识和技术的明确标志，但直到 1994 年正式与互联网对接之前，对互联网的学习探索主要发生于范围有限的一些专业科技人员或科研机构中，还没有在社会上形成广泛影响，更谈不上有多少社会成员开展了互联网活动。因此，从网络社会的发展进程上看，1994 年之前的这段时间，只能看作网络社会发生的孕育阶段。

但同时也应当指出，一部分科技人员开始学习和引入互联网科技，对于中国互联网事业和互联网社会的发展，是必不可少的破冰之旅。没有一批科技人员的艰苦探索和不懈努力，崭新甚至神奇的互联网知识与技术在中国得以迅速传播普及是不可想象的。因此，不能低估学习引入阶段在互联网事业及网络社会发展中的地位和意义。这个时期电子邮件在科技人员或知识分子中的使用，也具有很重要的意义。电子邮件不仅加快了人们的信件交流速度，而且因其大幅度地扩展了人们的交流范围和交流内容，人们对社会的了解和对世界的认识都随之发生了很大的变化，甚至影响到人们的价值观念、行为方式和生活方式。

第一阶段：Web 1.0 阶段（1994—2001）——网民上网浏览信息、网站向社会发布信息以及 BBS 发展阶段。1994 年 4 月 20 日，NCFC（The National Computing and Networking Facility of China，中国国家计算机与网络设施）工程通过美国 Sprint 公司接入 Internet 的 64K 国际专线开通，中国实现了与国际互联网的全功能连接。这不仅开启了互联网在中国的正式运行，而且也是中国网络社会逐渐大规模形成的开始。尤其是到了 1998 年，网易、搜狐、腾讯和新浪等网站相继创建，互联网以崭新的面目呈现在中国亿万民众面前。各大网站都极力追求扩大点击量，千方百计地吸引浏览者眼球，刺激了越来越多的国人开始在各大网站丰富多彩的页面上便捷地搜索信息，轻而易举地了解中国与世界各地发生的事情。

在 Web 1.0 阶段，另一个令人兴奋的事情是 BBS 的兴起。1994 年，在中国科学院的网站上，建起了第一个互联网 BBS，被命名为曙光站。曙光站的速度较慢，清华大学师生开始探寻一条让网速快一点的途径。1995 年 8 月，清华的实验室里装上了台湾的 BBS 软件，站点起名为“水木清华”。“水木清华 BBS 是中国大陆第一个同时在线超过 100 人的‘大型’网站。”① 后来在不长的时间里，北京和各地高校纷纷建起 BBS 网站，一些大型公司或团体也建起了 BBS 网站。

BBS 网站的兴起对中国网络社会发展最重要的意义在于，它突破了电子邮件联系中的个体之间一对一的通信联系，开始在群体中展开了一对多、点对面的交流关系。虽然 BBS 是有边界限制的局域网，人们在其中只能展开仍然具有单向性的有限的表达与接受的关系，但它在极短时间里把个人的意见或观点向几百人甚至成千上万人表达，可以因为表达形式和表达内容而引起大家关注，甚至引起“集体兴奋”，这已经是一种崭新的网络群体现象了。

第二阶段：Web 2.0 阶段（2001—2008）——利用短信交流和通过博客向社会发布自己观点的阶段。短信是个体间进行信息交流的形式，而博客则是个体对社会发表自己观点、意愿或评价的形式，二者都突破了地理边界的限制，扩大了网络的社会空间。进入 Web 2.0 阶段，网民不仅用浏览器在网站阅读信息，而且还可以编写短信、博客表达自己观点，因此网络活动进入了既看又写的阶段，网民具有了更大的自主性和创造性。进一步说，同 Web 1.0 阶段相比，Web 2.0 阶段的主要特点是网民的参与性和互动性。通过发短信和编写博客，网民成了互联网的参与者和创造者；通过短信和博客交流，网民之间发生了积极的互动，互联网由此而焕发出更大活力。

也正是因为网络活动的参与性和互动性，Web 2.0 阶段的网络社

---

① 风端．中国最早的论坛（BBS）是哪个？．（2014－11－28）［2019－03－22］．https：//www.zhihu.com/question/19848288/answer/34140571.

会呈现了活跃的思想性。网络参与和网络互动都是通过信息交流实现的，只有那些内容新颖、形式活泼的信息才能实现有效参与和互动。并且，这个阶段形成的新思想、新观点具有在 Web 1.0 阶段无法与之相比的广泛影响力。虽然在前一阶段的 BBS 中已经存在网民表达自己意愿的行为，但因其发生于有限的局域空间，所以引起的社会效应还有很大局限性。而短信和博客则克服了 BBS 的这种边界局限性，由此产生了广泛的社会影响。

第三阶段：Web 3.0 阶段（2009—2014）——个体通过微博和微信开展即时通信并结成大量网络群体的阶段，这也是网络社会发展达到了空间广阔、空前活跃的阶段。2009 年 8 月，新浪推出微博。很快引起了广大网民的热烈关注和积极参与，新浪网站的影响和活力也随之迅速上升，对腾讯、网易和搜狐等网站形成了巨大压力。随后，腾讯、网易和搜狐等网站也纷纷在 2010 年推出微博。只允许 140 个汉字的微博，以其简明性、便捷性、生动性的鲜明特点，在较短时间里赢得了广大网民的热烈参与，上网开微博，一时间成为广大网民的流行语，甚至成为 2010 年至 2012 年几年间的一种广泛流行的社会时尚。

特别是在 2010 年 10 月发生的西安音乐学院学生药家鑫驾车肇事杀人案，2011 年 6 月发生的郭美美网络炫富，2011 年 7 月发生的温州动车事故以及 2012 年发生的陕西省安全生产监督管理局局长杨达才案等事件中，广大网民利用微博对这些事件开展了热烈“围观”。在“围观”高潮期，每天数以百万计的微博对这些事件发表评论，还有网民通过调查和“人肉搜索”揭露事实，发挥了网络舆论抨击邪恶、伸张正义的积极作用，显示了督促政府秉公执法、及时办案的强大的舆论力量或信息权力。在发表和跟帖的微博热潮中，涌现了一批意见领袖，有些意见领袖竟然拥有数以百万甚至数以千万的粉丝，形成了庞大的网络群体。

2011 年 1 月，腾讯推出了微信，这是一个对推进中国网络社会发展具有更加强大作用的网络设置。微信（WeChat）是一个为智能终端提供即时通信服务的免费应用程序，可以通过互联网快速发送文字、语音、图片和视频等信息，同时，也可以使用通过共享媒体的资料和基于位置的社交插件等开展即时通信，“摇一摇”“漂流瓶”“朋友圈”“公众平台”“语音记事本”等服务插件，很快成为广大网民得心应手的交流工具。同短信相比，微信有很多优点：微信仅走流量，不像短信那样需要支付话费；短信主要传递文字信息，虽然可以发彩信，但一条要花 0.3 元，而微信除了可以发文字信息外，语音、图片、视频也都可以发，并且都是免费的；微信的朋友圈更是让使用者感到亲切可爱，它能使人们轻松地同朋友保持密切的联系，在丰富的熟悉人关系中消除烦恼、逃避寂寞。至于“摇一摇”“漂流瓶”“公众平台”等微信设置，也都是人们喜闻乐见的。

由于微信具有灵活、轻便、多样、生动并且免费的多种优点，因此受到了热烈欢迎，其用户迅猛增长，到 2017 年 7 月，微信用户已经达到 5 亿。[①] 微信不仅增强了互联网的魅力，壮大了网民队伍，提升了网络社会的活力，而且更重要的是使网络社会呈现了崭新的群体

---

① eMarketer. 2017 年微信用户数量将接近 5 亿 .（2017 - 07 - 21）[2019 - 03 - 22]. http://www.199it.com/archives/613243.html.

形式。社会是作为群体而存在的，在互联网没有发展起来之前，社会群体都是在特定场所中存在的，而现在人们通过微信结成了名目繁多、无法计数的微信群。一旦使用了微信，几乎没有人不加入几个、十几个甚至几十个微信群的，家庭群、亲友群、同学群、同事群、同乡群、同行群……实在难以列数。如果以每个微信用户平均加入 10 个微信群计算，5 亿多用户至少结成了 50 多亿微信群。这 50 多亿微信群是十分活跃的网络群体，是同日常生活融为一体的现实生活，它们为中国社会展开了新的群体形式和新的运行空间。

方兴东还划分出一个从 2015 年至 2024 年的 Web 4.0 阶段。虽然这是在 2014 年做出的一种预测，但在今天看来，这种预测已经在变成现实。方兴东认为，2014 年之后，互联网不仅规模和效益将进一步扩大，而且还会向社会各种领域扩展，进而引起社会生活更加广泛的变革。事实正是如此，现在互联网已经进入社会生活的各个领域，购物营销、医疗卫生、文化教育、艺术娱乐、交通旅游、金融业务、社会治理、政府行政……几乎社会生活的所有方面都能同互联网联系到一起了。从这个意义上看，现在的网络社会已经不仅是一个信息空间了，而是同经济、政治、文化、社会、环境等所有方面都紧密联系在一起的新社会形态了，中国社会正在全面实现网络化。

四、中国网络社会的深刻变迁

经过 30 多年的发展，中国网络社会已经发生了深刻的变革。虽然难以对网络社会的深刻变化做出全面描述，但就其最突出的几个方面做出理论概括还是可以做到的，并且也是十分必要的。在对中国网络社会深刻变革进行讨论之前，有一点需要说明，即我们所论述的网络社会，不仅指线上的赛博社会，而且还包括线下的网络化社会。笔者曾对网络社会的构成关系或空间关系做了如下分析（见图0-1）[①]：

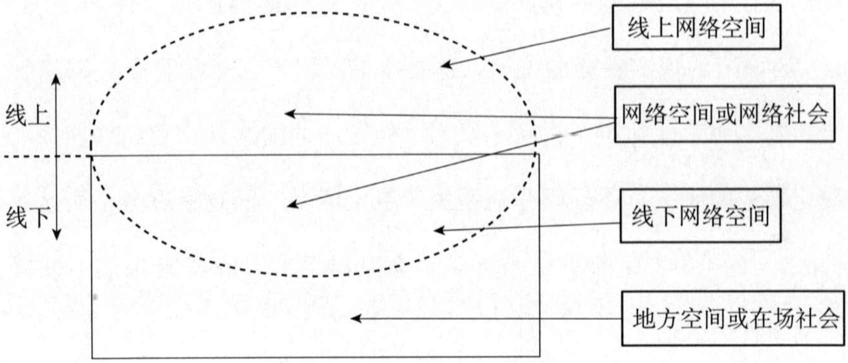

图0-1　网络社会的空间关系

图0-1中虚线椭圆形表示网络空间或网络社会，实线长方形表示地方空间或在场社会。网络社会与在场社会是交叉关系。网络社会或网络空间分为线上和线下两层，线上的网络空间处于在场社会之外，是缺场社会；线下的网络社会处于在场社会之中，实质上是在场社会的网络化。在网络化的迅速发展中，在场社会的大部分空间被网络化了，但还有相当数量的社会成员的社会活动和日常生活与互联网没有发生联系，他们的活动范围还停留在线下的未网络化的地方空间或在场空间之中。[②]

由上图可知，笔者所论网络社会并非仅指线上的赛博社会，还包括一部分线下的地方空间，也可以称之为线下的在场社会或地方社

① 刘少杰．从城市时空论到网络时空论——当代西方社会学时空理论的演进与扩展．南国学术，2017（6）．

② 同①．

会。进一步说，本书在网络社会学视角中所理解的网络社会（network society)，是在计算机、互联网（Internetwork）和移动通信技术快速发展的推动下，由广大网民热烈参与并且已经引起现实生活发生深刻变迁的具有崭新结构的新社会，是网上的赛博社会（cyber society）与网下的现实社会的统一，这是本书不同于信息学科研究网络社会的基本视角。在这个视角中，本书所提出的网络社会的结构变迁与演化趋势的研究，不局限于对网民“线上活动”的观察思考，而是在“网上与网下”“缺场与在场”或“虚拟与现实”的紧密联系中开展对网络社会的研究。

基于我们对网络社会的界定，结合上述关于中国网络社会发展阶段的论述，可以发现，中国网络社会最明显的变化是空间扩展，即扩展出一个线上的网络空间。线上的网络空间即赛博空间，一度被称为虚拟空间，甚至至今仍然有人认为它是一个虚拟空间。事实上，今天再把线上的网络空间看成虚拟空间，已经远远落后于网络社会的发展。可以说，在互联网刚刚起步时，把线上的网络空间看成是虚拟空间还有一定的合理性。譬如，在 Web 1.0 阶段，网民在 BBS 中的信息交流大部分都是匿名的，一些网民在隐匿了实际身份的前提下，可以虚构情节、事实、身份或名义进行交流，BBS 中出现一些与事实不符的网络现象，人们将之称为虚拟空间或虚拟社会，这是可以理解的。

后来随着互联网的快速发展，网民通过博客、微博和微信对现实生活的参与度越来越高，网络社会的现实性不断增强。特别是自 2015 年 3 月 1 日起，国家互联网信息办公室发布的关于实行实名制的《互联网用户账号名称管理规定》正式施行，网络空间的虚拟成分大幅降低，再把网络空间看成虚拟空间或虚拟社会已经不符合事实了。当然，这不意味否认了线上空间和线下空间的区别。线上空间不具备实体性和在场性，它是人们利用智能手机或计算机在互联网中开展信息交流而展开的空间，因此可以称之为信息空间。并且，线上空间是人的身体不在其中、面目不完全呈现出来的空间，是超越了地理边界的缺场空间，是一个在互联网发展起来之前的传统社会不存在的崭新空间。因此，线上网络空间的生成，不仅是社会空间在展开范围上的扩展，而且也是社会空间在存在方式上的分化。

然而，无论线上空间与线下空间有何不同，线上空间都同线下空间保持着不可分离的联系。线上网络空间的缺场交流，是存在于各种社会场所的人们开展的社会交往。马克思、齐美尔和哈贝马斯等人都论述过，交往是人的本质属性，是社会展开的基本形式。传统社会的交往，都是在特定地理范围或某个实地场所中开展的交往，而网络空间为广大社会成员提供了超越地理边界和具体场所的交往空间和交往途径，这意味着面对面的传统社会交往形式发生了变化。这种缺场的社会交往大规模地发生，说明社会生活的展开形式已经发生了转变。虽然家庭和大部分组织、机构及企业等还存在于地方空间之中，但当缺场交往已经普遍展开时，就不能仅从这些实体形式来观察人和社会的存在了。

虽然网络空间流动于线上，但它却为人类构建了一种崭新的经验基础——传递经验。吉登斯根据电视和传真等媒体对影像或信息的传递作用而引起人们的经验感受，提出了“传递经验”概念，具有很重要的启发意义。在互联网和智能通信等新媒体快速发展的新形势下，传递经验的传递速度、影响广度、作用深度和存在地位，都已经今非昔比。中国网民每周在网上活动的平均时间达到 27.7 小时[①]，通过十分活跃的网上活动，网民们接收了大量信息，这些信息不断地刺激和更新着他们的感受与体验。经验是身体的经历过程和心理的体验过程的统一。网民在网络活动中虽然没有身体经历，但有异常丰富的心理体验。并且，网上的信息绝大部分都是对现实生活的真实反映，网民可以不断把经由这些信息而形成的心理体验同现实生活联系起来，进而转化为一种经传递而成的经验。

在近几年发生的一些网络群体事件中，还能看到不仅网民个人在网络中接受信息刺激而形成传递经验，更重要的是网络信息在群体乃至社会中迅速广泛传播，能形成范围更广、作用更大的传递经验。在温州动车事故、郭美美网上炫富、安监局局长杨达才在血腥肇事现场满面微笑引起网民愤怒等网络群体事件中，都可以发现传递经验已经成为网络化条件下人们做出判断、采取行动的重要基础。并且，因为网络信息传递的无边界性，其引起的传递经验还能在不同阶层、群体乃至一个区域甚至全国范围中形成迅速的传递效应。2012 年遍及全国的民间"保钓运动"，就是建立在通过互联网对社会各界广泛动员的传递经验之上的。

在传统学术研究中，同思想观念的发展变化相比，经验一向被看成是相对稳定的，因为传统学术面对的经验都发生在特定的地理环境

① 中国互联网络信息中心．第 42 次中国互联网络发展状况统计报告．(2018-08-20)[2018-12-03]．http://www.cnnic.net.cn/hlwfzyj/hlwxzbg/hlwtjbg/201808/t20180820_70488.htm.

和局部空间之中，这种地方性的局部经验受到了各种物质条件的制约，因此其生成与存在常常呈现出相对稳定性。而通过互联网的流动空间形成的传递经验，因其传播的便捷性、快速性和无边界性，具备了灵活多变的不确定性。特别是在来自四面八方的海量信息的刺激下，传递经验的生成与运行很难预测和控制，往往会产生一些不可预期的后果。因此，以传递经验为基础的网络群体事件具有很大的风险性。

进一步说，不仅在网络群体事件中呈现了不确定的风险性，就网络社会的运行过程而言，都是充满不确定性的，并因而具有较大的风险性。网络社会的不确定性和风险性，在同工业社会进行比较时，其产生的原因和呈现的状态可以看得更清楚。工业社会是以机器生产为基础的，而机器、厂房、流水线、生产工艺、操作程序、工作组织和管理制度等，都必须以固定、规范、明确、统一、标准、整齐和严格等确定性为前提，否则机器生产就无法运行。因此，工业社会就其存在基础和运行根据而言，一定要追求确定性，保持确定性。但网络社会却大不相同，网络社会的主要内容是信息流动，而信息的本质是更新，只有不断更新，信息才能保持自己的活力与价值。如果信息不更新，它就质变为噪声，就失去了存在的价值和意义，就会变成令人厌烦的干扰。正是在这个根本的意义上，网络社会一定是一个快速变化、不断创新的社会，从工业社会的眼光看，它就是一个充满了不确定性的风险社会。

网络空间引起社会的深刻变迁，还表现在它导致了一种新社会权力的诞生和社会权力结构的改变。因为线上空间中运行的是信息、观念或知识，而人们在线下空间的社会活动，一定是在信息、观念或知识的引导下进行的，人们在线上网络空间中接受、沟通或传递的信息、观念和知识，不可避免地会影响甚或支配他们在实际生活中的各种活动。在这个意义上，线上网络空间中有一种不可低估的信息权力。这种在网络交流中接受和生成的信息权力，不仅是支配个体行为的力量，而且在快捷而广泛的网络交流中，这种信息权力可以汇集为巨大的舆论权力、话语权力，成为社会动员乃至群体事件中的社会权力。

五、中国网络社会的感性化趋势

在回顾或总结网络技术引入、网络社会历程和网络社会变革的基础上，我们已经能够对中国网络社会的发展趋势做出一些初步的研判：感性化。关注具体的表象化思维、彰显差异的符号化追求和延续传统的网络化群体，是网络社会感性化趋势的明显表现。中国传统社会是一个在几千年的感性教化下，形成了稳定的感性秩序的熟悉社会。传统社会的感性思维方式、行为方式和生活方式，以其稳定的惯性和广阔的包容性，在网络社会中发生了扩展和融合。

同根据某种理性原则、制度构架建立起来的理性组织不同，网络群体是一种由广大社会成员自发联结而成的感性群体。大部分网民都同时参加了很多网络群体，有的网民甚至仅同学群就参加了四五个，小学同学群、初中同学群、高中同学群、大学同学群、研究生同学群，此外还参加各种由短期培训班而结成的学员群。名目繁多的网络群体，大多是熟悉关系在先而利用网络交往建立起来的感性群体。通过QQ、微信和微博等网络设置建立起来的网络群体，没有组织制度，没有行动纲领，没有领导负责，但有群体边界、约定俗成和意见领袖。因此，不能简单地把网络群体一概看成一盘散沙的乌合之众。

当然，通过互联网聚集起来的网络群体，有时也表现为瞬间快速生成，不久又烟消云散。例如，高潮迭起的郭美美网络炫富事件[①]，轰动全国的温州动车事故网络围观[②]，坚持不懈对陕西“表哥”杨达才的网络搜索[③]，表现网络社会认同力量的什邡事件[④]，等等，这些网络事件中都有数以百万计的网民积极参与，他们结成了十分活跃的网络群体。而这种大型网络事件中的网络群体，同上述QQ群、微信群、微博群不一样，前者是由大量素不相识的陌生人卷入而形成的网络群体，而后者则是以原先就存在的熟悉关系为基础而形成的网络群体。前者没有边界，规模较大，持续时间较短；后者边界清楚，规模较小，较稳定。但二者无论有多少区别，都不是根据某种理性计划和制度原则建立起来的，都具有行动目标具体化、意见表达表象化和模仿、从众等感性特点。

明确网络事件中群体聚集的感性特点，是正确认识网络群体事件发生与演化的前提。近些年关于网络群体事件特别是大型网络群体事件的研究，很多学者利用理性选择的方法原则进行分析、解释，表现出很大的局限性，甚至流于形式而脱离实际。理性选择的方法原则，

---

① 刘少杰．中国网络社会研究报告2011—2012．北京：中国人民大学出版社，2013：44-65.

② 同①66-91.

③ 同①159-177.

④ 同①174-200.

最基本的是通过量化计算和逻辑推论实现手段与目的的统一，进而实现效益的优化甚至最大化。这种被经济学构建出很多精致模型的理性选择，在逻辑形式上具有严密性，但其解释却难以符合实际。

很多学者也意识到用严格的理性选择模式去解释网络群体事件不太恰当，于是退而求其次。一些学者试图用“生活理性”“生存理性”“权益理性”等相对模糊的概念，去解释网络群体事件的生成根据和行动原则。这与运用理性选择进行的研究有很大不同。可以用韦伯关于实质理性与形式理性的界定来说明二者的区别。在计量经济学和量化社会学研究中，理性选择更多是指形式理性，即以数学计算、量化分析和逻辑推论等表现出来的理性形式或理性模式；而“生活理性”“生存理性”和“权益理性”等是实质理性概念，强调的是具有明确利益要求或价值原则的合理性。

需要说明的是，尽管一些学者用实质理性概念去说明网络群体事件的理性选择，但这种理性选择同感性选择在形式上已经没有明确的区别。这里所论述的感性选择，是同形式理性相区别的选择行为，是由感性意识活动（感觉、知觉、表象）支配的选择行为，缺乏计算、分析和逻辑推论。一方面，从形式理性的角度看，感性意识、感性选择和感性群体都是缺乏理性形式的，实际上可以称之为非理性的。但这里需要辨析的是，非理性不一定是反理性的，非理性包括感性和本能，本能是反理性的，而感性则是可以作为理性基础并能上升到理性的意识与活动的。另一方面，从实质理性的角度看，感性意识、感性选择和感性群体也具有自身的理性，但这种理性不是数学计算、量化分析和逻辑推论的形式理性，而是通过价值评价、道德规范和利益要求表现出来的实质理性。因此，当人们论述网络群体事件中的“生活理性”“生存理性”和“权益理性”时，并不是从形式上说网络群体是理性化群体，而是在阐述其实质的合理性。并且，网络群体事件中被看作“生活理性”“生存理性”和“权益理性”的那些现象，其表现形式或表达形式通常都处于缺乏计算、分析和推论的感性层面，因此，关于这些理性现象的论述，实质上也就是在论述网络群体事件的感性意识与感性选择。

总之，群体是社会最基本的构成单位和表现形式之一，如果网络社会的群体并非都是用数字计算和理性原则建构起来的，而是存在着大量的延续感性传统、展开感性行为、呈现感性秩序的感性群体，那么我们说网络社会具有感性化趋势也就有了不可否认的根据。

这里论述网络社会的感性化趋势，并非否认网络社会的理性化趋势。本书的基本观点是，与工业社会侧重追求或展开的理性化趋势不同，网络社会在感性化与理性化两种趋势上同时扩展了自己的存在空间。这是网络社会同工业社会不同的一个显著特点，应当明确地认识这两种背道而驰却又相互勾连的发展趋势，以避免陷入对网络社会这个人类社会新形态的片面性认识。

网络社会大规模地扩展了工业社会展开的空间，这是一种多种层面和多种维度的扩展，感性化趋势和理性化趋势不过是众多扩展层面和扩展维度中的两个基本方面。时下很多学者论述了网络社会的理性化趋势，并以数字技术和大数据为基础构建分析模型，甚至建立了对社会生活进行全面计算的新学科。事实上，社会生活有些内容确实是可以计算的，但同时还有大量内容是不可计算的。面对不可计算的社会现象，应当对之进行感性分析，特别是对网络社会的感性化趋势，应当符合实际地做出理论概括，而不是简单地套用理性模式。

网络社会的感性化趋势与理性化趋势同时并存，这种矛盾关系将长期存在并持续发展，其引起的直接变化是社会生活的复杂程度空前提高。形式理性的分析是从逻辑、程序和模式上简化事物的复杂性，努力给出一个可以普遍化的解释。但在网络社会中的感性化趋势不可阻挡地延展下去的新形势下，仅凭形式理性的分析方式去研究网络社会的发展变迁，必然会捉襟见肘。因此，应当积极探寻感性分析与理性分析的综合模式，以克服理性分析的简单化和片面性。

中国是一个经由几千年的感性教化形成了稳定传统的社会，人们在长期文化积淀中形成了具有突出感性特征的思维方式、行为方式和生活方式，当下它一边面临各种新文化特别是网络文化的影响和冲击，一边以其强大的惯性维持自身，并吸收、利用、融合新文化和网络文化。因此，在中国研究网络社会的发展和演化，要格外重视感性的传统文化，特别是重视感性的思维方式、行为方式和生活方式的深层而稳定的作用。

参考文献

1. 陈建功，李晓东．中国互联网发展的历史阶段划分．互联网天地，2014（3）．

2. 方兴东，潘可武，李志敏，等．中国互联网20年：三次浪潮和三大创新．新闻记者，2014（4）．

3. 风端．中国最早的论坛（BBS）是哪个？．（2014－11－28）［2019－03－22］．https：//www.zhihu.com/question/19848288/answ

er/34140571.

4. eMarketer. 2017年微信用户数量将接近5亿.（2017-07-21）［2019-03-22］. http://www.199it.com/archives/613243.html.

5. 刘少杰. 从城市时空论到网络时空论——当代西方社会学时空理论的演进与扩展. 南国学术，2017（6）.

6. 刘少杰. 中国网络社会研究报告 2011—2012. 北京：中国人民大学出版社，2013.

7. 刘少杰. 中国网络社会研究报告 2014. 北京：中国人民大学出版社，2014.

第一篇

网络社会的空间变迁

网络社会崛起带来了很多方面的变化。在难以列举的各种变化中，最明显的变化是线上网络空间的形成和整个社会空间的大幅扩展，可以简要称之为网络空间的扩展。更明确地说，我们这里所谓网络社会的空间扩展，既包括线上的网络空间形成，也包括线下社会空间在网络化过程中的范围扩大。并且，网络社会空间扩展不仅指范围、场所、幅度的扩张，还包括社会空间在内容上的增加、充实和复杂化。网络社会的这些崭新的空间扩展，已经引起卡斯特等社会学家的高度重视，他们在城市空间研究的基础上，对网络社会空间变迁做了深入的论述，形成了很多有重要启发性的研究成果。明确认识网络社会的空间扩展，借鉴已经形成的网络空间研究成果，是我们清楚认识网络社会其他方面发展变迁的重要前提。

第一章　从城市空间论到网络空间论

从古典社会学开始，社会空间问题就一直是社会学的核心问题，孔德、涂尔干、齐美尔等人对社会空间问题都有重要论述。以帕克为代表的芝加哥学派的城市空间社会研究，直接受到了古典社会学的影响，并展示了注重经验描述和客观分析的实证主义特点。在20世纪70年代以来西方城市社会大规模发展和网络社会迅速崛起的新形势下，当代西方社会学对社会空间问题的重视日益加强，形成了以列斐伏尔和哈维为代表的具有强烈价值要求和批判风格的新马克思主义城市社会空间理论，凸显了城市空间研究的主观要求。而到了20世纪后期，在信息技术革命的推动下，网络社会大规模崛起，社会空间发生了空前复杂而深刻的变化，卡斯特等人在城市空间研究的基础上，又阐述了内容异常丰富的网络社会空间理论。这些社会空间理论是西方社会学的重要内容，为西方社会学拓展了广阔的理论视野，并且也提出了植根人类社会变迁的一系列重大现实问题，为社会学在新形势下的发展与提升做出了十分重要的理论贡献。揭示空间研究在社会学发展中的不可缺失性，评析从城市社会空间论到网络社会空间论演化与扩展的现实基础、理论逻辑和学术贡献，是开展中国网络社会空间研究不可缺少的理论准备。

一、古典时期的空间社会学视野

在现代西方社会学创立之初[①]，社会学家们有明确的时间观念和空间观念，并且认为从特定的时空条件出发开展社会学研究，是社会学有别于其他学科特别是有别于传统哲学的根本特点。孔德把他界定的实证社会学的唯一特性指认为"社会学研究的相对性"，他明确指出："我们的实证研究基本上应该归结为在一切方面对存在物作系统评价，并放弃探求其最早来源和终极目标，不仅如此，而且还应该领会到，这种对现象的研究，不能成为任何绝对的东西，而应始终与我们的身体结构、我们的状况息息相关。"[②] 在论述了实证概念所包含的五个基本含义亦即实证社会学的基本原则之后[③]，孔德进一步指出："实证一词尚未直接表示新哲学精神的唯一特性，它包括了到处由相对代替绝对的必然倾向。"[④] 这里所谓的新哲学即实证哲学或实证社会学。

被孔德称为实证社会学唯一特性的相对性，就是指实证社会学研究的时空条件性，即在特定的时间过程和具体的空间关系中揭示人类

---

① 笔者把从以孔德等为代表的古典社会学开始直到20世纪70年代的社会学统称为现代西方社会学，而把20世纪70年代以来的社会学称为当代西方社会学或后现代西方社会学（刘少杰．后现代西方社会学理论．2版．北京：北京大学出版社，2014：37－38.）。

② 孔德．论实证精神．黄建华，译．北京：商务印书馆，2001：10.

③ 同②29－30.

④ 同②31.

社会的结构关系和发展变迁，而这一点正是能够把实证社会学同德国古典哲学区别开来的唯一特性。实证社会学以反对德国古典哲学为起点，而在孔德等实证社会学家看来，德国古典哲学最严重的缺陷是它超越具体时空条件的绝对性，脱离经验事实去追究抽象的普遍原则。实证社会学欲克服德国古典哲学的弊端并替代它的统治地位，必须坚持从具体的时间过程和空间位置出发，亦即从实际的经验事实出发。“为了充分说明我们一切实在知识的必然相对性质……一方面人们承认，我们的思辨不得不一贯依赖我们个人存在的各种基本条件，那么，另一方面也应该承认，它也服从于整个社会进步情况，而绝不可能具有形而上学者所设想的绝对稳定性。”①

实证社会学的奠基人涂尔干，对时间和空间在社会学研究中的重要性有更加明确的认识。在涂尔干看来，时间和空间不仅是社会事实的存在形式，而且也是人们认识社会事实的基本框架，只有在时间和空间关系中才能形成对社会现象的清楚认识。“时间的概念或范畴不仅仅是对我们过去生活部分或全部的纪念，还是抽象的和非个人的框架，它不仅包含着我们的个体实存，也包含着整个人类的实存。它就像一张无边无际的图标，所有绵延都在心灵之前展开，所有可能发生的事件都可以按照固定的、确定的标线来定位。”② 并且，涂尔干还强调了时间和空间的差别性和具体性，他指出：“要想在空间上安排各种事务，就应尽可能地把它们有所区别地安置下来，诸如左或右、上或下、南或北、东或西，就像在时间上来安排各种意识状态一样，必

① 孔德．论实证精神．黄建华，译．北京：商务印书馆，2001：31.

② 涂尔干．宗教生活的基本形式．渠东，汲喆，译．上海：上海人民出版社，1999：11.

须尽可能地把它们定位于某个确定的日期。”①

古典社会学的时空意识还体现在实证社会学的追求目标上。孔德一再宣称，实证社会学的追求目标是具有协调关系的社会秩序与社会进步。“新哲学认为，秩序向来是进步的基本条件，而反过来，进步则成为秩序的必然目标。正如在动物力学中那样，平衡与前进，作为基础或作为目标，彼此不可或缺。”② 实际上，孔德所理解的社会秩序，就是社会结构呈现的相对平衡的空间状态，而社会进步则是社会结构发展前进的时间过程。就此而言，社会学的基本追求不仅是在空间关系中的平衡与协调和在时间过程中的发展与进步，并且更重要的是空间平衡状态与时间发展进步之间要保持相互支持的协调。

从孔德和涂尔干的上述观点可以看出，社会学在其发端与奠基之初已经形成了明确的在特定时空关系中研究社会结构的存在状态和发展进步的理论原则，并且这是实证社会学试图超越传统哲学的基本立场和根本追求。然而，在社会学后来的发展中，虽然大量的社会学研究仍然是在时空关系中展开的，但是时间和空间这对范畴却被逐渐隐匿起来了。譬如韦伯的《经济与社会》、帕森斯的《社会行动的结构》、默顿的《社会理论和社会结构》、布劳的《社会生活中的交换与权力》等，在这些代表着现代社会学基本风格与主流倾向的鸿篇巨制中，很少能够见到对社会时间和社会空间的直接论述。当然，这不意味着现代社会学脱离了社会时空去研究社会发展变迁。比较符合实际的评价应当是，现代社会学的主要兴趣已经指向了社会时空的具体内

① 涂尔干．宗教生活的基本形式．渠东，汲喆，译．上海：上海人民出版社，1999：12.
② 孔德．论实证精神．黄建华，译．北京：商务印书馆，2001：40.

容，亦即淡化了对社会时空形式的关注，而转向了对时空形式所包含的结构内容的研究。这个判断可以通过齐美尔的思想观点来证明。

齐美尔以强调社会形式研究而著称，并且也由此而对社会空间形式做了深入论述。齐美尔认为："倘若有一门科学，它的研究对象是社会，而不是任何别的东西，那么它就只能想研究这些相互作用、这些社会化的方式和形式。"① 既然齐美尔如此重视社会的展开形式，那他就一定会注重社会空间的研究，因为空间不仅是社会生活的基本展开形式，而且也是人类认识社会及其环境的基本感知形式，重视社会形式的研究不可能不重视空间形式的研究。"社会学上的兴趣只有在一种特殊的空间位形开始发挥作用的点上才与迄今为止所观察的种种现象相联系，而在另一些现象中，社会学上重要的东西存在于事件过程中，在一个群体的空间规定性通过它的真正社会学的形态和能量而获得的作用中。"②

齐美尔关于社会空间的论述内容十分丰富。他从社会形态、国家、社团、乡镇以及教会等一定要存在于某种地理环境之中这一基本事实出发，论述了社会及其组织形式的空间存在、空间界线、空间分割、空间排斥、空间联系、空间矛盾、空间作用和空间权力等问题。在齐美尔看来，只有把无限多样的社会生活放到特定的空间范围和空间关系中去观察分析，才能形成符合实际的真实认识。他认为，包括文化传统、心理特征、风俗习惯等更为复杂的问题也必须放到空间关系中，才能揭示其种种差异的根据和发现其相互区别的不同特点。齐

① 西美尔．社会学：关于社会化形式的研究．林荣远，译．北京：华夏出版社，2002：5.
② 同①516.

美尔的分析方式有些类似于孟德斯鸠的地理环境决定论。在《论法的精神》中，孟德斯鸠以地理环境的差别性为根据，考察了在不同的空间范围和空间边界中的风土人情、习惯习俗、法律制度和政权体制。

值得重视的是，齐美尔还从空间是人类的感性认识形式和感性活动场所出发，以较大的篇幅充分论述了人们的感觉器官、感性意识、感性关系和感性生活同社会空间的关系。在齐美尔看来，人们不仅通过视觉、听觉和嗅觉等感性器官接触到了空间场所中的具体事物，而且还通过感性器官展开了感性行为，并确证了自己的感性存在，形成了各种社会空间关系。因此，空间同感性不可分。齐美尔注重感性同空间的关系，无疑受到了康德的影响。在《纯粹理性批判》中，康德把时间和空间界定为人类先天具有的感性机能或感性认识形式，人类凭借时间和空间把各种感觉器官获得的感觉材料整理成为可见的现象，并形成了具有形象性、直接性和具体性的感性认识。

并且，齐美尔把空间和感觉特别是和实践活动联系起来，还受到了马克思的影响。马克思高度重视人类的感性存在、感性意识和感性实践，他把人类用自己的身体或感性器官作用于自然对象的生产劳动看成是人类生命的本质活动。在《1844 年经济学哲学手稿》中，马克思指出："人有**现实的、感性的对象**作为自己本质的即自己生命表现的对象；或者说，人只有凭借现实的、感性的对象才能**表现**自己的生命。"[①] 正是在对自然对象开展的感性实践中，人证明了自己的生命本质、现实存在和主体能动性。马克思依据这个观点批判费尔巴哈的

① 马克思恩格斯文集：第 1 卷．中央编译局，编译．北京：人民出版社，2009：210.

直观唯物主义："从前的一切唯物主义——包括费尔巴哈的唯物主义——的主要缺点是：对对象、现实、感性，只是从**客体**的或者**直观**的形式去理解，而不是把它们当做**人的感性活动**，当做**实践**去理解，不是从主体方面去理解。"[①] 实践是在特定时空关系中发生的感性活动，正是承继了马克思的实践立场，齐美尔对人的感性活动和社会空间的论述，充分肯定了人的主体能动性。

总之，从齐美尔关于社会空间的思想观点可以看出，正是因为重视社会现象的展开形式，他关注了社会的空间关系，并且，由对社会空间的分析，他又把感性行为、感性实践同空间问题联系起来了，形成了以实践为基本立场的社会空间理论。反过来，从齐美尔的思维逻辑还可以得出这样一个结论，即如果不注意对社会现象的形式分析，而仅仅关注社会现象的内部结构，或者单纯开展社会的结构论研究，社会的空间分析就会被淡化甚至被遗忘。作为社会学主流的社会结构论，其实就是一种淡化了社会空间和社会时间分析的研究方式。这个结论或许能说明，虽然实证社会学在其发端和奠基之初已经明确地形成了注重时空问题的观点甚至是基本立场，但在后来的演化中却因偏重社会的结构论分析而淡化了时空分析。

二、以城市化为基础的社会空间论

受齐美尔等古典社会学家的影响，以帕克为代表的芝加哥学派高度重视城市空间变迁研究。在 1925 年出版的《城市社会学》一书中，

---

① 马克思恩格斯文集：第 1 卷．中央编译局，编译．北京：人民出版社，2009：503.

帕克重点从“文化复合体”的角度阐述了他的城市空间理论。在帕克看来，从20世纪初美国城市社会快速工业化以来，来自世界各地的大量移民向美国城市涌入，拥挤的城市生活中的不同风俗习惯、文化差异和社会矛盾都表明，城市社会不是一种人口和建筑的空间堆积，而是一种需要从经济、政治、文化等多方面进行整体性观察才能清楚认识的文化复合体。“城市，它是一种心理状态，是各种礼俗和传统构成的整体，是这些礼俗中所包含，并随传统而流传的那些统一思想和感情所构成的整体。换言之，城市绝非简单的物质现象，绝非简单的人工构筑物。城市已同其居民们的各种重要活动密切地联系在一起，它是自然的产物，而尤其是人类属性的产物。”①

正是因为把城市看成多种文化因素有机联系而成的整体，帕克非常重视美国人类学家保斯（Boas）和洛威（Lowie）所运用的人类学研究方法。“人类学家保斯（Boas）和洛威（Lowie）考察北美印第安人生活方式时所采用的细致方法，若应用于现代人的研究定会更有成果：例如用于考察芝加哥北区的‘小意大利’区里的民俗、信仰、社会实践和一般的生活观念；或者，考察纽约市华盛顿广场周围的邻里关系，或格陵威治村居民的古朴民风。”② 这就是说，帕克主张对城市整体的研究要从城市生活的各个方面，特别是风俗文化方面的深入细致的调查研究入手。帕克甚至认为文学作品和新闻报道都可以作为对城市生活开展整体研究的借鉴和方法。进一步说，帕克主张在综合的

① 帕克，伯吉斯，麦肯齐．城市社会学：芝加哥学派城市研究．宋俊岭，郑也夫，译．北京：商务印书馆，2012：4.

② 同①6.

视野中，对城市生活中的风俗习惯、宗教信仰、社会信念、生活方式和行为方式进行具体深入的观察分析，进而形成对城市生活空间表现的整体性把握。

帕克在社会的整体联系中，从城市生活由传统向现代的历史演变入手，考察了城市空间中发生的社会组织、职业活动、劳动分工、家庭、学校和教堂的各种变化，揭示了各种社会构成因素在有机联系或相互关联中呈现的结构变迁和秩序变化，特别是论述了社会生活功利化、理性化、组织化等方面的变化，对城市中的股票交易、市场竞争、经济关系、风险危机、利益冲突和社会骚动等各方面的社会现象也都做出了考察，充分显示了他把城市看成是“文化复合体”的理论视角或学术视野。

与把城市看成文化复合体直接相关，帕克还特别重视城市的精神气质。帕克认为，城市从来就是各个民族、各种文化互相作用、互相融合甚至互相冲击的熔炉。通过生动的、潜移默化的文化交流与作用，传统与现代、乡村与城市等不同的文化心态、心理特征、风俗习惯在碰撞、冲击和重组，进而产生了很多新的精神气质类型。帕克指出：“以美国的大城市为例，大量的农村人口就从欧洲和美洲偏僻的乡村被吸引到了美洲大城市。在各种新影响的冲击下，他们身上潜藏的创造力被解放出来，而这种交互作用的潜移默化过程则不仅产生了各种职业类型，同时也产生了各种精神气质类型。”①

帕克的研究方式在伯吉斯的城市发展研究中得到了进一步发挥。

---

① 帕克，伯吉斯，麦肯齐．城市社会学：芝加哥学派城市研究．宋俊岭，郑也夫，译．北京：商务印书馆，2012：41.

伯吉斯注重从发展变化或历史过程角度考察城市空间变迁。通过对芝加哥城市空间的实证研究，伯吉斯概括出城市空间变迁的同心圆结构模型。伯吉斯说："城市发展的典型过程，大约可以用一系列同心圆的图示来很好地说明。"① 伯吉斯认为图 1－1 中这个同心圆"清楚地说明了城市扩展的主要方式，即，总趋向是：内层的每一个地区都是由于与之相邻的那个外层区的侵入而扩展着自己的地盘。这种扩展形式可以称为'继承'（succession）"②。

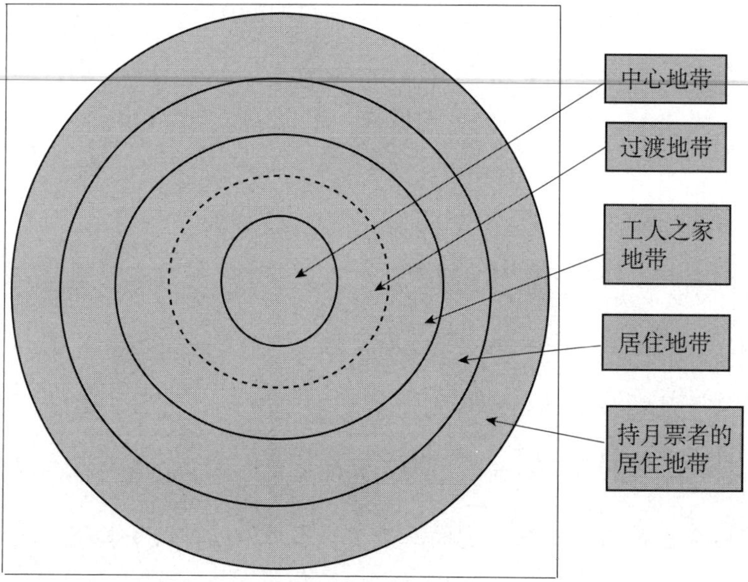

图 1－1　城市的发展

资料来源：帕克，伯吉斯，麦肯齐．城市社会学：芝加哥学派城市研究．宋俊岭，郑也夫，译．北京：商务印书馆，2012：51.

伯吉斯还根据城市社区的组成与解体的代谢过程构造了另一个同心圆图。③ 在他看来，城市的发展变化还可以从城市社区或社会群体

---

① 帕克，伯吉斯，麦肯齐．城市社会学：芝加哥学派城市研究．宋俊岭，郑也夫，译．北京：商务印书馆，2012：50.

② 同①.

③ 同①54.

的组成与解体去观察，“把城市发展看作社会组结与社会解体的一种后果，这种组结和解体极类似于机体内部新陈代谢的同化和分解过程”①。伯吉斯认为，社会的形成与发展像有机体一样，是一种自然变化的过程，旧社会组织的解体可能为新社会组织的产生创造条件。“解体与组结可看作是两个互补的过程，也可看作社会秩序动态平衡中相辅相成的过程，并由此达到一个终极，其总趋向可认为是进步的过程”②。

芝加哥学派的另一位学者麦肯齐对城市空间研究的生态学方法做了论述。在麦肯齐看来，人类生态学是研究城市社会的一种有效的研究方法，“是研究人类在其环境的选择力、分配力和调节力的影响作用下所形成的在空间和时间上的联系的科学。人类生态学尤其注重研究区位（Position）包括在时间和空间两个概念上，对于人类组结方式和人类行为活动的影响”③。

总之，芝加哥学派以芝加哥等美国城市社会变迁的经验事实为根据，对城市空间变迁的现象、问题、模式或结构都开展了深入细致的研究，形成了一些对城市社会学和空间社会学研究有重要影响的理论成果。虽然芝加哥学派的城市空间研究具有注重经验描述的实证性和客观性，但是这没有影响他们对城市精神文化生活的关注，特别是把城市看作文化复合体，注重社会心态、风俗习惯和精神气质的分析，这些对于研究当代城市空间变迁都具有非常重要的现实意义。

---

① 帕克，伯吉斯，麦肯齐．城市社会学：芝加哥学派城市研究．宋俊岭，郑也夫，译．北京：商务印书馆，2012：52.

② 同①53.

③ 同①61－62.

时至20世纪70年代，社会时空论在列斐伏尔的著述中，以马克思主义的立场、批判论的风格被进一步推进了。列斐伏尔在1968年出版的《进入都市的权利》中开始了关于城市空间的研究。“作为20世纪50年代的乡村社会学家，列斐伏尔在70年代转变成了一个都市研究专家，是什么让列斐伏尔变成了一个都市、空间与城市的思考者呢?”① 哈维在评述列斐伏尔的城市权利研究时指出：“列斐伏尔提出的‘城市权利’概念是时间和地点的产物，即20世纪60年代的巴黎。当时，巴黎的工人阶级和移民发现他们被逐渐排挤到巴黎的城市边缘，甚至再也不能接近城市。列斐伏尔的‘城市权利’涉及社会空间分化和功能分离。实际上，他的意见反映了当时法国和巴黎的社会现实。”② 这就是说，城市空间问题的提出是对以巴黎为代表的当代城市社会变迁中的社会矛盾和空间分化的反映。

20世纪60年代后期开展的西方城市变迁，是一种不同于工业化过程中人口与资源从乡村向城市聚集的城市化过程，它是在后工业社会的产业革命和新技术革命的推动下展开的从传统城市向后现代城市的转变或改造。可以把工业化过程中的传统城市化称为现代城市化，而把后工业社会来临过程中的城市化称为后现代城市化。现代城市化是人口与资源从乡村向城市的空间转移，而后现代城市化则是城市人口、城市资源的空间重组。

在现代城市化中，从四面八方聚集到城市中的各阶层社会成员，

① 埃斯．序言：亨利·列斐伏尔与都市//列斐伏尔．空间与政治．上海：上海人民出版社，2015：8.

② 哈维．叛逆的城市．叶齐茂，倪晓晖，译．北京：商务印书馆，2014：Ⅱ.

都可以在工业发展、市场兴旺和城市扩张中分享程度不同的利益，以发展和提高为主要追求的现代城市化掩盖了很多不平等的社会矛盾。而后现代城市化则是另一种性质的变化。对发展和效益的追求随着产业结构的调整，已经从第二产业转向了第三产业，物质生产的主体地位让位于知识和信息生产，并导致了就业结构、阶级地位和权力结构的深刻转变。在这种转变中，城市资源开始了重新配置，原来作为城市主体的产业工人进入日益严重的被排斥境地，工厂和工业社区也从城市的中心地带被迫搬迁到城市边缘甚至城市之外。而处于城市中心的则是掌握着后工业社会命运的金融机构和信息传播机构。

实现后工业社会城市空间改造和资源重新配置最直接的手段是房地产开发。哈维考察了欧美和亚洲一些大城市的城市空间改造，指出在弃旧迎新的房地产开发中，城市的物理空间和社会空间都发生了改变。“在 20 世纪 90 年代的首尔，建筑公司和开发商雇用了相扑选手般的打手队，在整个街区大打出手，不仅摧毁那些在 20 世纪 50 年代沿着山坡建设起来的住宅，而且还砸烂了那些居民的个人财产，原因是那里的地价在 20 世纪 90 年代后飙升起来。现在，那里建设起了大量高层建筑，完全看不出当初清理土地时的残暴场面。”[①] 在中国、孟加拉国和纽约等国家或地区都发生了这种通过房地产开发或城市改造，强力地改变了城市居民居住环境并重新配置了空间资源的情况。

哈维像列斐伏尔一样，认为在城市改造和房地产开发中，普通社

① 哈维．叛逆的城市．叶齐茂，倪晓晖，译．北京：商务印书馆，2014：20.

会成员特别是工人群众处于被排挤、被剥夺的地位，而少数金融资本或政治权力的拥有者却迎来了榨取巨额利润的难逢机遇。“我们越来越多地看到，城市权利日益落到了私人或准私人的手中。例如，在纽约市，我们有一个亿万资产的市长，迈克尔·布隆伯格（Michael Bloomberg）。他一边按照开发商、华尔街和跨国资产阶级的心愿重新建设这座城市，一边继续把这座城市叫卖为可产生高附加价值的商务机构的首选位置，以及游客们的最佳场所。这样，曼哈顿实际已成为一个巨大的富人们的封闭社区。”①

在哈维看来，后现代城市化不仅实现了空间资源重新配置、空间权利重新分割，而且还引起了社会生活的多方面改变。哈维指出：“自1960年代以来西方资本主义时空压缩的强度，以及它在政治、私人领域和社会领域的过多的短暂性与分裂的所有一致的特点，看来的确表明了一种体验的语境，它使后现代的状况变得有点特殊。”② 哈维论述了很多后现代的特殊变化，但贯穿在各种特殊变化之中的仍然是时空压缩，不同的不过是其表现形式和压缩强度的变化。

后现代时空压缩的特殊形式表现在生产过程、消费方式、生活体验和思想观念等不同方面。在生产过程中，时空压缩“是通过有组织地向着垂直分解——转包、外购等——的转变来达到的，这把福特主义的趋势倒转向了垂直分解，甚至在面临日益增强的金融集中化时的生产之中造成了日益增加的迂回性”③。所谓垂直分解，是对福特主义强调集中

① 哈维．叛逆的城市．叶齐茂，倪晓晖，译．北京：商务印书馆，2014：24.

② 哈维．后现代的状况：对文化变迁之缘起的探究．阎嘉，译．北京：商务印书馆，2013：385.

③ 同②355－356.

控制的管理方式或生产方式的瓦解，是由集中趋向分散、扩展的一种变化。并且，在这种垂直分解中，生产过程的灵活性和不确定性也开始增加了，而这种变化是与计算机和信息技术的应用联系在一起的。

三、基于社会网络化的网络空间论

列斐伏尔、哈维和丹尼尔·贝尔等人阐述的，以后现代城市化或以后工业社会为基础的社会时空论，涉及人类社会的生产实践、物质消费、文化活动、生活方式和思想观念等很多方面，内容可谓十分丰富。然而，无论后现代的社会时空论有多么广阔的视野和多么丰富的内容，它都不过是面对局部时空或在场时空进行阐述的有限时空论。时至20世纪后期，这种时空论在社会生活快速网络化的新形势下，越来越明显地表现出它的局限性。因为，无处不在的社会生活网络化，已经使人们日益清楚地看到另一种崭新的社会空间——网络空间已经大规模生成。网络空间在人们面前展开了更加广阔、更加复杂的时空变化，其包含的内容和展开的范围已经远远地超越了以后现代城市化为基础的城市时空论。

自20世纪90年代以来，随着互联网、计算机和智能技术的快速发展，社会生活网络化的进程日益加快并大规模扩展，这引起了学术界的密切关注，关于网络时空的研究形成了逐浪推高的学术热潮。在众多关于网络时空的研究成果中，卡斯特的思想观点最具代表性，他首先论述了网络化时代的空间扩展。与城市化变迁中的空间扩展不同，网络化时代的空间扩展不仅仅是城市实体空间的扩展，而且在城市实体空间之上出现了超越地理边界限制，甚至脱离社区环境的缺场空间，亦即出现了没有边界的、以信息交流或信息传递为基本内容的网络空间。

在以卡斯特为代表的网络社会学家看来，所谓网络空间（network space），是人们通过互联网开展的信息交流、社会交往以及各种经济、政治、文化活动而形成的社会空间，它不仅是线上的赛博空间（cyber space），而且还是线下社会生活实现了网络化的空间，是线上与线下空间的统一。网络空间的生成引起了社会空间的双重分化：局部的线下空间（地方空间）与无边界的线上空间（赛博空间）并存。线上空间通常被看作虚拟空间，因为线上空间是一个信息流动的空间，是一个不必附着于具体事物、脱离于具体场所且难以形成边界限制的空间，是人的身体不在其中、面目不呈现出来的缺场空间。因此，它是一个在工业社会和农业社会都未形成的崭新空间。

工业社会和农业社会中也有缺场空间，例如宗教神学的表象空间和传统哲学的抽象空间，但它们都不是社会空间，而是既具有虚拟形式也具有虚拟内容的名副其实的虚拟空间。网络的线上空间却并非如此，虽然网络线上空间具有脱离场域且身体不在场的虚拟形式，但网络线上空间中传递着来自现实生活的真实内容：信息、话语、符号、影像、信念和要求。它不像宗教神学那样表现为人对神的单向信仰，而是表现为数以亿计网民参与的光速般的横向交流与平面沟通，是真实表现、联结和展开着的社会活动，是现实的此岸世界。

尤其重要的是，网络线上空间不仅不是一个独立于线下的地方空间或在场空间的彼岸世界，其中的信息交流、话语沟通和影像展示，都灵活而生动地表达了现实，而且它还以其信息资源、话语权力、形象彰显，时时刻刻在影响、引领和动员线下的、地方的在场空间，凭借其可以穿越任何地理边界的能力，难以阻挡地对社会生活发挥了巨大作用。在近几年发生的北部非洲的社会运动、欧洲的底层社会狂欢、席卷全美的占领运动以及中国发生的一些网络群体事件中，我们都能看到网络线上空间对线下地方空间的巨大作用。

这里所论的网络空间也可以称为网络社会，因为网络空间不仅指线上的网络空间，还包括通过互联网连接起来的线下网络空间，所以网络社会展开在线上网络空间和线下网络空间两个层面。例如，通过互联网串联起来的网络群体事件，就不仅仅是线上的网络空间现象，而且还表现为在特定场所中的由互联网导引的社会行动，是一种线下的网络空间现象。网络社会或网络空间分为线上和线下两层：线上的网络空间处于在场社会之外，是缺场社会；线下的网络空间处于在场社会之中，实质上是在场社会的网络化。在网络化的迅速发展中，在场社会的大部分空间被网络化了，但还有相当数量的社会成员的社会活动和日常生活与互联网没有发生联系，他们的活动范围还停留在线下的未网络化的地方空间或在场空间之中。

在卡斯特看来，信息流动的网络空间的快速扩展，使人类社会发生了深刻的结构变迁，它不仅扩大和提升了经济、政治和思想文化的全球化规模与速度，而且更重要的是催生了一种崭新的社会形态——网络社会或信息社会。卡斯特指出：“在 20 世纪结束时，我们正好经历了这些历史上少有的间隔之一，这个历史的间隔的特征乃是，我们这个‘物质文明’的转变，是由环绕着信息技术而组织的新技术范式促成的。”[①] 所谓历史间隔（intervals in history），就是指由信息技术革命而推动的社会变革，或者说是在信息技术革命推动下的新社会形态的诞生，它标志着人类社会已经发生了具有本质不同的飞跃性发展。“我们对横越人类诸活动与经验领域而浮现之社会结构的探察，得出一个综合性结论：作为一种历史趋势，信息时代的支配性功能与过程日益以网络组织起来。网络建构了我们社会的新形态。”[②]

新社会形态的最明显的表现，是流动的网络信息空间的大规模扩展。卡斯特广泛论述了流动空间的多种展开形式。首先是以知识生产和信息流动为主要内容的“先进服务业”的全球化发展，它实现了全球经济走向集中与分散扩展的双向变化。“先进电子通信系统可以让先进服务业区位散布全球。然而，十几年来的研究，针对这项议题建立了一种不同的空间模式，其特征是先进服务业同时出现分散和集中的现象。”[③] 虽然卡斯特阐述了大量先进服务业的分散与集中同时存在的现象，但他认为最重要的不在于这种表面现象，“重要的是网络的变通能力（versatility）”[④]，亦即以信息流动为基础的网络联系与支配能力。

网络的联系与支配能力还改变了工业生产的运行空间，一种有别于传统工业空间的新工业空间诞生了。“新工业空间围绕着信息流动而组成，这些流动依据周期和公司的不同，同时汇聚和分散了其地域

① CASTE M. The rise of the network society. Oxford：Blackwell Publishing Ltd.，2010：28.

② 卡斯特．网络社会的崛起．夏铸九，王志弘，等译．北京：社会科学文献出版社，2006：434.

③ 同②356.

④ 同②362.

性的组成部分。”[1] 也就是说，工业因为网络信息化而改变了它的集中与分散状态，像先进服务业服从网络信息流动的支配一样，工业的布局呈现了一种新型空间。并且更为重要的是，新工业空间中的支配逻辑也转变为信息流动或网络联系的逻辑。更明确地说，不仅金融和信息等服务业实现了网络化，而且工业企业也发生了网络信息化变迁。

服务业和工业的这些空间变迁，必然要改变人们在生产活动中的工作方式。分散化办公、弹性化工作、远距离办公、从以工厂或机构为中心转向以家庭为中心的工作与服务等，都是工作方式的空间改变。工作方式是最基本的行为方式，它的改变必然会引起人们思想意识乃至价值观念的变化。福山对此做出了深刻论述，他指出：“正当西方社会的经济从工业化时代向信息化时代过渡之时，却出现了这样一些负面的社会趋势；这些趋势说明，西方社会中使人们团结在一起的那种社会联系和普遍价值观念正在变弱。”[2] 福山所谓正在变弱的社会联系和普遍价值观念，就是强调统一目标、集中活动、组织化管理、标准化操作和流水线生产的工业社会的社会联系和价值观念，它在社会信息化或网络化的冲击下，已经走向了分裂。

凡勃伦曾经指出，工业社会的制度体系和价值原则，是以保证机器正常运转为根据的，统一目的、组织纪律、标准操作和流水程序，实质上都是机器运转的要求。[3] 到了信息化和网络化时代，越来越多

---

① 卡斯特．网络社会的崛起．夏铸九，王志弘，等译．北京：社会科学文献出版社，2006：368.

② 福山．大分裂：人类本性与社会秩序的重建．刘榜离，等译．北京：中国社会科学出版社，2002：5.

③ 凡勃伦．有闲阶级论．蔡受百，译．北京：商务印书馆，1997：168，205.

的生产活动和社会交往，已经从工厂和科室的局部空间中超越出来，服从机器运行的集中性活动开始转变成凭借电脑和智能通信就可以灵活进行的分散的个体活动。而当人们在独处的空间中通过互联网就可以面对广阔的网络空间和实体空间时，思想意识和价值观念也必然随之发生相应的变化。“强烈个人主义的文化在市场和实验室里会带来创新和经济增长，社会规范领域里已充斥了此种个人主义文化，它实际上已侵蚀了形形色色的权威，削弱了维系家庭、街坊和民族的纽带。”[①] 工业社会的社会联系和价值体系由此走向了分裂。

网络信息空间的迅速扩展，还引起了空间和时间关系的变化。在长达几百年的现代化或工业化过程中，人类社会的时空关系主要表现为“时间改造空间”，即列斐伏尔和哈维等人论述的时空压缩。在现代化或工业化进程中，社会追求的主要目标是发展速度和增长效率，凡是不符合这个原则的空间状态都要得到改变。因此，在现代化或工业化的进程中，各种与这个进程不相符的多样化存在都面临被改造甚至消灭的厄运，推进时间进程的一致性消除了空间存在的差异性或社会生活的多样性。

网络社会的崛起，扭转了现代化或工业化进程中的这个趋向一致的趋势，现代化中的时空关系发生了逆转：“空间组织了时间。”[②] 卡斯特不仅论述了因为互联网和新媒体技术广泛应用而出现的先进服务业发展、企业经营网络化变迁和新兴工业空间，以及弹性工作和分散

---

① 凡勃伦．有闲阶级论．蔡受百，译．北京：商务印书馆，1997：6.

② 卡斯特．网络社会的崛起．夏铸九，王志弘，等译．北京：社会科学文献出版社，2006：354.

化办公等新经济社会现象，而且还阐述了“以家庭为中心”的城市空间演化新趋势[①]，都市形式的转化：信息化城市和实现了全球连接和地方脱节的“巨型城市”[②]。卡斯特的结论是：“新社会的特性，即以知识为基础，围绕着网络而组织，以及部分由流动所构成，因此信息化城市并非是一种形式，而是一种过程，这个过程的特征是流动空间的结构性支配”[③]。

进一步说，网络空间不仅是新形式的存在范围和展开状态，它还以其信息流动的本质同时表现为一种不断变化的过程，凡是在网络信息支配下的社会生活都变现为一种新的时间过程。因此，流动的空间本身就是时间的流动，空间与时间在网络化或信息化中实现了内在的统一。不过，网络社会中的时空统一，不是传统时间和空间的统一，不仅空间状态发生了崭新变化，而且时间过程也不同于经典物理学或传统哲学所界定的时间：时间是一维的，时间一去不复返。“在网络社会，在格外具有重要历史意义的移转里，这种线性、不可逆转、可以量度、可以预测的时间正遭到挫折。”[④] 网络社会中的时间是被网络空间重组了的时间，是一种无论在事物变化的客观过程还是在人们对变化过程的主观体验上都已经发生深刻转变的时间：“它是各种时态的混合，而创造出永恒的宇宙；不是自我扩张而是自我维系，不是循环而是随机，不是迭代而是侵入：无时间的时间（timeless time）利用

① 卡斯特．网络社会的崛起．夏铸九，王志弘，等译．北京：社会科学文献出版社，2006：372.

② 同①378.

③ 同①373.

④ 同①402.

技术以逃脱其存在的脉络，并且选择性地挪用每个脉络迄今可以提供的价值”①。

所谓“无时间的时间”，就是被网络空间重组后无法再用传统时间观念加以理解的时间，是观看天体运行和用机械钟无法计数的时间，是一种不仅向前延伸，而且也不断地回复，同时横向延展的空间。并且，网络社会的时间是遭遇了比工业社会之中更强力压缩的时间。“我们社会里‘每件事物’的加速，无情地压缩一切人类活动领域中的时间。压缩时间直到极限，形同造成时间序列以及时间本身的消失”②。在网络化的时间过程面前，用传统时间概念已经无法把握这个瞬息万变而又急速流去的时间过程，它像缺场的网络空间一样，是网络社会这个新社会形态的表现形式。

四、转向缺场与在场统一的空间观

当我们对卡斯特关于网络时空思想观点开展上述评论时，我们虽然充分肯定了他把社会时空的研究扩展到了流动的网络时空，并因此而超越了城市时空论的贡献，但并不意味着认为他的社会时空论是外在于城市时空论或与城市时空论相对立的。恰当的评价应当是，卡斯特在城市时空论的基础上构建了网络时空论，并因此而大幅扩展了社会时空论研究。

这种并不复杂的评价是十分重要的，因为这种评价不仅更加明确

① 卡斯特．网络社会的崛起．夏铸九，王志弘，等译．北京：社会科学文献出版社，2006：403.

② 同①.

了卡斯特对网络时空研究的重要贡献，而且也能为网络化时代开展社会时空研究指明把缺场时空与在场时空紧密联系起来开展更深入研究的方向。如前所述，卡斯特所论的网络空间（network space）不同于一般信息论所论述的赛博空间（cyber space），网络空间实质是线上空间与线下空间、缺场空间与在场空间的统一，是人类社会生活的网络化。卡斯特这个与一般信息论不同的观点，同他受到马克思的影响，把网络社会看成是一种新社会形态有关。

“我们的世界，我们的生活，正在被全球化和认同的对立趋势所塑造。信息技术革命和资本主义的重构，已经诱发了一种新的社会形式。它的典型特征是战略决策性经济活动的全球化、组织形式的网络化、工作的弹性与不稳定性、劳动的个体化、由一种无处不在的纵横交错的变化多端的媒体系统所构筑的现实虚拟的文化（culture of real virtuality），以及通过形成一种由占主导地位的活动和占支配地位的精英所表达出来的流动的空间（space of flows）和无时间的时间（timeless time），而造成的生活、时间和空间的物质基础的转变。”[①]

卡斯特从信息技术革命引起工业社会生产方式变革这一基本判断出发，认为网络社会或信息社会是一种在经济基础和上层建筑都已经发生深刻变革的新社会形态。他首先论述了网络技术革命引起企业经营模式和市场运行方式的网络化变迁，也就是揭示了网络社会作为一种新社会形态所存在于其上的经济基础，然后论述了社会关系、政治体制和思想观念发生的相应变化。在对社会这种整体变迁的考察中，

① 卡斯特．认同的力量．2版．曹荣湘，译．北京：社会科学文献出版社，2006：1.

卡斯特揭示了从经济时空、政治时空到思想文化时空的整体性变化。因此，可以说卡斯特的网络社会时空论具有整体论的视野，他没有把线上的缺场时空同线下的在场时空对立起来，相反是把二者统一起来看待的。

尤为重要的是，虽然卡斯特认为网络化同全球化是相互促进的过程，但他在二者的紧密联系中发现了网络时空与地方时空的差异性和矛盾性。在卡斯特看来，全球化通过互联网的流动空间突破了不同民族国家的地理边界和政治限制，亦即难以阻挡地冲击了地方空间发展过程和存在状态，特别是引起了巴黎、东京、巴塞罗那等国际大都市的再结构化变迁，并且还发生了权力与知识抽离化的矛盾冲突。卡斯特以东京电视喜剧演员青岛（Aoshima）通过抵制世界城市博览会而当选东京都知事为例，说明了处于边缘化地带的城市居民，如何固守地方主义情结而对抗与互联网结合在一起的全球化浪潮。

在《认同的力量》和《千年终结》中，卡斯特以大量篇幅论述了宗教激进主义运动、苏联在民族主义冲击下的解体、墨西哥萨帕塔运动、美国民兵与爱国者组织，以及各种环境保护运动和女权主义运动等，其中阐述的核心问题是与网络化结合在一起的全球化浪潮，同地方空间中的集体认同发生了激烈冲突，展示了流动空间中的全球化逻辑与地方空间中的本土化逻辑的相互作用与矛盾冲突。“人民确实依然生活在地方里。但是，由于我们社会的功能与权力是在流动空间里组织，其逻辑的结构性支配根本改变了地方的意义与动态。由于经验关联于地方，因而抽离了权力，且意义与知识分离。结果是两种空间逻辑之间的结构性精神分离，构成了破坏社会沟通渠道的威胁。”[①]

卡斯特论述的对社会沟通渠道的威胁，要远比丹尼尔·贝尔论述的资本主义文化矛盾导致的言路断裂更加严重，它已不仅是文化分化和文化矛盾而引起的话语和观念无法沟通的问题，而且是当全球化凭借互联网的扩展能力，无所不及地把新自由主义原则和市场的贪婪欲望渗透到社会生活的各种层面时，在对基层社会的强烈冲击中引起了反全球化的集体认同，并燃起了各种社会运动的硝烟烈火。“伴随着技术革命、资本主义转型、国家主义让位，我们在过去的25年里经历了集体认同强烈表达的漫天烽火。这些集体认同为了捍卫文化的特殊性，为了保卫人们对自己的生活和环境加以控制，而对全球化和世界主义提出了挑战。”[②]

在对形形色色的社会运动的广泛考察中，卡斯特发现了抵制全球化浪潮的集体认同的差异化表达，而多元分化的差异化的根据是文化传统和历史条件的不同。“它们的表达是多元的、高度分化的，因为每一种文化的轮廓和每一种认同形成的历史根源不同而不同。”[③] 也就是说，集体认同是立足于自身处境、社会条件和文化传统而形成的对全球化和网络化的抗争，虽然他们反抗的对象是共同的，但立足的基础却是千差万别的，所以表达的认同要求和抗争形式一定是多种多样的。因此，在遍及世界各地的社会运动中，我们不仅能发现反对全球化的一致抵抗，也能看到地方条件和文化传统的差异化表现。

---

① 卡斯特．网络社会的崛起．夏铸九，王志弘，等译．北京：社会科学文献出版社，2006：398.

② 卡斯特．认同的力量．2版．曹荣湘，译．北京：社会科学文献出版社，2006：2.

③ 同②.

在社会生活网络化以更快速度发展的当代中国，流动的网络空间同处于不同条件中的地方空间发生了更加复杂的多样关系，呈现了更加丰富的表现形式和展开方式。一方面，在经济利益和权力关系发生复杂分化甚至对立冲突的社会现实中，追求环境保护、公平正义和群体权益的集体认同经常凝聚起规模大小不一的群体事件，向市场原则、财富能力和行政权力的滥用发起了抵制和反抗；另一方面，便捷的网络沟通技术，得到了占中国人口半数以上的广大网民的积极利用，特别是随心应手的微信交流，同注重人际交往的伦理社会发生了亲密融合，灵活的微信沟通使网络空间中形成了无法计数的微信群，大部分网民能同时参加多个微信群，开展着频繁如梭的信息沟通与意愿交流，中国社会的交往活动达到了空前活跃的程度。

微信群、QQ群、微博群，灵活多样的网络群体，不仅是网络空间中的群体形式，而且也是地方空间中的群体创新。传统社会中的群体，特别是被涂尔干称为直面交往的感性群体，是在特定的地理空间中存在的群体，因为地理边界、物质条件和交流途径的限制，其活跃程度、活动空间和活动时间都受到明显限制。因此，在几千年的中国传统社会，尽管人们结成了通过各种熟悉关系连接起来的基层群体，但受局部的地方空间的限制，其活动能量和社会作用都十分有限。真正能有效支配中国社会的是那些可以突破地方边界限制的集权制度和武装暴力，而不是被看作社会存在基本形式的基层群体。

而当难以计数的网络群体在中国社会中形成之后，中国社会或许发生了一种结构性重构。与卡斯特描述的地方空间与网络空间发生对抗的社会结构变迁不同，中国社会出现了一种地方空间与网络空间走向融合的结构重构。很多网民同时参与的同学群、同事群、同行群、同乡群，通常是以原来就已经形成的各种亲缘关系、业缘关系和地缘关系为前提基础的。也就是说，大部分网络群体是在地方空间中的群体关系基础上建立起来的，自其诞生之时，它们就具备了地方空间与网络空间相融合而不是相排斥的品质。中国社会的网络群体，虽然活跃在缺场的网络空间中，但它们的存在根基与活动内容却与地方空间有不可分离的内在联系。因此，可以把网络群体看作地方群体的网络化，是社会群体实现的地方空间与网络空间的融合。

在异常活跃的网络群体活动中，我们还能看到地方空间与网络空间的另一种融合，即感性的交往方式的融合。网络空间是信息流动空间，是通过高度抽象的数字化技术而实现的可以超越具体感性存在的缺场空间。然而，就是在这个依靠抽象的数字化技术运行的网络空间中，网民们开展了无比丰富的生动形象的感性交往活动。在不断变换内容的微信、微博、QQ 等形式的网络交往中，精密计算、严密推论、规范说教和长篇论述等理性表达形式很少出现，相反大量出现的是道听途说、片段叙事、诙谐调侃、幽默笑谈、亲情表达、偶遇联想，甚至是一张图片、一个笑脸、一句讥讽。这些缺乏计算与推论，甚至不合逻辑的表达，却生动、形象地展现了网民的感知、表象、意愿、评价与向往，它以丰富的感性意识形式呈现了网络群体的集体意识或集体表象。

涂尔干高度重视社会群体中的集体意识或集体表象。在他看来，经济学过高估计了理性计算或理性选择在经济社会发展中的作用，因为单纯鼓励个体在市场中的理性计算与选择，势必刺激人们对效益的过度追求和残酷竞争，其结果是动荡不安的社会分化。涂尔干主张，社会学应当重视社会的团结与整合，而挽救分裂、实现整合的最有效途径是在人们直面交往的感性群体中形成共同的表象层面的集体意识。这是涂尔干的真知灼见，在广大社会成员的日常交往中，常存于人们头脑之中的、支配人们交往行动的不是理性计算，而是感性的表象意识，所以他认为只有形成共同的集体表象，社会群体乃至社会整体才能形成真实的整合与稳定的秩序。

网络群体的感性交流和形象表达，既是涂尔干追求的集体表象在网络空间中的实现，也是广大社会成员在地方空间中广泛存在的感性意识活动在网络空间中的表现。光速般的海量的网络群体的感性交流，不仅持续地维持着群体的联系纽带与团结整合，而且还吸引着广大社会成员积极参与群体活动，进而使群体保持着旺盛的活力。因此，它可以避免普特南所担忧的“独自打保龄球”的社会资本存量淡化的效应，在积极参与网络群体的感性交往中增强社会资本、获得社会支持，加强社会团结、巩固社会整合，起到促进网上与网下协调综合的积极效应。

参考文献

1. 孔德．论实证精神．黄建华，译．北京：商务印书馆，2001.

2. 涂尔干．宗教生活的基本形式．渠东，汲喆，译．上海：上海人民出版社，1999.

3. 西美尔．社会学：关于社会化形式的研究．林荣远，译．北京：华夏出版社，2002.

4. 马克思恩格斯文集：第1卷．中央编译局，编译．北京：人民

出版社，2009.

5. 帕克，伯吉斯，麦肯齐．城市社会学：芝加哥学派城市研究．宋俊岭，郑也夫，译．北京：商务印书馆，2012.

6. 埃斯．序言：亨利·列斐伏尔与都市//列斐伏尔．空间与政治.上海：上海人民出版社，2015.

7. 哈维．叛逆的城市．叶齐茂，倪晓晖，译．北京：商务印书馆，2014.

8. 哈维．后现代的状况：对文化变迁之缘起的探究．阎嘉，译.北京：商务印书馆，2013.

9. 贝尔．资本主义文化矛盾．赵一凡，蒲隆，任晓晋，译．北京：三联书店，1989.

10. 卡斯特．网络社会的崛起．夏铸九，王志弘，等译．北京：社会科学文献出版社，2006.

11. 凡勃伦．有闲阶级论．蔡受百，译．北京：商务印书馆，1997.

12. 福山．大分裂：人类本性与社会秩序的重建．刘榜离，等译.北京：中国社会科学出版社，2002.

13. 卡斯特．认同的力量．2 版．曹荣湘，译．北京：社会科学文献出版社，2006.

14. 刘少杰．后现代西方社会学理论．2 版．北京：北京大学出版社，2014.

第二章　缺场与在场的网络空间

网络社会崛起带来了很多方面的变化。在难以列举的各种变化中，最明显的变化是网络社会空间的快速生成与大幅扩展。我们这里所谓网络社会空间的生成与扩展，既包括线上的网络空间形成，也包括线下社会空间在网络化过程中的范围扩大。更明确地说，网络空间既包括线上的赛博空间，也包括线下的网络化的在场空间。并且，网络社会空间扩展还不是仅指范围、场所、幅度的扩张，还包括社会空间在内容上的增加、充实和复杂化。网络社会的这些崭新的空间扩展，是我们清楚认识其他方面发展变迁的前提。

一、缺场的线上网络空间

中国社会网络化进展的速度和规模实在出乎意料。据中国互联网络信息中心发布的《第42次中国互联网络发展状况统计报告》，到2018年6月，中国网民规模达8.02亿，互联网普及率达到57.7%。[①] 并且，占中国总人口半数以上的网民队伍中，90%是青年和中年人。他们热爱生活、关心社会，嗅觉灵敏、思维灵活，积极参与、踊跃表达，是对社会变迁最敏感、参与能力最强的中国社会的中坚力量。网民队伍的迅速崛起，标志着中国社会生活已经开始了大规模的网络化。

统计报告还显示：2017年，中国网民的人均每周上网时长达27.7小时。每周一共168小时，一般说来，除了工作、吃饭、睡觉等时间外，可以进行业余活动的时间每人每周大约不超过50小时，而中国网民用其超过一半的业余时间上网，这不仅说明网民参与网络活动的积极性，更表明线上的网络空间是一个充满生机的异常活跃的社会空间。几年前，人们谈及线上网络空间，通常都将之称为虚拟空间。而现在，半数以上的中国人成为网民，并且网民的网络活动又非

---

① 中国互联网络信息中心．第42次中国互联网络发展状况统计报告．(2018-08-20)［2018-12-03］．http：//www.cnnic.net.cn/hlwfzyj/hlwxzbg/hlwtjbg/201808/t20180820_70488.htm.

常活跃，特别是网络行为在经济生活、政治生活和文化生活中的作用和地位与日俱增，这使越来越多的人十分清楚地认识到：线上的网络空间（赛博空间）不是虚拟空间，而是形式虚拟但内容非常真实的现实社会空间。

传统社会空间是人们在各种实地场所通过自己的身体行动、群体交往和各种组织形式而展开的，虽然其内容非常复杂，但其一个最明显的特点是其存在的在场性。无论是前工业社会中的游牧活动、田间耕耘或乡村社会，还是工业社会的机器生产、市场交易或城市社会，都是人们在特定场所中展开的社会行动，是人们的身体活动范围和社会行动的结果。因此，传统社会空间是人们身体可以进入、感官可以面对的场所，其形式和内容都具有直接具体性。

与传统社会空间的这些特点大不相同，网络化展开的网上赛博空间是人们的身体不能进入其中，并且也不在特定场所中展开的不能被直接感受到的缺场空间。缺场空间是信息流动的空间，其表现形式是语言交流、信息传递和符号展示；其包含内容是意义追求、价值要求和社会认同；其运行方式是不确定性的无边界流动；其权力关系已经突破传统社会的权力结构，话语权力、信息权力和民间认同在网络活动中已经壮大为强大的社会力量，发挥了影响社会行动和社会秩序的重大权力效应。

网络化的缺场空间的出现，导致了社会空间的分化，社会空间形成了在场空间与缺场空间的对立并存。这是人类历史上空前深刻的社会空间分化。在网络化时代之前，各民族的历史中都发生过不同形式和不同程度的社会空间分化，如人口迁移、城乡分立、武装割据等，而这些空间变化都是在场空间的社会分化。还有更广泛的空间分化，是宗教神学导致的社会空间分化。无论哪种宗教，都为信徒们展示了一个与现实世界不同的表象空间。虽然神学的表象空间也是肉体人身不能进入其中、人的感官不能直接面对且不在具体场所中存在的缺场空间，但它同网络空间不同，它不是现实的社会空间，而是理想的表象空间。

神学的表象空间展开了现世和天国的对立，把信徒的目光引向了与世俗社会不同的观念世界。并且，神学的表象空间引导信徒轻视现实而重视来世，甚至引导其放弃现实生活而追求灵魂升入天堂。因此，尽管神学的表象空间在现实社会空间中也能找到其存在的根据和踪影，但它是以脱离社会、超越尘世为宗旨的，它展开的空间不仅在展开形式和存在位置上与社会空间不同，而且其追求目标和价值取向也与社会空间不同。所以，尽管神学表象空间是社会空间的分化，但它已不再具有社会空间的本质和属性，而是同社会空间不同的表象空间，是社会空间的异化。

孔德曾把哲学展开的概念空间看成神学表象空间的翻版，这是神学表象空间的抽象化。孔德对哲学的批判有些绝对或片面，而且他也有很多哲学理论以抽象的概念思维表达了对社会现实的强烈关注与参与，并非像神学那样极力把人们的追求引向同现实分离的天国。不过，也确实有很多哲学理论以极端的抽象推论，努力把人们提升到在现实生活中难以找到踪影的思辨王国，用抽象的逻辑演绎发挥了神学表象一样的异化人生的作用。包括某些用激烈言辞否定现实，而用美好语言描绘无法实现的理想蓝图的社会理论，其实质也不过是用逻辑推论构造虚幻空间、误导社会现实的概念空间。

与神学的表象空间和某些哲学理论的抽象空间不同，网络化发展出来的缺场空间是现实的社会空间。神学表象空间和某些哲学的抽象概念空间都是“彼岸空间”，而网络化展开的缺场空间是“此岸空间”。在内容转换频繁、涉及范围广阔的网络交流中，人们的目光不是被引向天国与理想，而是紧密关注现实，积极参与现实，并且越是同人们的日常生活有直接联系的那些现实问题，越容易受到网民的围观与谈论。此起彼伏的网络事件，无一不是对现实生活的关注与参与，充分表现了网络缺场空间的“入场”性。

线上网络空间的无边界性、信息流动的迅捷性和网民参与的便利性，使人们在其中对现实生活的关注和参与具有更广泛的辐射性和深入性。一旦某一事实在网络中引起关注，数以万计甚至数以百万计的不同身份的网民，超越位置和环境的限制，迅速形成网络关注兴奋点，甚至结成网络共同体，通过信息交流和观念沟通，形成具有广泛影响力的社会认同，进而引发实际社会行动，爆发大规模群体事件。由互联网发起并推动的席卷全美、持续一年之久的美国“占领运动”，无可辩驳地证明了网络空间的广泛传递效应和对实际行动的强大动员能力。

大量网络事件证明，网络化形成的缺场空间是现实性极强的社会空间。网络缺场空间本身的内容现实性及其对在场空间的参与引导性，都说明它不是在现实的社会空间中分化出的一个外在于社会生活的非社会空间，而是一个在形式上缺场，但内容却与实际生活紧密相连的社会空间。因此，网络化引起的在场空间与缺场空间的分化，是一个社会空间展开了两种形式的分化，这两种形式的空间内容都是活生生的社会现实，而不是像神学表象空间和哲学的抽象概念空间那种与现实社会不同的非社会空间。网络缺场空间的形成，是网络社会崛起、信息社会诞生的最重要标志。网络社会是信息社会的表现形式，信息社会是网络社会的运行内容，而无论怎样称谓，网络社会或信息社会都是人类社会的新社会形态。作为一种新社会形态，网络信息社会不仅是在工业社会基础上发展而成的，而且还以无孔不入的能力对工业社会乃至农业社会产生着不可回避的影响。因此，网络信息社会是同工业社会和农业社会并存，并且已经渗透到社会生活各方面的崭新社会现象。

二、缺场空间的流动与更新

从 1987 年发出第一封电子邮件、踏入互联网开始，中国的网络空间就进入了逐步扩展的历程。从 Web 1.0、Web 2.0 到 Web 3.0，随着网民队伍的迅速壮大和网络交往活跃度的不断提高，网络空间也逐渐呈现了大规模扩展和生机勃勃的态势。如同我们在导论中阐述的那样，在 Web 1.0 阶段，网络空间中的主要活动是网民浏览信息和网站发布信息，这个阶段的网络空间范围和活跃程度是有限的；在 Web 2.0阶段，网民开始主动发表自己的观点，网络空间的范围进一步扩大，活力也进一步增强；而到了 Web 3.0 阶段，网络空间的广度和活力则达到了令人不得不刮目相看的程度。特别是在 Web 3.0 阶段，接踵而来的网络群体事件更加清楚地展示了网络空间的广阔范围、丰富内容和鲜明特点。

2011年6月21日，一个名叫郭美美的女孩在互联网上发微博炫富，引起数以百万计网民的热烈围观。郭美美，真名郭美玲，1991年6月生于湖南益阳，单亲家庭，自幼随母亲生活。1996年起她先后在广东深圳、湖南益阳等地念书，2008年9月至2009年9月自费进入北京电影学院表演系进修一年。毕业后她与他人在北京合租房屋，成为"北漂"一族，主要靠承接小角色表演和母亲接济生活。曾在歌唱比赛中获奖，多次出演网络短片，并为平面杂志拍摄照片。①

郭美美的演艺经历使她形成了急于成名的强烈欲望，为了早日成为演艺界红人，她做了很多努力，但效果不是很明显。2011年，上网开微博已经形成热潮，一些艺人在微博上展示自己，很快成为拥有几万、几十万甚至百千万粉丝的红人。上网开微博！热切盼望早日成名的郭美美，敏感地意识到这是一个可以迅速成名的便捷途径。她采用了一个非常吸引人眼球的形式：网络炫富。郭美美在微博上公然炫耀，自己是一位"背爱马仕包，住大别墅，开玛莎拉蒂"，过着奢华生活的女孩。此举在网络上引起轩然大波，天涯网友首先在天涯社区发帖《微博又有新发现，20岁"红十字会商业总经理"，各种炫富！火速围观!!》。随后，短短几个小时，新浪微博上有数以千计的网民关注、转发或参与评论。围观郭美美，自此开始。②

郭美美微博炫富之所以能引起热烈围观，还与她自我标榜为"中国红十字会商业总经理"有关。2011年2月28日，上海市卢湾区红

① 新华网．2014年7月新闻人物．(2014-09-06)［2019-03-22］．http：//www.news. cn.

② 刘少杰．中国网络社会研究报告2011—2012. 北京：中国人民大学出版社，2013：45.

十字会的 17 名官员吃了一顿晚饭，花费 9 859 元。[①] 这件事于 4 月在网上被曝光，迅速引起网民的极大关注和强烈愤慨。时隔 2 个月，郭美美又以“中国红十字会商业总经理”的身份微博炫富，不可避免地引起广大网民热烈而愤怒的关注。郭美美不仅惹来了网民的“强势围观”，每天有几十万甚至上百万的网民围观郭美美的一举一动，而且追捧她的粉丝每天也以几千人的数量激增，截至 7 月 1 日，郭美美的粉丝已突破 33 万人。[②]

因为郭美美是以“中国红十字会商业总经理”身份在微博炫富的，所以围观郭美美的网民们很快又把目光转向了中国红十字会。在郭美美炫富之前，很多人对红十字会在汶川地震中募集巨额资金的去向提出质疑，认为红十字会存在说不清楚甚至挪用的问题。据《京华时报》报道：“截至 2011 年 2 月底，中国红十字会系统共接收汶川地震救灾款物 199 亿元人民币，其中资金 160 亿元，物资价值 39 亿元。”[③] 网民要求中国红十字会公布巨额募捐资金的去向或用途，这是合理而正当的要求，而中国红十字会迟迟不对网民提出的问题做出回答，难免引起广大网民的强烈不满。郭美美以“中国红十字会商业总经理”的身份微博炫富，等于给网民对中国红十字会的不满火上浇油。

郭美美网络炫富以及网民声讨中国红十字会的事件不断发酵，围观人数越来越多，每天数以几万、几十万乃至上百万的微博围观，形

---

① 王卡拉．网曝红十字会一顿饭花近万元．新京报，2011－04－16（A20）．

② 赵晓秋．郭美美炫富背后的慈善“罗生门”．法律与生活，2011（14）．

③ 侯雪竹．中国红十字会公布汶川地震捐款收支．（2011－05－06）［2019－03－22］．http://news.163.com/11/0506/03/73BFUGQI00014AED.html.

成了遍及全国网络空间的群体兴奋点。一些神通广大的网民开始对郭美美进行“人肉搜索”，郭美美拎高档包、戴名贵手表、开宝马汽车、十几万美容消费、私设赌场、聚众赌博，还有赌博男友、干爹王军，以及郭美美的妈妈都一股脑地被曝光于微博之上。郭美美的各种新闻在网上飞传，嫉恶怒骂、笑谈嘲讽、添油加醋、煽风点火、侦察追踪……一时间，高潮迭起，热闹非凡。

2015 年，郭美美因聚众赌博被判刑入狱，对郭美美的网络围观至此告一段落。然而，虽然围观郭美美的网络风波逐渐趋向平静，但中国红十字会却面临了难以解除的信任危机。网上质疑善款使用的微博大量出现，纷纷表达了对中国红十字会的怀疑。更为严重的是，中国红十字会筹集善款的活动严重受挫，在汶川地震中得到全国人民热烈响应的局面难以再现。腾讯网有一则报道：“2013 年 9 月，民政部《2012 年度中国慈善捐助报告》显示，2012 年，我国社会捐赠总量（含我国接收国内外社会各界的款物捐赠）共计约 817 亿元，相当于人均捐款约 60.4 元，与 2011 年度相比，全国接收捐赠额减少 28 亿元。全国各级红十字会系统接收社会捐赠 21.88 亿元，与 2011 年相比下降了 6.79 亿元，同比下降 23.67%。”[①] 可见，红十字会在郭美美事件爆发后，筹集善款能力大幅下降，说明它已经面临了全国性的信任危机。

特别是在 2013 年发生的雅安市芦山县地震中，中国红十字会遭遇了与汶川地震大不相同的待遇。2013 年 4 月 20 日四川省雅安市芦

① 新华社．郭美美炫富引发红会危机．(2014-08-04)[2019-03-22]．http://sh.qq.com/a/20140804/010769.htm.

山县发生了7.0级地震，中国红十字会立刻开始了救灾行动，并在微博上发布了消息。中国红十字会微博原文为：雅安地震发生后，总会立即与四川省红十字会取得联系了解灾情。四川省雅安市红十字会已派出工作组赶赴雅安，省红十字会救援队已集结完毕，做好出发准备。总会工作组正在赶往机场赴灾区考察灾情。中国红十字会发布的这条微博引发了广泛的反感，很多网民表达了不予理睬的意见。在中国红十字会的这条微博下面，出现了十分整齐的评论队列，上面无一例外地写着一个字：滚。据财网记者粗略估计，参与的网友达数万人之多，如图2-1所示。

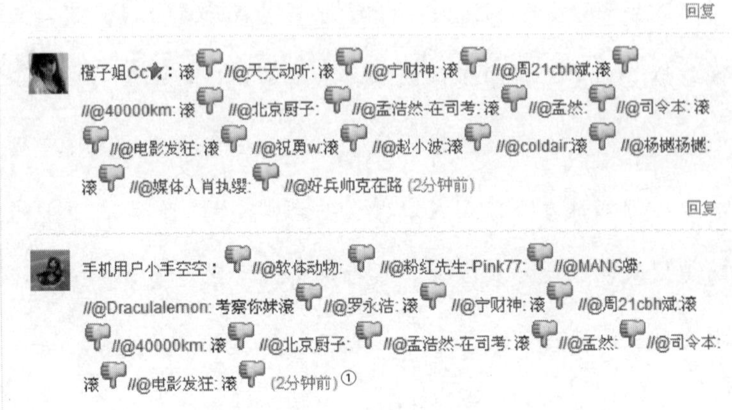

图2-1　中国红十字会微博下的评论

中国红十字会因在雅安遭到冷遇而受到震动，认识到郭美美以中国红十字会名义网络炫富的危害，决心撇清郭美美同中国红十字会的关系。2014年8月5日，中国红十字会召开了新闻发布会，在会上对“郭美美”一案做出“声明”。声明如下：

① 百度贴吧．中国红十字会发微博为雅安捐款迎来网友“滚”字千千万万．(2013-04-22)［2019-03-22］．http：//tieba.baidu.com/p/2284096033? traceid=.

近日，媒体公布了郭美美因刑事犯罪被公安机关调查审理结果。公安机关的调查表明：郭美美不是中国红十字会工作人员，其炫耀的财富与红十字会、公众捐款及项目资金没有任何关系。

近年来，一些机构和个人利用郭美美炫富在互联网上编造、传播中国红十字会的谣言，针对中国红十字会进行污蔑中伤，严重损害了中国红十字会的声誉和社会公信力。这种造谣中伤行为，影响了社会公正，危害了社会诚信，误导了公众认知，破坏了社会秩序，对中国的人道、公益、慈善事业造成严重危害。

近年来，从芦山地震、于田地震、威马逊台风灾害，到台湾高雄燃气爆炸、昆山工厂爆炸、鲁甸地震，红十字人顶着舆论压力，不忘使命，始终奋战在应急救援、应急救护、人道救助的第一线，一刻都没有停止人道行动的脚步。与此同时，我们也始终感受到来自社会各界广大公众特别是红十字志愿者、捐赠者对红十字事业的信任和支持。

中国红十字会已走过110年的风雨历程，在新的形势下将不断改革创新和发展，在品牌管理、信息公开、规范化管理、能力建设等方面不断改进和完善；继续恪守国际红十字会运动七项基本原则弘扬"人道、博爱、奉献"的红十字精神，履行人道事业宗旨和使命，为广大公众提供良好的人道服务。衷心希望社会公众继续支持和参与中国红十字事业。①

① 李楠楠．红十字会：郭美美炫富对中国慈善事业造成严重危害．(2014-08-05)［2019-03-22］．http：//society. people. com. cn/n/2014/0805/c1008-25404875. html.

从中国红十字会的郑重声明中可以看出，郭美美事件确实给中国红十字会的声誉造成了很大影响。这里的注意力主要不在于分析和评价郭美美网络炫富对中国红十字会的危害，也不在于辨析这种危害发生的根据和中国红十字会应该采取何种有效对策，而在于讨论郭美美炫富引发的网络围观及其展开的网络空间。首先应当指出的是，从2011年6月21日郭美美网上炫富开始，到2015年9月10日郭美美因聚众赌博被判刑入狱，持续长达4年多时间的一场闹剧，向人们展示了一个充满活力的网络空间。其中的活力不是指郭美美令人啼笑皆非的网络表演，而是指数以百万甚至千万的网民，通过微博的热烈围观、积极参与，进而展开了一个场面浩大、场景不断转换、情节起伏跌宕的网络空间。

网络围观是网民本质属性的集中表现。浏览和交流信息是每一位网民的基本需求，正是这个基本需求才驱动人们在互联网上注册成为网民，进而具有合法身份与便捷途径进入互联网浏览和交流信息。而当互联网中出现引人注目的信息时，网民对之围观也就成为必然。这场数以千万网民的热烈围观，直接动因是郭美美网络炫富对网民眼球具有足够的吸引力，但这个吸引力不仅在于郭美美的“年轻美貌”，而在于一个幼稚女孩竟然当上了“中国红十字会商业总经理”！并且正当人们怀疑红十字会善款去向不明之时，这个“中国红十字会商业总经理”竟敢毫无顾忌地炫富！更在于其虽然年纪轻轻却能高档消费，以及干爹、男友、赌博等引人注目的情节接踵而来。

因此，仅有网民浏览和交流信息的需求还不能形成热烈围观，还需要在网络中呈现出足以吸引成千上万网民的信息，特别是像郭美美炫富这样情节复杂、过程曲折、涉及公众利益且不断更新的网络事件。如果是一则转瞬即逝的网络信息，即便有很大吸引力，能产生的围观也难以形成热烈效应。在复杂、曲折、涉及公众利益和不断更新等几个特点中，最后一点是最重要的，因为只有不断更新，才能保持网络信息的生命力，才能吸引千万网民持续围观。

不断更新是网络信息的本质，如果网络信息不更新就会改变其本质，转变为“僵尸”或“噪声”。网络信息的价值在于流动、转变和覆盖，因此，网络信息是动态的、变化的和更新的。与图书、报刊等纸质媒体中的信息不同，信息一旦被印刷出来，其流动性和更新性就受到了限制。其中具有重复浏览价值的信息变成了知识，没有重复浏览价值的信息则被遗忘和尘封，而那些没有浏览价值的信息若再不断地被重复，则变成人们难以忍受的噪声。

网民对信息的渴求和不断更新的网络信息的统一，是网络空间生成与扩展的必不可少的两个基本前提。在郭美美炫富网络事件中，郭美美“中国红十字会商业总经理”身份的真伪、郭美美同中国红十字会的真实关系、郭美美炫富是否挥霍了中国红十字会筹集的救灾善款，以及郭美美同干爹、男友的神秘消息，正是广大网民对这些问题追根问底的求知欲和这些信息戏剧般地不断翻新，支持、刺激和引导着人们积极地关注与评议，围观空间由此展现了丰富的内容和广阔的视野。即使有时因为信息更新延缓而导致围观空间趋于萎缩，但一旦信息输入，围观空间又会随即迅速膨胀起来。

由图 2-2 可见，围观郭美美炫富事件的网络空间，无论在包含内容上还是在展开范围上，都是一个动态的变化过程。并且，网络空间的展开范围或扩展幅度与其内容的刺激强度成正比关系，也就是说，内容的刺激性越强，围观的人越多，围观的展开空间也越广。另外，围观的中心线索应当是贯彻到底的，否则，就会随着被围观事件或人物的分化而导致围观空间的分裂。虽然郭美美事件经历时间较长，变化情节较复杂，但郭美美作为中心人物是贯彻始终的，而当郭美美被判入狱后，这个围观空间也就闭合沉寂了。

图 2-2 的空间边界是以虚线表示的，其意在于说明，网络空间的边界不仅不是确定的，而且还是开放的。围观郭美美的网络空间前后持续了 4 年之久，进入这个空间的网民不计其数。并且，有些围观网民可能是长期跟踪的，也有进入一次就没兴趣、再也不返回了的。进进出出，像个没有边界的菜市场一样，既没有确定的人群，也没有确定的边界。信息、信息的制造与传播，以及信息传播的空间范围、强度（持久性）和烈度（刺激性），一切都在流变之中。而这种不确定的流变，正是网络空间的活力或生命力，没有不确定性和流变性，网络的生命力就会终结。

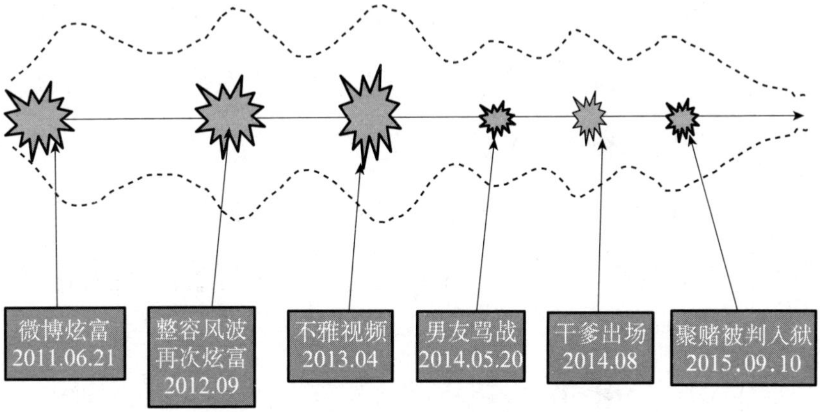

图 2-2　郭美美炫富网络空间变化图示

三、流动空间与地方空间

如前所述，网络空间不仅指线上的赛博空间，而且还包括线下通过互联网联系起来或网络化了的社会空间。在卡斯特的论述中，线上的和线下的网络空间最明显的特点是其流动性，因此，卡斯特又将网络空间称为流动空间（space of flows）。卡斯特指出："在信息技术范式，以及由当前历史变迁过程所诱发的社会形式与过程的联合影响下，空间和时间正被转化"①。而其转化最明显的结果是出现了流动空间。

流动空间中的流动，首先是信息的流动，而正是信息大量而快速的流动，推动或支配了物质空间和社会空间的流动，金融、保险、地产、广告和营销等产业在信息流动中呈现了快速流动的状态。"信息—全球经济的组织以命令和控制中心为核心，它们能够协调、创新与管理公司网络的复杂活动。先进服务业包括金融、保险、地产、顾问、法律服务、广告、设计、行销、公共关系、安全、信息搜集以及信息系统管理，但也包括研发与科学创新等，这些位居一切经济过程的核心，不论是制造业、农业、能源还是各种服务业。所有先进服务业都可以简化为知识生产和信息流动。"②

在《网络社会的崛起》中，卡斯特对其称为先进服务业的行业做了广泛考察，其核心线索是，那些依靠互联网和信息技术而实现了经

① 卡斯特．网络社会的崛起．夏铸九，王志弘，等译．北京：社会科学文献出版社，2006：354.

② 同①356.

营方式、管理方式和运行方式等方面转变的行业，在存在空间、展现模式和分布状态上都发生了与工业社会的传统产业不同的变化。工业社会服从机器生产或机器运行的要求，其地理位置、装备设置、技术应用、生产流程、产品制作和管理制度等，都要保持集中、稳定、标准、统一、精细、严格等确定性，因此，工业社会的传统产业普遍具有相对确定性的特点。而当工业社会的各行各业同互联网和信息技术结合起来之后，特别是那些对互联网和信息技术依赖更为紧密的金融、保险、传媒等产业，相对确定性的状态就遭遇了根本上的动摇，分散、灵活、多样、差异、弹性和变动等各种不确定性替代了确定性，社会空间也由此而呈现出流动性。

需要辨析的是，卡斯特论述的流动空间，究竟是空间中的事物在流动，还是空间本身在流动？例如，信息在企业的不同部门之间的流动，则是前者；在信息和互联网的作用下，某些企业转变了在某个地理位置固定不变的集中存在方式，而以化整为零、分散存在、网络协同的方式灵活经营，这就是企业空间本身发生了流动性转变。事实上，卡斯特所论述的流动空间包含了信息流动，但主要是指借助互联网和信息流动而推动的社会空间的运动。只有从社会空间的流动性角度，才能明确流动空间的内涵与外延。卡斯特说："空间是社会的表现（expression）。既然我们的社会正在经历一种结构性的转化，那么，认定有新的空间形式与过程正在浮现，应该是个合理的假设。"[1]

所谓新的空间形式，就是社会空间的流动形式。"空间不是社会

---

① 卡斯特．网络社会的崛起．夏铸九，王志弘，等译．北京：社会科学文献出版社，2006：382.

的拷贝，空间就是社会。空间的形式与过程是由整体社会结构的动态所塑造，这其中包括了依据社会结构中的位置而享有其利益的社会行动者之间，相互冲突的价值与策略所导致的矛盾趋势。”[①] 卡斯特关于空间即社会的观点，同列斐伏尔和哈维等人都是一致的。列斐伏尔和哈维在批判后工业社会城市改造中的空间压缩、空间权利和空间矛盾时，已明确地论述了空间就是社会的观点。所不同的是，卡斯特把社会空间放到网络化条件下加以考察，明确地强调了社会空间的流动性。

因为把流动空间界定为社会空间的流动，所以社会空间无论怎样流动，它都存在同地理环境和物理存在的关系问题，而地理环境或其中的物理存在即地方空间。“我将观察到的趋势综合在一个新空间逻辑下，我称之为流动空间（space of flows）。相对于这个逻辑，我要提出具有历史根源的、我们共同经验的空间组织：地方空间（space of places）。”[②] 地方空间是人们身处其中的共同经验的空间，即前述所谓在场空间，是在特定地理环境或地理位置之中的空间。流动空间起源于地方空间，是地方空间在互联网和信息流动的作用下的流动性转变。地方空间具有边界性、物质性、相对确定性，而当其转变为流动空间后，就具有了扩散性、信息性和不确定性。

为了使流动空间更容易理解，卡斯特还论述了流动空间的三个层次。第一个层次是电子通信系统，“流动空间的第一个物质支持，其

① 卡斯特．网络社会的崛起．夏铸九，王志弘，等译．北京：社会科学文献出版社，2006：382.

② 同①355.

实是由电子交换的回路所构成”[①]。第二个层次是由网络系统中的“节点（node）与核心（hub）所构成”[②]。这些节点与核心是存在于地方空间中的信息集散的设施、机构或组织，它们具有把互联网的信息向地方传播和把地方的信息汇集到互联网之中的中介功能。第三个层次“是占支配地位的管理精英（而非阶级）的空间组织。他们操纵了使这些空间得以接合的指导性功能”[③]。概言之，流动空间包括电子通信系统，在特定地理环境中的信息集散的设施、机构或组织，具有支配网络信息交流能力与地位的管理精英。

从对卡斯特关于流动空间和地方空间的论述的考察中可以发现，流动空间似乎就是他论述的网络空间。不过，如果对卡斯特的著述做进一步考察，可以发现流动空间与网络空间还有一些区别。通常情况下，卡斯特论述的网络空间或网络社会，既包括线上的赛博空间，也包括网络化的线下社会空间。但在他集中论述线上赛博空间时，网络空间又仅指线上空间了。而流动空间一定是社会空间，是包含着通信系统、网络节点和网络管理精英在内的流动着的社会空间。

之所以如此认真地考察卡斯特关于流动空间和地方空间的论述，用意在于借鉴他的研究对中国网络社会中的流动空间与地方空间开展考察分析。借鉴卡斯特的观点考察中国网络社会，可以发现更加丰富的空间流动现象。时至今日，中国的电子通信系统已经有了较大程度的发展，甚至在某些方面已经占据世界前沿领域。并且，中国不仅已

① 卡斯特．网络社会的崛起．夏铸九，王志弘，等译．北京：社会科学文献出版社，2006：384.

② 同①.

③ 同①386.

有大量企事业单位把互联网和信息技术运用到生产经营之中，企事业单位内部的信息流动性已经大幅增强，呈现了信息化和网络化带来的积极活力，而且还有大量企事业单位在互联网或信息经济的推动下，改变了原来固守某种地理空间的相对静止状态，呈现了灵活多样、高速流动的空间状态。同时，中国已经涌现了一大批网络管理精英、网络学术精英，还有无数网络意见领袖。

从中国网络信息产业的发展就可以看出，被卡斯特看作展开了流动空间的网络信息企业，在中国取得了惊人的发展速度。到2017年6月，规模以上电子信息产业企业有6.08万家，其中电子信息制造企业1.99万家，软件和信息技术服务业企业4.09万家。全年完成销售收入总规模达到15.4万亿元。另外，从中国网络信息一百强排名可以看出，网络信息公司不仅自身以其积极的流动性名副其实地展开了网络信息社会的流动空间，而且也卓有成效地开拓了中国社会的流动空间，前20名的网络信息公司，都以其十分显赫的成绩为世人所知（如表2-1所示）。腾讯、阿里、百度、京东、360、搜狐、网易、携程、唯品会、苏宁等网络信息公司，都在扩展自己的流动空间的同时，极大地开拓了社会空间的流动性。

表2-1　　　　中国网络信息公司前20名

排序	公司名称	公司主要品牌
1.	阿里巴巴集团	阿里巴巴、淘宝、天猫
2.	腾讯公司	腾讯、QQ、微信
3.	百度公司	百度
4.	京东集团	京东商城
5.	奇虎360	科技有限公司360安全卫士

续前表

排序	公司名称	公司主要品牌
6.	搜狐公司	搜狐、搜狗、畅游
7.	网易公司	网易、有道
8.	携程计算机技术（上海）有限公司	携程旅行网、途风旅行网
9.	广州唯品会信息科技有限公司	唯品会、乐蜂网
10.	苏宁云商集团股份有限公司	苏宁易购、苏宁红孩子、PPTV
11.	北京新美大科技有限公司	美团、大众点评
12.	网宿科技股份有限公司	网宿 CDN、网宿科技云分发平台
13.	小米科技有限责任公司	小米、MIUI、多看
14.	新浪公司	新浪网、新浪微博
15.	乐视网信息技术（北京）股份有限公司	乐视网、乐视 TV、乐视商城
16.	北京搜房科技发展有限公司	房天下
17.	北京五八信息技术有限公司	58 同城
18.	三七互娱（上海）科技有限公司	37 游戏
19.	东方财富信息股份有限公司	东方财富网、天天基金网
20.	新华网股份有限公司	新华网

资料来源：2016 年中国互联网企业 100 强名单．(2017-12-29)［2019-03-22］. http：//www.maigoo.com/news/457967.html.

更为重要的是，互联网和信息技术已经广泛运用到广大社会成员的日常社会生活之中，它所引起的社会空间流动性，要比卡斯特论述的由电子回路、网络节点、网络精英、先进服务业乃至星云城市、巨星城市所呈现的流动空间更加广阔、更富有流动性。中国是人口大国，在 Web 2.0 阶段，中国网民队伍就已经有了大规模发展，到 2008 年末，中国网民已达 2.98 亿，居世界第二位，互联网普及率达到 22%。而到了 Web 3.0 阶段，网民队伍发展更快，到 2017 年 12 月底，中国网民已经达到 7.72 亿，超过中国人口总数的一半，互联网普及率达到55.8%。可以说，占中国人口总数半数以上的网民，是中国社会增强流动性最重要的基础。特别是到了Web 3.0阶段，数以几十亿甚至可能有上百亿的微信群、QQ群、微博群、朋友圈，其间的信息沟通及其引起的社会活动，使中国社会的流动性达到了空前活跃的程度。

中华民族是一个注重人际关系、乐于交往的民族。受到重视熟悉关系的文化传统的限制，传统社会交往主要是在亲人之间、熟人之间开展的，交往的边界性、地域性和区隔性都很明显，因而对社会流动性有较大限制，但当大量人口进入互联网，移动通信和互联网成为主要交往媒介时，中国社会的交往关系发生了很多深刻变化。其中最明显的变化是，缺场交往成为主要社会交往形式。缺场交往亦可称为脱嵌交往或脱域交往，亦即脱离具体场所的交往。在特定场所中的交往，无论其活跃性达到多么高的程度，它一定要受到地理环境和物质条件的限制，其流动性也一定表现出某些局限性。而缺场交往则可以凭借互联网和移动通信的便捷性，在更广阔的空间中流动，社会生活的流动性也更加明显地扩展开来。

微信和短信等网络即时通信的作用，首先是促进了人们思想观念的活跃性，特别是形象思维、集体表象乃至整个社会表象的活跃性。人们在论及中国传统文化或传统思维方式时，一个通常的结论是封闭性和保守性，而这与费孝通论述乡土中国的地域间隔性和农业文明的低度流动性直接相关。网络即时通信有力地突破了地域间隔性，大幅增强了思想观念交流的速度，在封闭与保守的思想氛围中输入了无限的活力。在微信群、QQ群、微博群、朋友圈中，便捷、快速、灵活而充满生机的信息交流就是思想观念的流动。人们的社会行为都是在一定的思想观念支配下展开的，流动的思想观念必然会引发流动的社会行动。

在网络即时通信中表达的思想观念大部分处于感性层面，亦即很少有理论阐述和推论计算，通常都是感觉、知觉和表象等形式的表达，或者说是感性意识的沟通。在微信、短信、微博和 QQ 的交流中，人们简短地表达着对生活片段的感受和体验，诉说着对日常经历的印象与评价。一句句令人产生丰富联想的妙语，一个个引人嬉笑怒骂的段子，一张图片、一个表情，凡此种种生动形象的表达，尽管零散、碎片、飘忽即逝地被覆盖，但其生动地表达了亿万网民对日常生活的真实体验，通常是未加遮盖的真情实意，是可以直接引发人们行动的表象。

涂尔干、布迪厄和吉登斯等社会学家都高度重视集体表象和社会表象，其中重要原因在于集体表象和社会表象直接支配了人们的社会整合与社会行动。网络交流极大地提高了人们感性意识的活跃程度，在微信群、微博群和朋友圈中形成了不断变化、无限多样的集体表象乃至社会表象，必然会促进人们的集体行动和社会行动，社会的流动性由此而增强。不仅亲情聚会、会友郊游、结伴购物等日常生活中的行动常常因网络交流而引发，并且像温州动车事件和北京红黄蓝幼儿园事件一类的社会抗争、维权行动，很多也是经由网络交流而动员或引发的。概言之，网络交流既促进了表象的流动，也增强了社会的流动。

网络交流实现了表象流动和社会流动的统一，表现了网络社会的流动空间和地方空间的紧密联系。表象的流动，无论是个体之间的还是群体性质的，都可以是缺场空间中的流动，但当表象流动引发群体行动或社会行动时，就一定是在地方空间中发生和进行的。尤其是中国网民的微信群、微博群、QQ群和朋友圈等，通常是在网下的熟悉关系基础上形成的，而网下的熟悉关系一定是在特定地方空间中形成的，这就更进一步说明网络交流形成的流动空间与地方空间的密切联系。

当我们论述了通过网络交流而实现了流动空间和地方空间的联系时，并不意味着我们轻视了流动空间和地方空间的对立与排斥。在网络社会中，流动空间和地方空间具有流动性，都植根于网络交流，没有后者就没有前者。但需要进一步分析的是，地方空间的网络流动性依赖于网络交流，但地方空间却不完全与网络交流有联系，这就决定了流动空间与地方空间存在很大的差异和矛盾。

有一部分地方空间与互联网没有联系，首先与还有很多人口没有上网，是处于网络之外的非网民有关。虽然中国社会的网络化速度很快，但网络化的程度还没有达到世界先进水平。由图2-3、图2-4可以发现，在全球30个主要国家和地区中，阿拉伯联合酋长国的互联网普及率最高（96%），其次是英国（92%）和加拿大（91%），中国互联网普及率在世界前30个国家排名中还处于较低水平。如果仅与世界人口较多国家互联网普及率相比，中国互联网的普及率比美国低了36.2%。[①] 可见，中国互联网的普及还有较大提升空间。

① 亿欧．2018年全球互联网普及率将超过50%．(2016-07-08)［2019-03-22］．https://www.iyiou.com/p/28466.

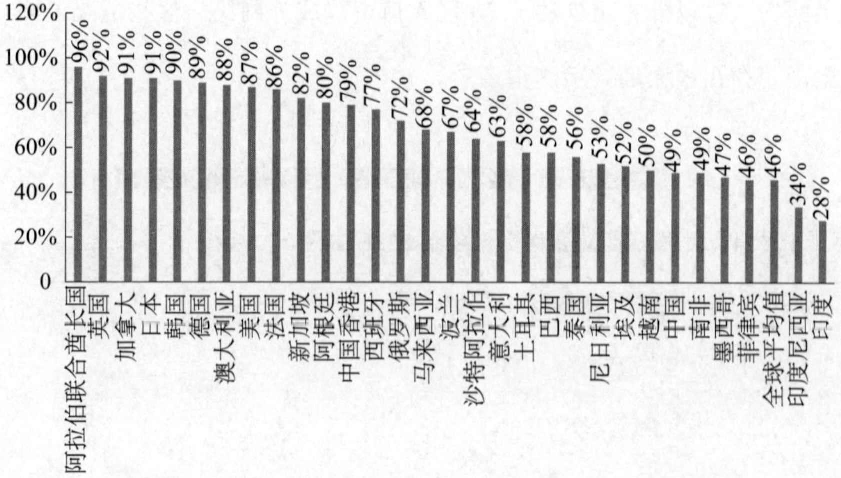

图 2-3　不同国家和地区的互联网普及率（2016 年 1 月）

资料来源：we are social.

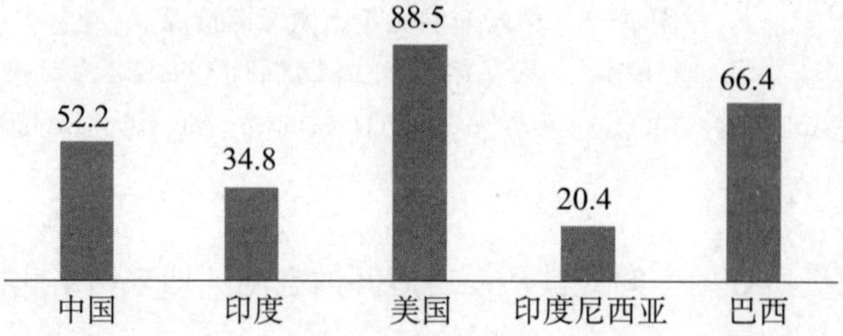

图 2-4　全球人口前五国家互联网普及率（%，2016 年）

资料来源：图片来源于亿欧（www. iyiou. com），数据来源于 Internet Live Stats。

中国互联网络信息中心发布的《第 42 次中国互联网络发展状况统计报告》显示：到 2018 年 6 月，中国网民达到 8.02 亿，互联网普及率达到 57.7%，这说明还有 42.3%的人口没有入网，即还有接近 6 亿人口是非网民。调查显示，因不懂电脑/网络、不懂拼音等知识水平限制而不上网的比例分别为 49.0%和 32.5%；由于不需要 / 不感兴趣而不上网的比例为 10.2%；受没有电脑、当地无法连接互联网等上网设施限制而无法上网的比例分别为 9.9%和 5.6%（见图 2-5）。据中国互联网络信息中心测算，除去幼儿和年纪太大的老人等不适合上网的人口以外，至少还 1.75 亿人口可以成为网民。这些情况说明，中国还存在很大的数字鸿沟。①

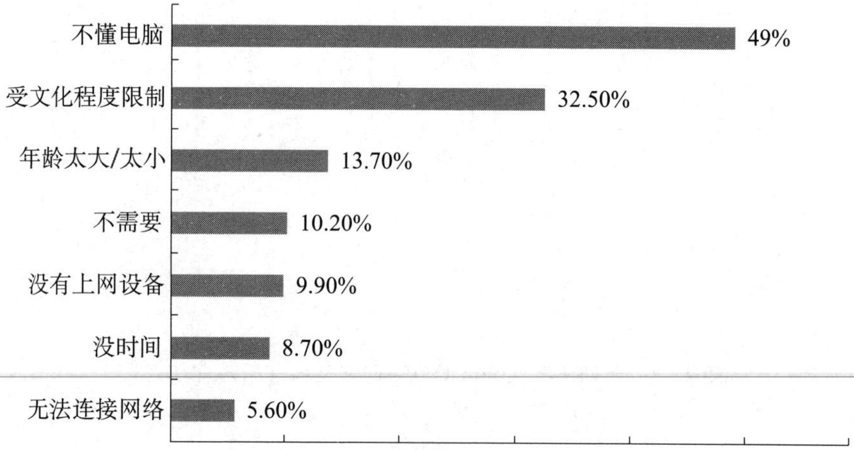

图 2-5 中国非网民不上网原因情况

资料来源：中国互联网络信息中心．第 42 次中国互联网络发展状况统计报告．(2018-08-20) [2018-12-03]. http：//www. cnnic. net. cn/hlwfzyj/hlwxzbg/hlwtjbg/201808/t20180820_70488. htm.

非网民所处的空间或其活动所展开的空间，即未网络化的地方空间。可想而知，互联网和移动通信展开了流动空间，而与互联网和移动通信无关的地方空间，一定是流动性较差的空间。在信息化时代，那些不能利用互联网和移动通信及时获取和交流不断变化的经济、政治、文化和社会信息的人们，无论在观察视野、接收信息、了解变化、预测未来等方面，还是在捕捉机会、占有资源、提高效率和争取发展方面，都无法与活跃在流动空间中的网民们相比。并且，这种流动与非流动的空间差别，一定会反映到经济、政治、文化和社会的各

① 中国互联网络信息中心．第 42 次中国互联网络发展状况统计报告．(2018-08-20)［2018-12-03］. http：//www. cnnic. net. cn/hlwfzyj/hlwxzbg/hlwtjbg/201808/t20180820_704 88. htm.

方面发展状态上。

从2017年的互联网普及率的地区差别看（见图2-6），就能明确分析进入流动空间和驻留地方空间的区别。全国最发达的地区是北京、上海和广东三省市，其互联网普及率依次是77.8%、74.1%、

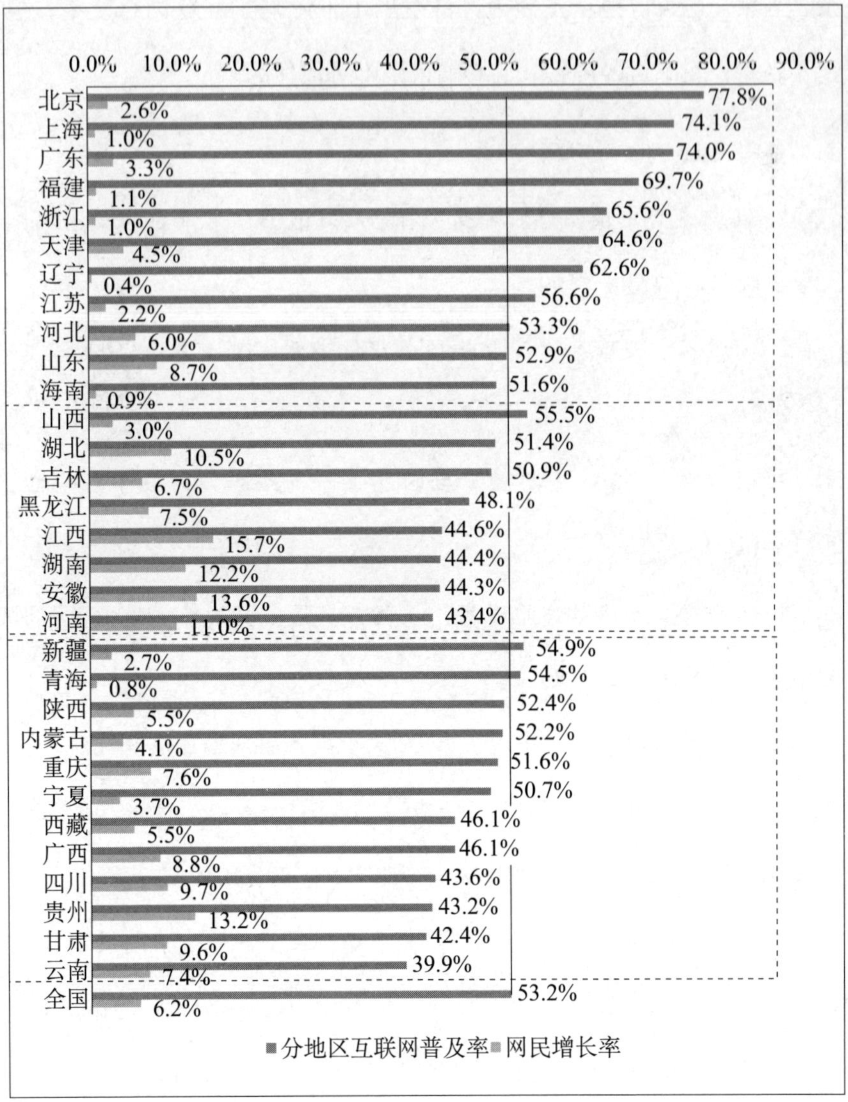

图2-6　分地区互联网普及率

资料来源：中国互联网络信息中心于2017年做出的《互联网惠及全民的问题研究报告》。

74%，平均为75.3%。全国最不发达地区（按人均GDP）是云南、甘肃、贵州，而其互联网普及率依次是39.9%、42.4%、43.2%，平均为41.8%，处于全国最低水平，与北京、上海和广东相差33.5个百分点。这个比较，充分说明了互联网普及率与地区发展水平的正相关关系。当然，也可以说正是因为经济发展水平影响了互联网普及率，但是互联网普及率对经济发展的影响也是不可低估的。[①]

参考文献

1. 刘少杰．中国网络社会研究报告2011—2012. 北京：中国人民大学出版社，2013.

2. 王卡拉．网曝红十字会一顿饭花近万元．新京报，2011－04－16（A20）．

3. 赵晓秋．郭美美炫富背后的慈善“罗生门”．法律与生活，2011（14）．

4. 卡斯特．网络社会的崛起．夏铸九，王志弘，等译．北京：社会科学文献出版社，2006.

5. 中国互联网络信息中心．第42次中国互联网络发展状况统计报告．（2018－08－20）［2018－12－03］．http：//www.cnnic.net.cn/hlwfzyj/hlwxzbg/hlwtjbg/201808/t20180820_70488.htm.

6. 中国互联网络信息中心．第40次中国互联网络发展状况统计报告．（2017－08－03）［2018－12－13］．http：//www.cnnic.net.cn/hlwfzyj/hlwxzbg/hlwtjbg/201708/t20170803_69444.htm.

① 本统计数据不包括港澳台地区。

第三章　空前活跃的缺场交往

虽然还有很多人对网络化时代来临的意义并不很清楚，但大部分社会成员已凭借各种不断提升的网络技术而快速扩展了自己的交往空间。不过，人们利用网络技术开展的交往行为，是一种同传统的面对面的在场交往不同的、隐匿了身体存在的缺场交往。虽然身体不在场的交往在传统社会中也存在，但它只有依靠功能强大的网络技术，才能成为一种充满活力的具有广泛普遍性的缺场交往方式。并且，过去缺场交往或网络交往曾一度被称为虚拟交往，现在人们越来越清楚地认识到，缺场的网络交往不仅不是虚拟交往，相反却是反应敏感、传播快捷、功能强大的现实交往。

一、缺场交往的快速扩展

缺场交往的快速扩展，不仅表现在网民队伍的大规模增长，而且还表现为网络交往活动空前活跃。美国咨询公司麦肯锡发布的报告显示，中国 60 个大中城市的居民 70%的业余时间在上网，小型城镇居民的这一比例为 50%。虽然人们可以质疑麦肯锡的调查结果未必准确，但就我们自己的实际生活而言，每天上网确实占用了很长时间。人们不仅通过互联网了解不断更新的新闻时事，而且越来越多的人通过互联网沟通信息、表达观点，甚至评论时事。尤其是微博和微信的迅速发展，网络即时通信已经成为广大网民的基本交往方式，缺场交往在更大范围和更便捷的方式中展开了。

应当指出，网民队伍和网民活动的扩展不仅仅是数量上的增长，更重要的是，网民大多数是中青年社会成员，并且是中青年社会成员中热爱生活、关心社会，嗅觉灵敏、思维灵活，积极参与、努力进取的那一部分人。正是这些人的积极交往构成了一个真实的、有旺盛活力的现实社会（见图 3-1)。从图 3-1 可知，中国网民队伍中 10 岁以下儿童和 60 岁以上老年人只占 8%以下，而 10 岁以上 60 岁以下人口则约占 92%。众所周知，10 岁以上人口起码是在小学读书的小学生，而小学生也属于有业人员。因此，从 10 岁到 59 岁的网民都属于职业群体。无论学校还是企事业单位，其中的职业群体都是社会主体群体，当主体群体占到了网民队伍的90%以上，就无可置疑地说明网民队伍是掌握社会资源、创造社会财富、有能量、有活力的社会主体。

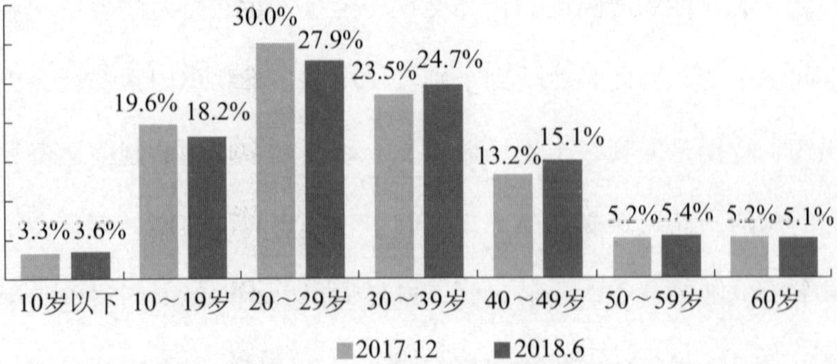

图3-1　中国网民年龄结构

资料来源：中国互联网络信息中心．第42次中国互联网络发展状况统计报告．(2018-08-20)［2018-12-03］．http：//www.cnnic.net.cn/hlwfzyj/hlwxzbg/hlwtjbg/201808/t20180820_70488.htm.

虽然缺场交往形成的社会空间是一个只见语言流动不见言说者身体的符号社会，人们因此而称之为虚拟社会，但形似虚拟的网络社会实质却非常真实，甚至比在场社会更加真实。因为不仅有越来越多的网民真名实姓地发表着自己的话语评论，而且即使是隐名埋姓的匿名者，也真情实意、爱憎分明地表达着对社会生活的陈述与评价。而那些在某种社会组织、机关团体或群体集会中的在场交往，人们却可能因为某种具体制度的直接规定或特殊环境的限制而呈现出很多伪装与假象，官话、套话、虚情假意、口是心非等，是在场交往中司空见惯的假象。所以，这个形似虚拟的缺场社会却比貌似真实的在场社会真实得多！

进一步说，缺场交往不仅超越了活动场域或村庄城镇等物理空间的边界，而且也超越了社会空间的限制。社会空间是近年学术界使用频率较高的一个名词，通常指在特定场域中的由人口、群体、制度、资源、权力和文化等因素构成的社会环境。实际上，这种对社会空间概念的理解同社会结构概念并没有本质区别，但其突出了社会环境的实存性、边界性和间隔性。在场交往一定是发生在特定物理空间和社会空间之中的，因此必然受到个别场域中的各种物理因素和社会因素的制约，特别是受到在个别场域中具有硬性规定作用的制度、资源和权力的制约。而缺场交往却不仅突破了物理空间的限制，而且在一定程度上也突破了社会空间的限制，网民们可以在广阔的网络空间中展开信息沟通、进行事实陈述和价值评价。虽然不能完全突破局部环境的空间限制，但具有较强局部性或特殊性的风俗习惯、群体规则、资源局限和部门权力等因素的作用却在很大程度上被淡化了。

麦肯纳（Katelyn Y. A. McKenna）和巴奇（John A. Bargh）认为，正是因为对物理空间和社会空间限制的突破，互联网为现实生活中的边缘群体提供了交流沟通的场所。网络活动中的相对匿名性使得人们可以将平时隐藏的价值信念展示出来。通过在网络群体中的互动，以及对群体资格的认定，人们原有的边缘化的社会认同得以强化，从边缘化走向去边缘化。通过对边缘化网络群体卷入程度、边缘化的性别认同群体和边缘化的政治认同群体的研究，麦肯纳和巴奇发现，网络群体中的认同也反过来影响到人们在实际生活中的社会认同，形成了“去边缘化”的认同机制，这使参与网络的群体弱化了人们之间的社会疏远和社会隔离①，他们指出：“互联网作为一种交流的渠道，具备

① MCKENNA K Y A，BARGH J A. Coming out in the age of the Internet：identity “demarginalization” through virtual group participation. Journal at Personality and Social Psychology，1998，75（3）：681，94.

一种独特的，甚至是革命性的力量，表现为相对的匿名性，与此同时，人们可以相对容易地联系与自己具有相似兴趣、价值和信念的人。”“互联网交流的相对匿名性，身体和非语词互动的缺失，减少了许多具体环境的限制，有助于人们相互间更加容易地形成共享的信念和价值观。”①

空间界限的突破必然引起空间状态的变化。在传统物理学和传统哲学观念中，物理空间可以呈现相对静止状态，但在以传递信息为其基本内容的网络社会中，空间却一定始终处于流动状态。因此，卡斯特说：“我们的社会是环绕着流动而建构起来的：资本流动、信息流动、技术流动、组织性互动的流动、影像、声音和象征的流动。”②于是，网络社会呈现的空间是流动着的空间，是从传统社会的眼光看去令人眩晕的快速变化的过程。因此，流动空间要求人们突破面对相对静止状态而形成的各种认知观念和评价原则，以崭新的视野去认识不断流动的空间。

流动的空间还不仅仅是一种空间状态的变化，更重要的是流动已经成为社会空间中的一种支配力量。卡斯特指出：“流动不仅是社会组织里的一个要素而已：流动是支配了我们的经济、政治与象征生活之过程的表现。”③ 这是一个非常重要的判断，对于在社会生活网络化的新形势下如何认识和行使权力具有重要的启示。在过去漫长的政治

---

① BARGH J A，MCKENNA K Y A. The Internet and social life. Review of Psychology，2004 (55)：573 - 590.

② 卡斯特．网络社会的崛起．夏铸九，王志弘，等译．北京：社会科学文献出版社，2006：383.

③ 同②.

史中，无论何种社会形态的权力掌握者，都是以稳定的机构和稳定的手段去维持社会的稳定。只要政府、军队、监狱、警察这些国家机器能够被稳定地控制，社会秩序就能被稳定下来。然而，这种情况在今天发生了权力掌握者难以理解的变化。卡斯特称为“流动的权力优先于权力的流动”①，即流动本身就是强大的权力，传统社会相对静止的权力机构在其面前已经遭遇尖锐的挑战。

由国家机器行使的权力是实体权力，而网络社会中的流动权力是可以隐匿实体的信息权力。实体权力依托于在场设置，进而有效作用于在场交往；信息权力依托于网络交流，由此而有效作用于缺场的网络交往。于是，这里不仅面临着实体权力和信息权力的关系问题，而且还面临着在场交往和缺场交往的关系问题。暂且不论前一个关系问题，首先就在场交往和缺场交往的关系而言，这是一个很多人已经敏感觉察但未必清楚理解的重大问题。一个最明显的事实是，世界各国政府纷纷加强网络安全管理，而这不仅是因为网络本身存在安全问题，更重要的是以信息交流为基本内容的缺场交往对在场交往已经产生了难以阻挡的作用，实体权力如何有效制约缺场交往，已经变得令人捉摸不定。

事实上，虽然缺场交往隐匿身体并超越了社会空间，但其并非完全脱离在场事物而虚拟化，其实质不过是在场交往中已经包含的某些内容的复杂表现。由身体行动在一定实体环境中开展的在场交往，不仅有其可以直接观察到的外在客观性，而且一定还有其不能直接观察

① 卡斯特．网络社会的崛起．夏铸九，王志弘，等译．北京：社会科学文献出版社，2006：434.

到的内在主观性。因为人们的交往行为一定是在主观心理过程的支配下展开的，没有主观心理活动的在场交往是不可能的。然而，虽然在场交往是心理活动的外现，但在场交往并不能把自己的心理活动全部表现于外，一定会受在场环境的影响而隐匿某些心理过程，由此而决定了在场交往的两面性。缺场交往超越了实体环境的限制，并因此而使心理活动能够得到比较充分的表达，特别是在特定实体环境中不能随意表达的价值信念和批评言论，也能够比较自由地被表达出来，由此显得同在场交往有很大区别。其实，那些在缺场交往中被充分表现的价值信念和批评意见，在在场交往中就已经存在，只不过受在场条件限制而被暂时隐匿起来了。

尽管缺场交往表达的某些思想观念是在场交往中已经存在的，但这不意味着缺场交往是在场交往的简单表现。缺场交往因其环境的特殊性而一定具有同在场交往不同的特点与功能，其中最突出的是缺场交往对在场交往的导引作用。在传统社会，以信息交流为基本内容的某些身体不在场的交往行为，如信函邮递和电话沟通等，也能起到引导个体甚至群体社会行动的作用，但是因为通信技术、交往规模和传递速度的限制，信息交流不仅在规模上而且在能量上，都难以达到由网络微博形成的便捷而活跃的效应，进而很难在较广的社会层面上产生缺场交往对在场交往的导引作用。

互联网等新媒体技术的广泛应用，迅速改变了在场交往和缺场交往之间的关系，借助互联网展开的缺场交往，不仅使社会生活增添了新形式，而且也直接影响了在场交往和在场社会的秩序。蔡文之比较深入地揭示了网络空间中在场与缺场之间的矛盾，他把网络空间称为

"异位空间"，认为："网上活动进一步推动网络空间作为一种独特的反场所（counter-site）而出现。计算机技术在原子和电子、此处与彼处、机构与个人之间带来了产出性混乱，但是这些模糊性正是在用户的各种各样的活动中，才找到了政治上的表达，从而构筑了既是规训的又是无政府的、既是档案类的又是匿名的、既是个人的又是非个人的、既是社交性的又是不露面的网络空间。这种网络空间往往被体验为一另类空间，一种向我们传统的物理性的社会空间发出挑战的异位空间。"①

蔡文之所论的异位空间，是其中包含着矛盾冲突的网络空间，并且，不仅这个网络空间本身有着不断的矛盾冲突，而且更重要的是它对社会空间的尖锐挑战，并因而引起了现实社会的秩序变迁。② 面对互联网等新媒体技术引起社会生活的变化，福山发现在工业社会基础上形成的社会秩序正在趋向分裂，而一种新的社会秩序将会诞生，他指出："正当西方社会的经济从工业化时代向信息化时代过渡之时，却出现了这样一些负面的社会趋势；这些趋势说明，西方社会中使人们团结在一起的那种社会联系和普遍价值观念正在变弱。""这些变化使20世纪中叶工业社会中盛行的社会价值观念形成了大分裂。"③不过，福山对这种"创造性破坏"并不悲观，他相信人类理性可以重新构造新的社会秩序，"社会秩序一旦遭到破坏，就会再次得到重建，而且很多情况表明这种事情今天正在发生。我们可以期待发生这种事

① 蔡文之．网络：21世纪的权力与挑战．上海：上海人民出版社，2007：69－70.

② 同①70.

③ 福山．大分裂：人类本性与社会秩序的重建．刘榜离，等译．北京：中国社会科学出版社，2002：5.

情，原因也很简单：从本性上说，人是社会的产物”[①]，所以，人类一定会使自己生存其中的社会保持一种相对稳定的秩序。

二、从在场到缺场的交往行为研究

交往是人类社会的展开形式，正是通过交往才形成了各种社会关系和社会群体，也才发生了社会矛盾并形成了发展变化的动力。因此，对交往发展变化的观察与思考，一定是社会学家不可回避的课题，并且也只有通过对交往问题的关注，一个动态的现实社会才能生动地呈现在社会学的视野之中。在网络社会学研究中，交往占有了更加重要的地位，因为互联网和移动通信为交往创造了更加便利的条件，交往不仅达到了空前活跃的程度，而且展开了空前广阔的幅度，并且呈现了崭新的形式和更加丰富的内容，产生了很多亟待观察与思考的问题。

在经典社会学研究中，交往就已经得到了高度重视。首先可以在马克思的著述中发现，交往已经被看成社会发展的基本动力之一。提到马克思的社会发展研究，人们一定会想到马克思关于生产力是社会发展根本动力的论断，而往往不注意马克思关于交往在社会发展中的地位与作用的论述。也正因如此，有些学者甚至批评马克思是社会发展的单线决定论者。

事实上，马克思在人面对自然的物质生产和人面对人的交往关系

① 福山．大分裂：人类本性与社会秩序的重建．刘榜离，等译．北京：中国社会科学出版社，2002：6.

的统一中，深刻论述了社会发展变迁的双重动力。在《德意志意识形态》中，马克思清楚地表达了他的观点："这种生产第一次是随着**人口的增长**而开始的。而生产本身又是以个人彼此之间的**交往**［*Verkehr*］[①] 为前提的。这种交往的形式又是由生产决定的。"[②] 虽然马克思和恩格斯在这里使用的交往概念，包含了个人、团体和国家之间的物质交往和精神交往的含义，并且通常是指生产关系（人们在生产中结成的人与人之间的社会关系），但其最基本的还是指同人与自然之间的关系不一样的人与人之间的社会交往关系。因此，不难看出，马克思和恩格斯把生产和交往看作社会发展变迁的两个缺一不可的前提。

在经典社会学理论中，齐美尔比较系统地研究了社会互动形式，其实质也就是研究了社会交往形式。在齐美尔看来，社会学不能笼统地自称是研究社会的，而应当首先明确什么是社会。齐美尔说："倘若有一门科学，它的研究对象是社会，而不是任何别的东西，那么它就只能研究这些相互作用、这些社会化的方式和形式。"[③] 齐美尔主张像研究几何学那样研究社会的互动形式，他论述了二人群体、三人群体、多人群体、小群体和大群体中的互动形式，揭示了群体互动中的角色功能、地位差异和矛盾冲突，这对于在动态交往关系中理解社会的交互作用、群体形式和矛盾关系，都具有十分重要的意义。

① 《马克思恩格斯文集》第 1 卷第 808 页第 186 条注释："交往"（Verkehr）这个术语在《德意志意识形态》中含义很广。它包括单个人、社会团体以及国家之间的物质交往和精神交往。马克思和恩格斯在这部著作中指出：物质交往，首先是人们在生产过程中的交往，这是任何其他交往的基础。《德意志意识形态》中所用的"交往形式"、"交往方式"、"交往关系"、"生产关系和交往关系"这些术语，表达了马克思和恩格斯在这个时期形成的生产关系概念。

② 马克思恩格斯文集：第 1 卷．中央编译局，编译．北京：人民出版社，2009：520.

③ 西美尔．社会学：关于社会化形式的研究．林荣远，译．北京：华夏出版社，2002：5.

承继马克思对社会交往和齐美尔对社会互动形式的关注，哈贝马斯对交往行为开展了更加深入的研究，构建了比较系统的社会交往行为理论。哈贝马斯认为，马克思已经做出了生产和交往共同推动社会发展的论断，但马克思未能充分地论述交往在社会发展变迁中的作用，以致人们仅仅注意马克思关于生产力是社会发展动力的观点。哈贝马斯为自己确立的任务是，深入论述交往行为在社会发展变迁中的地位和作用，弥补历史唯物主义在这方面的缺失。不过，需要明确的是，哈贝马斯所指的交往行为同马克思论述的交往是有区别的。哈贝马斯主要在语言交流、信息沟通、寻求共识和交往伦理等方面讨论交往行为，而马克思则主要是从物质生产活动来考察人们的交往关系。哈贝马斯这样论述他的主张：

> 马克思判断社会发展并不是根据复杂性的增长，而是根据生产力的发展阶段和社会交往形式的成熟性。生产力的发展依赖于技术上现有知识的运用；社会基本制度则体现着道德—实践的知识。这两方面进步的测量有赖于两个我们在衡量经验知识和道德—实践洞见的进步时也要用到的普遍有效性要求，即陈述的真实性和规范的正确性。如此，我坚持这样的观点，历史唯物主义把生产力发展和社会交往形式的成熟作为社会进步的标尺，这种精选出的方法及其内容能被系统地加以证明。[1]

从马克思、齐美尔到哈贝马斯，关于交往的理论发生了很大的变化。首先是关注领域的变化，马克思关注的交往主要是物质生产活动

① 哈贝马斯．交往与社会进化．张博树，译．重庆：重庆出版社，1989：146．

中的人与人之间的物质利益关系，齐美尔关注的交往主要是群体活动中的人际互动和矛盾冲突，而哈贝马斯则在更一般的意义上关注人们怎样通过信息交流实现语言沟通、达成共识，用什么样的道德规范来规定或保证沟通的有效实现。概言之，社会学从经典到当代对交往开展的研究，经历了从关注物质利益为核心的交往，到群体互动和矛盾冲突，再到信息交流和语言沟通的变化。透过这种变化的理论表现，可以看到，它反映了人类社会从工业社会到后工业社会或信息社会主要矛盾的变化。

马克思的时代是资本主义自由竞争时期，无论是正在推进的工业化运动，还是资本家不择手段榨取工人血汗、加速资本积累，还是无产阶级为了维持生存或改善劳动条件而开展的同资产阶级的斗争，其核心问题都是物质生产和物质利益问题，因此，马克思关于交往的研究聚集到物质生产和物质利益关系上，是对那个时代主要矛盾的正确反映。齐美尔开展群体互动形式和矛盾冲突研究的时期，正是第一次世界大战爆发前夕，欧洲各国社会矛盾重重，群体内部和群体之间的斗争冲突不断爆发，齐美尔开展的群体互动和矛盾冲突的研究，无疑映射了那个时期欧洲社会的普遍问题。

至于哈贝马斯把交往研究的重点转到信息交流和语言沟通方面，则适应了后工业社会的社会主要矛盾或中心任务从物质生产领域转到为人服务的第三产业领域的变化。物质生产展开的主要矛盾关系是人与自然的关系，核心问题是物质利益分配与占有；第三产业展开的主要矛盾关系是人与人的关系，核心问题是服务、交流和认同。丹尼尔·贝尔认为后工业社会到来之后一个普遍性的严重问题是交流沟通中的障碍，他称为在社会主要矛盾转变和社会分化加深条件下的言路断裂。正是在这个意义上，哈贝马斯把以语言沟通为主要途径的信息交流作为社会交往研究的主要内容，这是对时代重大课题的回答。

从上述考察可以明确发现，社会学关于交往的研究是与社会发展的阶段转变、中心任务和主要矛盾的转移直接相关的。这种紧密相关性，不仅反映了社会学家们对历史变迁观察的敏锐性和深刻性，而且也说明社会交往在社会学研究中的重要性。社会学观察和研究社会有多重视角，也能看到无限丰富的社会现象，人口、家庭、群体、组织、阶级、民族、文化和制度等，都是社会学可以开展深入研究的对象，社会学也通过对这些社会现象的专门研究，形成了很多分支学科。但是，应当指出的是，这些社会现象都是像齐美尔所论述的那样，是人们通过交往活动而形成的，只有把这些社会现象同人们的交往活动联系起来，社会学才能在动态中观察到活生生的社会现象。因此，关于社会交往的研究就是对动态变化的社会生活的研究。正因为如此，马克思、齐美尔和哈贝马斯关于社会交往的研究，都同社会发展和时代变迁紧密相关。

从马克思到哈贝马斯关于社会交往的研究经历了从工业社会到后工业社会的转变，其实也就是工业社会向信息社会的转变，而信息社会与工业社会相比，就不仅是产业结构的转变，而是社会结构的整体转变，是新社会形态的诞生。哈贝马斯在关于社会交往的研究中，对社会形态变迁论述得不够明确，这与20世纪80年代信息社会的发展程度还未达到一个较高水平有关。

时至今日，在互联网和移动通信技术的支持下，信息社会的资源、能量、动力、展开形式和发展途径，都已经达到了较高程度。人们日益清楚地看到，信息社会在生产内容、运行方式和展开形式上，都与工业社会明显不同。不能把信息社会简单归结为工业社会的进一步发展，信息社会乃是人类社会在工业社会基础上形成的一个新社会形态。缺场交往是工业社会没有形成的、在网络化条件下发展起来的新社会形式，是对信息社会作为新社会形态的最有力的明证。

在工业社会，包括前工业社会，人类的交往行为发生在特定的地理位置和空间场所中，无论是车间班组、公司处室，还是田间地头和街头巷尾，这些场所中的交往都是在场交往。而在网络化和信息化条件下，人们的交往行为越来越多地展开于脱离了具体地理位置和空间场所的线上空间，形成了一种新的交往行为——缺场交往。占人口总数一半以上的网民，利用移动通信和计算机开展的缺场交往，无论在交往频次上，还是在交往范围上，其活跃程度和展开广度都已经远远超过了在场交往。

网络化大规模展开以来，身体不在场的缺场交往行为，在社会生活中发生了十分重要的作用，它已经导致社会交往的时间过程和空间范围发生了显著变化。以往人们通过纸质媒介通信，往往需要等待很长时间才能完成交流，如今电子邮件几乎能够实现即时交流，使交往时间大为缩短；现实中粉丝与明星偶像进行面对面对话交流，不仅需要耗费大量成本，还需要克服物理位移的限制，而在网络上只要拥有明星的微博和自己的微博，通过“加关注”的方式成为其粉丝，就能与之进行直接的交流，如此等等。网络引发人们交往的时空环境的巨变，大大提高了人际沟通效率，深刻地改变着人们的知识积累方式和社会行动模式，同时也促使政府管理理念和管理行为的相应调整。

就个人的生活世界及意义世界而言，缺场交往所发生的重大影响之一是网民在其中形成了全新的人生体验与感受。在网络社会中，网民通过参与其中，既能传递信息、分享知识，又能得到他人认同，进而在网络社会中进行自我重构，实现对现实社会角色的替代性超越，丰富自身的人生意义。但网民需要注意的是，务必妥善处理好网络与现实的关系，不可沉溺于网络虚拟世界，也不能模糊二者的边界，否则势必造成角色错乱，影响正常的工作、学习和生活。

网民的积极参与加快了网络技术的更新，推动了网络媒体的大规模发展，并对传统媒体产生了严峻挑战。因此，新形势下传统媒体应当努力做出调整，在同新媒体的融合中探寻新的发展道路和传播途径。政府应该在这种发展趋势中积极作为，重视网络化时代信息传播在现代社会管理中的重要作用，利用现代传媒技术提升社会公信力和执政能力。

在网络化时代，尽管政府仍然占据信息权力的主导地位，但不可忽视来自民间的信息权力。因为广大网民虽不占据信息主导地位，但其人数众多，在相对平等地拥有话语权的情况下，容易凝聚成强大的舆论力量，特别是在一些“意见领袖”的支持下，更会产生重大的社会影响，这在许多网络事件中都得到证明，比如 2012 年 7 月发生的四川“什邡事件”和江苏“启东事件”，由于相关部门的处理失当，造成了难以控制的结果和不良的社会影响。因此，政府在主导信息权力时，需要倾听网络中的民间声音，开诚布公地对待群众，积极回应其合理诉求，这样才能达成共识、解决问题，有效维护社会的和谐稳定。

总之，交往是社会生活的基本形式，当交往经历了从在场向缺场的发展，人类社会的展开形式也随之发生了变化。社会学对社会生活的研究，不仅要分析构成内容的结构关系和运行变化的机制，而且也应当像齐美尔所言，还要注意考察社会生活的交往形式。因为不仅交往内容要通过一定的交往形式展现出来，而且交往形式还规定着交往内容的沟通、互动与共识，并由此而形成群体关系、社会整合与社会秩序。因此，缺场交往的大规模发展及其地位的提升，要求社会学展开更广阔的学术视野，在缺场与在场的统一中开展对交往行为的研究。

三、“红黄蓝事件”中的缺场交往

红黄蓝幼儿园是红黄蓝教育集团（RYB Education）旗下的一所幼儿园。红黄蓝教育集团及其前身创建于1998年，其机构遍布全国，拥有近1 300家亲子园和近500家高品质幼儿园，主要为0～6岁婴幼儿及其家庭提供优质学前教育指导与服务。2017年9月27日，红黄蓝（NYSE：RYB）在美国纽约证券交易所挂牌上市。红黄蓝教育集团创始人、总裁史燕来说：“红黄蓝专注0～6岁学前教育，先后打造了红黄蓝亲子园、红黄蓝幼儿园、竹兜育儿三大品牌，搭建园所、家庭、社会和谐互动的‘教育金三角’。”[①]

① 史燕来．总裁寄语．（2017－09－27）［2019－03－22］．http：//www.rybbaby.com/about.

2015年4月21日，在红黄蓝第十二届全国园长年会上，面对千余名投资人、园长等，红黄蓝正式提出了新的战略升级：

通过推进“一体两翼”战略实现新的发展。所谓“一体”是以0～6岁儿童教育运营平台为主体，“两翼”分别是“资本之翼”和“互联网之翼”。资本之翼是指借助资本的力量，发挥教研、管理等核心优势，通过收购、兼并、控股合作等方式，整合更多幼儿园和早教业态进入“Big Orange”儿童教育生态圈，实现主体业务规模的快速扩张；互联网之翼是指借助移动信息技术发展，通过对传统幼儿园/亲子园业务的互联网转型升级，竹兜等自有家庭教育产品的互联网化改版，跨境/精选母婴电商业务的导入，打通线上线下，用O2O模式助力园所的健康发展。①

红黄蓝通过实施“一体两翼”发展战略赢得了快速发展。红黄蓝同真格基金、新东方、蜜芽宝贝成立了合资公司。这是早教机构与互联网公司的首次跨界合作，蜜芽宝贝与红黄蓝战略合作的达成，将成为母婴行业线下服务门店与互联网电商探寻O2O市场发展的典范。到2017年，红黄蓝幼儿园在中国300多个城市，拥有1 300多家亲子园和近500家幼儿园。红黄蓝还与京东、淘宝、阿里、天猫魔盒、万达等电商实现了跨界合作，率先达成了传统企业与互联网的牵手。可以说，互联网＋幼儿教育的全新战略，使红黄蓝获得了巨大活力，拓展了广阔的发展空间。然而，福祸相随，这既是红黄蓝得以大规模发

① 结合资本与互联网，红黄蓝打造儿童教育生态圈．(2015-04-22)[2019-03-22]. https://tougaoke.net/thread-12826-1-1.html.

展的有效通途，也是它陷入厄运的不测之径。

2017 年 9 月，红黄蓝在美国纽约证券交易所成功上市，由此而登上了更高的网络社会和信息经济的发展平台。可是，一件意外事件在互联网中掀起了轩然大波，搅乱了红黄蓝的发展进程。2017 年 11 月 22 日晚，有十余名幼儿家长反映朝阳区管庄红黄蓝幼儿园（新天地分园）国际小二班的幼儿遭遇老师扎针、喂不明白色药片，并提供了孩子身上被扎多个针眼的照片。这件事情在网上被披露后，迅速引起了社会各界的强烈反应，特别是数以百万计的网民纷纷围观评论，一时间成为各大网站的新闻报道和网络舆论的热议焦点。

有位昵称叫“稀土部队”的网友发了一张手持注射器的图片，意在揭露红黄蓝虐待幼童丑闻，著名影星章子怡看到了这个帖子。11 月 23 日，章子怡在微博上@了“稀土部队”，写道：“听说有三种颜色上不了热搜?”微博一出，迎来大量网友的转发、评论和点赞。一天之内，章子怡发的微博转发量超过 80 万次，点赞超过 140 万次。

11 月 23 日 21：50，另一位著名演员刘涛在其官方微博账号@刘涛 tamia 转发了央视的微博，并评论：“不要用满腔的愤怒和眼泪结束，要凝视真实直到最后!”（见图 3－2）

还有王栎鑫、伊能静等歌手或演员也纷纷发表评论。在强烈的网络舆论的压力下，红黄蓝和北京警方也采取积极措施，快速展开调查行动，并很快查明了真相。2017 年 11 月 26 日晚，北京警方就该幼儿园幼儿疑似遭针扎、被喂药一事进行了立案侦查，并对侦查事实做了情况通报。

图 3-2　刘涛的微博截图

资料来源：未来网新闻（www.k618.cn）。

情况通报

经公安机关调查，朝阳区红黄蓝新天地幼儿园教师刘某某（女，22岁，河北省人）因部分儿童不按时睡觉，遂采用缝衣针扎的方式进行“管教”。因涉嫌虐待被看护人，现刘某某已被刑事拘留。

涉事幼儿园共有教职员工78人，内有男性8人，工作过程均不具备单独接触儿童条件。经专家会诊、第三方司法鉴定中心对家长提出申请的相关涉事女童进行人身检查，均未见异常。儿童在园期间服用药物有严格规定，须家长将药品填写好名称、服药时间和剂量说明后交由幼儿园保健医生专门负责。

经调取涉事班级监控视频存储硬盘，发现已有损坏。经专业公司技术检测，系多次强制断电所致。经查，该园库管员赵某某（女，45岁，河南省人，住在监控室）感觉监控设备噪音大，经常放学后将设备强制断电。经鉴定部门工作，目前已恢复约113小时视频，未发现有人对儿童实施侵害。

针对网传涉事幼儿园“群体猥亵幼童”等内容，经查，系刘某（女，31岁，北京市人）、李某某（女，29岁，河北省人）二人编造传播。刘某因虚构事实扰乱公共秩序已被行政拘留；李某某被公安机关批评教育，11月25日其已在个人微博公开致歉。[①]

继警方通报之后，红黄蓝教育机构也进行了严厉的自检自查，并于11月29日针对红黄蓝新天地幼儿园事件发布了道歉信。

尊敬的社会各界：

11月28日晚间，北京朝阳警方公布了对北京市朝阳区红黄蓝新天地幼儿园事件的最新调查情况：该园教师刘某某因部分儿童不按时睡觉，遂采用缝衣针扎的方式进行“管教”。因涉嫌虐待被看护人罪，现刘某某已被刑事拘留。针扎在孩子身上，也扎在了我们每一个人的心里。

此外，还有个别红黄蓝幼儿园也传出家长举报有疑似幼儿受

① 高艳．警方通报红黄蓝调查情况．(2017－11－29) [2019－03－22]．http://news.ifeng.com/a/20171129/53696019_0.shtml.

到伤害的情况，园所已全力配合警方调查。

我们倍感难过和耻辱，向孩子们和大家深深道歉，对不起！我们没有资格祈求原谅，唯有拿出实际行动。

…………

感谢大家的关注与监督。

北京红黄蓝儿童教育科技发展有限公司

2017 年 11 月 29 日

由上述可见，在一周左右的时间里，红黄蓝幼儿园虐童事件在互联网中引起了强烈反响，其影响甚至波及了国际金融领域。11 月 27 日，红黄蓝在纽约证券交易所的股票价格大幅下跌了 50%，红黄蓝市值大幅缩水，损失惨重。尤其令红黄蓝不能承受的是，社会上某些人趁机造谣惑众、兴风作浪。一位叫刘某的人在网上散布谣言称：北京市朝阳区管庄红黄蓝幼儿园新天地分园有“老虎团”的“爷爷医生、叔叔医生”猥亵儿童，女童家长赵某某还发表了“‘爷爷医生、叔叔医生’脱光衣物检查女儿身体”的网络谣言。

谣言中说的“老虎团”是指北京卫戍区“老虎团”，其准确名称是北京卫戍区警卫第 3 师第 13 团，是一个摩托化步兵团。“老虎团”对网上谣言高度重视，“老虎团”政委冯俊峰说：“此事在网上一曝出，就引起了我们的极大关注。尤其是对其中涉及部队的传言，我们更是高度重视。”“我们目前调查的结果是：幼儿园用地不是部队的，部队官兵及亲属没有任何人员参与该幼儿园经营等工作，部队官兵的子女也没有在该幼儿园上学的，更没有发现官兵涉及传言中的所谓猥亵等行为。”①

11 月 25 日，北京朝阳警方通报，编造“老虎团”人员集体猥亵幼儿虚假信息的刘某被依法行政拘留。11 月 28 日，朝阳警方再次通报，网传涉事幼儿园“群体猥亵幼童”等内容，系刘某、李某某二人编造传播。女童家长赵某某发表的“‘爷爷医生、叔叔医生’脱光衣物检查女儿身体”的言论，已经核实，赵某某承认系其编造，并愿意向社会澄清事实、公开道歉。

在北京警方和红黄蓝机构做出调查和声明之后，虽然北京红黄蓝事件的网络围观或网络舆论逐渐平息下来，但虐童事件却在更大范围中扩散开来。各种形式的虐童事件接踵而来地在上海、福州、深圳、合肥、郑州、呼和浩特等地暴露出来，围绕虐童的网络围观或网络群聚不断爆发，网络空间中的有关信息交流异常火热。虐童事件也引起了公检法机关的高度重视，相关机构加快、加大了办案速度和力度。《瞭望》新闻周刊记者毛振华撰文写道：“最高人民检察院在一次新闻发布会上透露的数据显示，从 2017 年 1 月至 2018 年 4 月，共批准逮捕涉侵害未成年人犯罪案件 4.42 万人，起诉 6.03 万人。其中依法批捕幼儿园侵害儿童犯罪 181 人。每一起侵害事件背后都牵扯到一个甚至数个家庭。”②

从 2017 年 11 月下旬开始，红黄蓝事件不断被网络媒体和广大网民热炒，一位名为何雨蔚的作者在《红网》上发表文章，他向网民发

① “老虎团”是个什么团.（2017－11－26）［2019－03－22］. https：//baijiahao.baidu. com/s? id＝1585093398457838915&wfr＝spider&for＝pc.

② 毛振华. 幼儿园虐童事件的背后.（2019－01－12）［2019－03－22］. https：//baijiahao. baidu. com/s? id＝1622418782522716895&wfr＝spider&for＝pc.

出号召：“这两日，倘若提到‘红黄蓝’，人们的脸色就变得‘绿青紫’。在携程亲子园虐童案的涟漪效应下，社交媒体上不断曝光类似事件，半个月竟出现不下6起。”①

各大网站和网络媒体纷纷投入红黄蓝事件的报道与评论中，每天数百万乃至千万的网民通过微博、微信或短信围绕虐童事件的话题，开展了热烈的讨论和信息传递，缺场交往变得异常活跃。网上每出现一个虐童事件话题，便迅速围绕其聚集起数以百万计的围观者，如果算上通过微信和短信参与热议的网民，其群聚起来的网民就更加难以计数。这是一种超越了地理空间限制的缺场交往，形成了没有边界、延伸范围极为广阔的网络共同体。

通过缺场交往聚集起来的网络共同体，是网络化时代的新社会形式。虽然缺场交往及其展开的社会形式具有很大的偶然性和不确定性，但其巨大的社会能量是不可低估的。如果不是在网络化背景下，如果人们不借助互联网开展缺场交往，北京朝阳区一个幼儿园的事情，怎么可能在很短的时间里引起几百万甚至上千万人的热烈围观和激烈评论？有关部门也未必就如此迅速地做出反应并采取有效措施。

如同在红黄蓝事件中那样，参与网络围观或开展缺场交往的人们，虽然指向的目标和展开的话题具有共同性，但数以百万计的围观网民，他们的兴趣、目的、价值倾向、评价尺度、知识基础等，一定是千差万别的。尽管大多数围观网民能站在正义和善良的立场上表达自己的观点和提出自己的诉求，但也难免存在像刘某、赵某某那样造

---

① 何雨蔚．媒体评“红黄蓝”事件：真相不能等、靠、要．(2017-11-27) [2019-03-22]. http://news.163.com/17/1127/00/D475PFK5000187VG.html.

谣惑众、唯恐天下不乱的害群之马。因此，虽然缺场交往是网络社会的新交往形式，对于扩展社会空间、活跃社会生活、提升社会能量具有不可否认的积极意义，但也要注意抵制利用网络交往的缺场性而信口开河、扰乱网络社会秩序的行为。

在红黄蓝事件中，意见领袖的效应十分突出地表现出来。实际上，虐童事件经常有报道，并不一定都能引起广泛关注。如果红黄蓝事件没有章子怡和刘涛等著名影星发表微博表示关注，也未必在极短时间内引起广大网民的强烈反响。因为网络中的缺场交往主要是信息沟通和意见表达，引人瞩目的著名影星，她们的意见不仅会引起网民的注意，而且还能引导那些影迷们追风跟进，追随影星而形成共识性认同。

参考文献

1. MCKENNAK Y A，BARGH J A. Coming out in the age of the Internet：identity “demarginalization” through virtual group participation. Journal at Personality and Social Psychology，1998，75（3）.

2. BARGH J A，MCKENNA K Y A. The Internet and social life. Review of Psychology，2004（55）.

3. 卡斯特．网络社会的崛起．夏铸九，王志弘，等译．北京：社会科学文献出版社，2006.

4. 蔡文之．网络：21 世纪的权力与挑战．上海：上海人民出版社，2007.

5. 福山．大分裂：人类本性与社会秩序的重建．刘榜离，等译，北京：中国社会科学出版社，2002.

6. 黄少华．网络空间的社会行为．北京：人民出版社，2008.

7. 马克思恩格斯文集：第1卷．中央编译局，编译．北京：人民出版社，2009.

8. 西美尔．社会学：关于社会化形式的研究．林荣远，译．北京：华夏出版社，2002.

9. 哈贝马斯．交往与社会进化．张博树，译．重庆：重庆出版社，1989.

第二篇

网络社会的矛盾冲突

网络社会不仅是一个没有边界、无处不及的广阔空间，而且是内容异常丰富、变化速率极快的压缩空间。特别是网络社会中形成了崭新的经验基础——传递经验，生成了强大的精神力量——社会认同，并且发生了社会权力结构的转变，信息权力或话语权力在网络中迅速传导、流动，社会生活不仅由此而焕发了空前活力、增强了互动整合，而且也在便利迅捷的网络交往、信息沟通和经验传递中，产生了碰撞、滋生了分歧、发生了矛盾。正确认识网络社会的矛盾关系和矛盾冲突，是深入研究网络社会结构变迁及其演化趋势的不可回避的重要任务。

第四章　传递经验的地位提升

经验是社会学研究的基础，社会学家们纷纷强调必须从经验事实出发，对经验事实开展广泛的调查研究和进行深入的案例考察、统计分析，以此充分保证社会学研究过程和研究结论都具有真实的事实根据。然而，在网络化条件下，人们的经验已经发生了重大变化，即经验不再仅是在特定场所中亲身经历的在场经验，网络社会中又大规模地生成了一种不在场的传递经验。传递经验是网络化条件下人类社会的缺场经验，是不受地理条件和时空边界限制的信息交流经验。传递经验为社会生活输入了新的发展活力，提供了新的存在基础，也向学术研究、政府行政和社会治理提出了十分尖锐的挑战。

一、风生水起的传递经验

自 2011 年突尼斯、埃及和利比亚等北非国家爆发了大规模的社会运动以来，特别是英国伦敦、德国汉堡爆发的社会骚乱乃至美国爆发的占领华尔街、占领华盛顿的社会运动，这些在不到一年时间内相继爆发的一浪高过一浪的震撼世界的大规模社会运动，都表现了网络信息交流对在场行动的引导甚至煽动作用，人们称为网络事件的蝴蝶效应或网络助燃。这场遍及非洲、欧洲和美洲的社会运动，不仅充分表现了网络行为对在场行动的导引作用，而且还令人看到或直接感受到一种新的经验正在社会生活中上升为主导经验的地位变化，这种经验不是传统社会在特定环境中形成的相对稳定的局部经验，而是在网络交流中形成的动态不定的传递经验。

吉登斯曾依据电视等电子媒体的迅速发展论述了传递经验（mediated experience）。在吉登斯看来，在高度现代化时代，十分发达的信息技术和通信媒体，使信息流动空前加速，特别是各种影视技术，在人们面前展示了越来越丰富的影像画面，一个似乎可以独立于在场事物的象征系统或符号世界使人们产生了丰富的新体验，这不仅呈现了在场事物同象征符号的分离化趋势，而且更为重要的是使传递经验成为人类社会生活中一种基本经验。[①] 传递经验是通过信息沟通而形成的超越身体经历和在场事物的缺场经验，是人们通过信息沟通而相互影响和持续传导的动态经验。

应当承认，在互联网和手机通信中形成的传递经验，比起吉登斯论述的依据电视等影像媒体所形成的传递经验，无论在传递内容和传递形式上，还是在传递速度、传递广度和传递深度上，都已经发生了难以估量的扩展和提升。如果人们赞成吉登斯把依靠电视媒体技术形成的传递经验看作社会生活基本经验的观点，那么可以把当前正在迅速扩展的传递经验称为具有主导性的基本经验，因为通过互联网和手机通信形成的传递经验要比吉登斯所论述的传递经验扩大并强大了数倍。巴奇和麦肯纳认为，互联网是继电报、电话、录音机、电视以后的最重要的技术突破，它具有一定程度的匿名性，但同时可以使人们寻找具有相同兴趣和相同品质的同伴，进而跨越距离的阻隔。巴奇和麦肯纳考察了互联网对个体生活的心理存在、个人人际关系、群体成员关系、社会认同、工作场所和社群卷入的影响。“在被社会边缘化和污名化（stigmatized）的人群中，互联网上的群体提供了一种新的社会认同。与面对面的交往相比，互联网的交往相对的匿名和安全，人们可以投入更多，对网络社群产生新的认同。”[②]

把网络中的传递经验称为主导经验，是对同时存在的各种经验的结构关系做出的判断。以经验研究为基础的社会学对经验的结构关系

① 吉登斯．现代性与自我认同．赵旭东，方文，译．北京：三联书店，1998：25－29.

② BARGH J A，MCKENNA K Y A. The Internet and social life. Annual Review of Psychology，2004（55）：573 － 90.

重视不够，缺乏对经验结构的具体分析。事实上，任何时代的经验都是多元的，正如马克思所分析的那样，生产实践、科学实验和阶级斗争是最基本的三大实践经验。如果进一步分析，还可以划分出审美经验、道德经验等。在传统社会，基本的经验是作用于客观存在的生产经验和科学经验，而这些经验的共同特点是在特定环境中经过人们的身体活动而形成的局部的在场经验。到了网络化时代，凭借现代网络技术快速扩展的传递经验，虽然不能完全脱离各种在场经验，但却获得了越来越大的相对独立性。尤为重要的是，传递经验在网络社会的崛起中成为社会经验结构中的重要构成，并且已经上升为可以引导甚至支配在场经验的主导经验。

犹如福柯等人论述的语词秩序独立化一样，传递经验在广阔的网络空间中获得了一种相对独立的扩散能力与传播途径。虽然从归根结底的意义上说，传递经验的根据存在于在场经验之中，但在网络传播的某段过程或某个环节中，网民们依靠不断更新提升的网络技术，大量接受川流不息的动态信息，特别是一些具有强烈刺激性的信息，可以激发一种含有集体兴奋的网络意识或网络情结，网民们可以在持续的信息传递和网络情结体验中积累并扩散传递经验。胡泳在分析这种网络行为形成的传递经验时指出：网络空间中的“地点逐渐变得捉摸不定之后，与地点相关的社区似乎失落了。所以，一种流行的看法是，现代世界是一个巨大的非个人体系，它日益吞噬着大多数人的生活。而在实际上，人们所获得的是一种复合的或者矛盾的经验”[①]，正

① 胡泳．众声喧哗：网络化时代的个人表达与公共讨论．桂林：广西师范大学出版社，2008：78.

如吉登斯所指出的那样："已经发生的并不简单地是地域性影响的日渐式微，并变成更具非个人化的抽象体系，相反，恰恰是组织空间经验的形式在变化着，它以特有的方式把空间上的远与近连接起来，这是以前任何时代都没有发生过的。"①

这种传递经验的积累与扩散，在非洲、欧洲及北美的社会运动的扩散过程中已经清楚地展现出来。当突尼斯、埃及和利比亚等非洲国家爆发大规模反政府社会运动之时，英国、法国、意大利和美国等欧美国家领导人曾为之兴奋，欢呼民主运动在非洲已经掀起高潮。然而，这些西方领袖没有想到，非洲的动荡局面还没有停止下来，"底层社会的狂欢"在英国伦敦和德国汉堡大规模爆发，并且，欧洲"底层社会的狂欢"又"传染"到美国，占领华尔街、占领华盛顿的社会运动浪潮席卷美国一千多个城市。陈季冰在一篇比较全面评述美国占领运动的文章中写道："在许多人眼里，'占领华尔街'运动就是年初点燃的'阿拉伯之春'在美国和西方发达国家的翻版，而位于纽约曼哈顿下城的祖科蒂公园，则就是他们心目中的开罗'解放广场'。"② 这里要进一步追问的问题是：是什么把远隔万里重洋且在不同制度环境中的社会运动联系起来了？答案还在于网络超越时空限制的"传染"作用。虽然这些社会运动都是在场行为，但都接收了网络信息的强烈刺激，美国的占领运动首先就是由一家名为《广告克星》的网络杂志发起的，网络组织"无名氏"则大力推进了占领运动的进程。从

① 吉登斯．现代性的后果．田禾，译．南京：译林出版社，2000：123.

② 陈季冰．解读"占领华尔街"运动．（2011－12－03）［2019－03－22］．http：//www. chinaelections. org.

开罗游行到美国占领运动，Facebook 和 Twitter 这样的网络交流形式都已成为这些大规模社会运动的导引或推手。

从非洲、欧洲和美国社会运动的扩展过程可以看出，传递经验不仅可以在网络中传递扩展，而且网络中的传递经验还可以快速地影响在场经验，以无孔不入的信息流动把间隔于不同环境中的在场经验联系起来，使在场经验也具有了传递性。大量消息证明，从开罗到伦敦直至华盛顿的社会运动，虽然发生在不同的社会环境之中，物质条件、政治制度、文化传统等方面都有很大差异，但是在网络交流的传递作用下，不同地域、不同民族、不同制度环境中的底层社会成员，形成了共同的价值追求、政治目标和冲击对象，民主、自由、平等、公正是这场波澜壮阔的社会运动的共同呼声，这是网络交流促成在场经验快速传递的典型事实。正如拉尔（Jeroen Van Laer）和阿尔斯特（Peter Van Aelst）所指出的："政治和经济的权力已经逐步进入全球化水平，互联网已经开始把社会运动的展开与运行推向全球化层面"①。

网络交流促成在场经验大规模形成传递性的事实，是传递经验在当代人类社会上升为主导经验的有力证明。经验是人类实践活动的展开和记忆，不同环境中的不同实践一定会形成不同经验累积，并为具有明显条件差异的人类生活提供相互区别甚至分隔的基础。虽然在工业社会乃至前工业社会人类经验也有传递性，但限于地理空间和社会空间的间隔，特别是限于社会制度的制约，不同环境中的人类经验在

① LAER J V，AELST P V. Internet and social movement：action repertoires，opportunities and limitations. Information，Communication &Society，2010（9）.

传递速度和传递幅度上都要受到层层阻隔。只有进入网络化时代，网络交流首先在人们的精神生活或心理结构中产生了无限丰富的共同体验和相似记忆，作为思想观念中的传递经验不可阻挡地要支配人们的实践行为，导致在场经验的传递。

传递经验上升为主导经验，其意义首先在于政治领域。传递经验最重要的意义在于突破经验的间隔，而人类社会中最严重的间隔是政治制度的间隔。政治制度的间隔作用具有强制性，是人们在实践行为中难以超越的限制，因此不同政治制度下的在场经验具有很大的差异性。而当信息沟通在网络传递中超越了政治制度的限制，并直接促使人们的在场经验也发生传递性时，就意味着传递经验引发了吉登斯所论述的制度抽离化效应，证明了卡斯特所论述的“流动的权力优先于权力的流动”① 的观点。

肯定网络交流促进传递经验的地位提升，无疑强调了网络化发展对各种局部经验的联动或整合作用，但这种现象在一些人那里不仅没有引起重视，相反他们却提出了截然不同的观点：网络化条件下的行为主体及其行为过程发生了离散化或碎片化。段永朝深入地阐述了互联网引起主体及其行为离散化或碎片化的观点：“电脑和互联网之后，世界的格局将发生重大变化，人有可能在不知不觉中葬送掉自己通过500年努力获得的主体资格，走向主体爆裂之路，这就是主体的碎片化之路。”② 段永朝通过对计算机或网络技术过程（比特化、符号化、

---

① 卡斯特．网络社会的崛起．夏铸九，王志弘，等译．北京：社会科学文献出版社，2006：434.

② 段永朝．互联网：碎片化生存．北京：中信出版社，2009：131.

格式化和编程）的分析，明确地论述了主体及其行为在网络化条件下的离散化和碎片化，他称为“绞碎主体的‘四个齿轮’”①。

在段永朝笔下，主体在互联网中碎片化最突出的表现是，原来在工业化、科学化和理性化的现代化进程中形成的普遍的、统一的主体，在网络化时代已经分裂为具有异质性、个别性或多样性的他者。“过去那种漠视‘他者’的所谓‘主体’先天有某种优越地位，这种优越地位通过自身的膨胀得以维持。但是，在互联网上富足的‘主体’之间，他者的存在不容漠视，‘主体’几乎成为笑话。假如有谁绷着、端着，在网络上一定无法生存。因此，在互联网世界里，主体只能在‘他者’的重重包围下，进一步稀释、碎裂。”②

如果段永朝的论断符合实际，那么一个必然提出的问题是，网络化条件下传递经验将难以发生。因为在段永朝看来，把一切可以表述的事物都表达为 0，1 序列的二进制代码，这种比特化或数字化编码过程，以其形式上的抽象化统一，却创造了一个充满个性和差异性的多样化的网络世界，笛卡尔所论述的能把人类统一起来的理性思维和理性原则，在这个世界中已经无能为力，因此那种能把人们的经历和体验统一为共同经验的理性化玄想也必然灰飞烟灭。因此，段永朝的结论是：“在电脑和网络高度普及之后，我们必须重新面对两个基本问题：一个问题事关‘主体存在的状态’，另一个问题事关‘主体与他者的关系’。在电脑和网络导致‘主体破碎’、‘关系重构’之后，笛卡尔主义所假设的‘独立的个体’必将走向‘多个版本存在的个

① 段永朝．互联网：碎片化生存．北京：中信出版社，2009：156－162.

② 同①151.

体'，即'碎片化'。"[1] 而碎片化网络社会也就难以形成具有整体联动的传递经验。

二、"亚布力事件"的经验传递

如上所述，在互联网和移动通信技术的支持下，传递经验已经真实而广泛地生成，并在经济、政治、文化和社会的各种层面上发挥着不可轻视的作用。这里，我们概略考察一下 2018 年年初发生的一个具有快速而广泛传递性的事件，或许能够以此更明确地揭示传递经验的特点和作用。

2018 年 1 月 2 日，拥有 186 050 位粉丝、微博认证为西藏德传投资管理有限公司董事长的网友姜广策上传的一段视频显示：企业家毛振华站在雪地中，控诉亚布力管委会非法侵占土地、以各项检查为名干扰企业经营、未给企业政策支持等。毛振华说："他们非法侵占我们 23 万平方米的土地……没有跟我们道过一句歉"，"我们一个正常经营企业，动不动就执法机构来威胁我们"，"亚布力有很多政府支持企业的政策，经过他们之手，从来没有一件到过我们公司"。[2]

视频还提到，当地官商职能不清。"他们是政府，但是他也是个企业，他们打着政府的幌子，非法地夺走我们民营企业"，"他们在这里强买强卖，强行搭配非要到他们那里滑雪，搞什么联盟"。[3] 这个视

① 段永朝．互联网：碎片化生存．北京：中信出版社，2009：XVI．

② 姜广策观点名博．(2018 - 01 - 02) [2019 - 03 - 22]．https：//weibo. com/u/1891212504? is _ hot=1.

③ 凤凰网财经综合．起底亚布力管委会：基本上把当地滑雪产业链都覆盖了．(2018 - 01 - 02) [2018 - 04 - 07]．https：//finance. ifeng. com/a/20180102/15898688 _ 0. shtml.

频引发广泛关注，多名企业家转发。[1] 潘石屹在微博中表示，希望黑龙江省政府能调查处理，给企业一个公平公正的商业环境（见图 4-1）。他说："毛振华是一位站在阳光下的企业家。"[2]

拥有 500 多亿资产的著名女企业家、龙湖集团董事长吴亚军在微信朋友圈里力挺毛振华（见图 4-2），她说："从田源到毛振华在亚布

---

① 毛振华视频控诉原文：

我跟大家讲，我今天来这里来是要迎接省委书记。听说他要来亚布力视察，我们没有机会见到他，我们想让他知道在这里投了二十二年的一个企业经历了什么样的磨难。

毛振华我在中国做了二十多年企业，我是一个成功的企业家，在这个地方被欺负、被愚弄。我今天要向书记澄清我们的情况，这个管委会来之后是我们亚布力最黑暗的日子。

他们非法侵占我们 23 万平方米的土地，这一结论是由省政府文件作为证据的。他们没有跟我们道过一句歉，他们理直气壮地夺走我们。那么，他们拿我们的地干了什么事情呢？他们在我们的土地上，我们的土地上，他们去招商，招来了所谓民营企业在这里建设了元茂屯、建设了酒店等设施。没经过招商，建完之后说经营不好他们再收回来。

大家都知道他们干了什么勾当。他们搞了一个欺骗省长、搞了一个所谓三山联网，花了5 000万块钱，那个三山联网，请问这些雪友们你们有人滑过那个三山联网吗？你们知道他们干了些什么事情吗？欺骗党和政府还获取荣誉。

他欺负我们省长不会滑雪，没有亲身体验。骗取荣誉还升官发财，在这里，我们一个正常经营企业，动不动就执法机构来威胁我们，今天查这个，明天查那个，又是公安，又是什么食品检验，又是什么锅炉检查，天天找我们麻烦，他们没有为我们办一件事情。

亚布力有很多政府支持企业的政策，经过他们之手，从来没有一件到过我们公司，他们在外面的土地上建设了非法的栈道，花了不少钱，有什么用？你们去看看，就要被拆掉，拆了又建，建了又拆，花的都是国家的钱，据说花了八个亿，你看看他们干了什么事？我们这个企业花了 20 个亿，你看我们干了什么？修了什么雪道，建了什么宾馆，搞了什么设施，招来了什么客人。

他们干了什么！他们的执法机构拦截旅行社，威胁旅行社不能到我们这里去，这就是他们干的事。他们在这里强买强卖，强行搭配非要到他们那里滑雪，搞什么联盟，我们来之前哪有这个管委会啊，这个地方是我们买下来，我们干了二十二年，他们来了，他就以为他们是天，他们是政府，但是他也是个企业，他们打着政府的幌子，非法地夺走我们民营企业，让我们外来的在黑龙江尝到了苦和难，黑龙江如果不把这样的败类清除，怎么搞得起来呀！

我作为一个中国的企业家，对黑龙江这片土地我是有感情的，我来了这么多年，这个地方我来了八年，我分文未取，每年投资一个多亿，在这里，有一个省委书记来这里见过我们吗？他来调研为什么不来我们这里呢？被他们拦住了，他要了解亚布力的旅游亚布力的动向，你看看哪里能看？不就我们这里能看吗？为什么他们不到我们这里看呢？

管委会这帮人，就在这里，打着政府的幌子，上瞒下压，以为他们还在柴河呢，来了一帮柴河的江湖上人称的豺狼，同志们你们把我的东西放到网上去，我希望黑龙江、希望全世界都看得到，评评理，我有说错的地方我负责，我叫毛振华，中诚信董事长，人民大学教授，亚布力阳光度假村的董事长。

② 田宝国．毛振华诉亚布力管委会侵权 网友：投资不过山海关．(2018-01-02) [2019-03-22]．http：//news.jstv.com/a/20180102/1514874103666.shtml.

图 4-1　潘石屹的微博截图

力投资了 22 年，赔了 22 年。他们都是中国最成功的企业家之一，在黑龙江被欺负成这样让人不胜唏嘘。中国的企业家阶层只有一个卑微的诉求就是法治，就是贵各层干部按照制定的法律办事。但现在看来这是一个极为奢侈的诉求，虽然各种文件社论都说得很漂亮。毛振华是全国性的企业家，创办了中国第一家信用评级公司中诚信。他本人是经济学博士在人大带博士生，早年在海里工作也有很多人脉。这样的企业家都被逼到了上访的地步，那些在三四线城市的千千万万的民营企业家的境遇和辛酸可见一斑。”

自 2018 年 1 月 2 日起，亚布力事件在网上成为引起数百万人关注的热点，截至 2018 年 1 月 6 日 17 点，仅 4 天时间，在百度搜索上

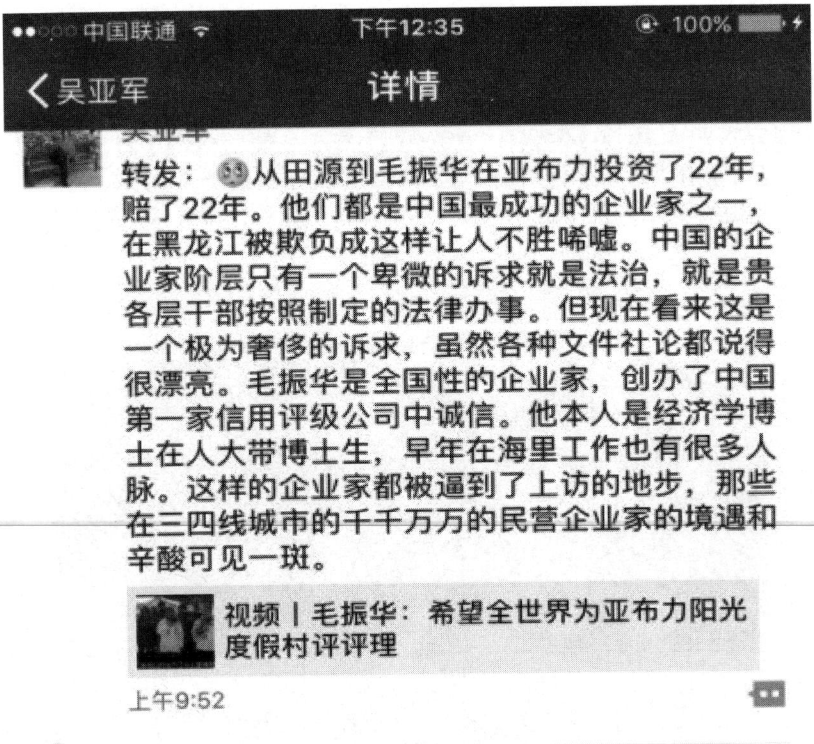

图 4-2　吴亚军微信朋友圈截图

能查到的相关网帖约 3 680 000 个。可见，亚布力事件的网络关注度非常高，特别是其传递速度极快，在全国范围内形成了广泛的传递经验，甚至还有一些身居海外的网友也发表了自己的观点。网友们的网帖表达了各种感受和评价，从网帖所表达的内容划分，大致集中在以下几个方面：(1) 对地方政府以不正当行政手段干扰市场经济行为的批评；(2) 为民营企业或私营企业的不公正遭遇而鸣不平；(3) 对投资不过山海关的“东北现象”的忧虑；(4) 为东北地区经济社会发展滞后而鸣冤叫屈。

在新浪、搜狐、网易等各大网站发布的关于亚布力事件大量报道后面跟随的难以计数的网帖中，对亚布力管委会的批评是最多的。

人民网发表了一篇题为《从毛振华遭遇看亲商环境不能是形同虚设》的评论，其中指出：

> 投资不过山海关，有以偏概全之嫌，但这一论断何以广为流传，甚至让人深信不疑，已折射出一些问题。新华社曾报道，东北某省召开治理软环境大会，某省领导直言：有的地方只注重招商，不注重安商、稳商和富商，存在着“开门招商，关门打狗”现象。很显然，“开门招商，关门打狗”不符合法治精神，如果容忍这一行为，相关企业的合法权益就会遭受损失，也会殃及当地政府的公信力，加重“投资不过山海关”的社会认知。①

网友“天生一水 1234”的批评合情合理。亚布力管委会是政府机构，理应保护经招商引资而来当地经商的民营企业，为企业经营和市场竞争创造一个公平正义的市场环境。可是，亚布力管委会却充当了外来民营企业的竞争者，利用政府权力争夺市场利益。在地方政府利用行政权力同外来企业争夺利益时，外来企业无疑会处于无法获得公平权利的劣势地位，企业效益和市场份额一定会遭到地方政府的侵吞剥夺。正是在这个意义上，网友“6443743895”（美国加利福尼亚）则把对亚布力管委会的批评扩大到对东北地区地方政府的批评：

> 最主要的就是东北政府一直当大爷当流氓当惯了，吃拿卡要一直以来就是他们灰色收入的主要来源，他们借着国有的名义垄断资源变成某些个人或者某些团体的私有收入，不改变这些，东

① 人民网．从毛振华遭遇看亲商环境不能是形同虚设．(2018-01-02) [2018-04-07]．http://finance.sina.com.cn/review/jcgc/2018-01-02/doc-ifyqefvx3250468.shtml.

北没希望。东北不缺什么政策，东北最需要的就是彻底打破政府对市场的过度干预以及政府在市场经济中的与民争利行为和思想。

还有一位山东青岛网友“JerryCrab”说：

原来老是纳闷，东北怎么老是发展不起来呢？通过此事才有点明白，噢，原来是运动员和裁判是一个人！

政企不分是市场经济发展的严重障碍，这一点在东北地区表现得尤为严重。政企不分是东北地区历史延续下来的现象，在政府和国有企业的关系上表现得最突出，至今仍然是限制东北经济发展的顽疾。虽然东北三省的国有企业通过国有企业产权制度改革，国有企业比重已经大幅下降，但仍然在东北地区的国民经济中占有主导地位。记者顾阳等曾在其报道中这样评论东北地区国有企业比重问题：“传统产业占比过高，也意味着国企数量巨大。根据统计资料，辽宁省的国有经济占比超过30%，吉林省超过40%，黑龙江省超过50%，都远远高出全国平均水平。黑龙江省现有规模以上企业4 113家，国有企业比重接近70%。国有经济比重过大，使得经济运行内生动力不足、结构调整艰难，这是东北三省政府官员、企业领导、专家学者的共同看法。”①

国有企业的实质是政府办企业，政府手中握有的是具有强制性的行政权力和政治权力，政府办企业实现了政治行政权力同企业经济资

① 顾阳，韩雾，杨忠阳．东北国有经济占比远超全国，吉林省占比超过40%．(2015-09-06)［2019-03-22］．http：//jl. sina. com. cn/news/interview/2015-09-06/detail-ifxhqhuf8095871p3. shtml.

源的统一。在计划经济条件下，政府办的国有企业具有实现政府指令的优越性，政府可以利用手中的权力将各种资源向国有企业倾斜，国有企业不仅获得了老大独尊的政治经济地位，而且也养成了政府管企业、企业必须听命于政府的政企不分的管理模式。并且，政企不分在东北地区的长期实行，使东北地区的政府官员和企业管理者形成了难以改变的行为模式和思维模式。亚布力管委会利用行政权力干扰外来企业的市场经营，侵占民营企业的市场利益，是东北地区政企不分、政府管控和干预企业经营的继续。

在广大网民的视野里，亚布力滑雪场事件虽然是一个个别事件，但它在东北地区具有普遍的代表性，是“东北现象”的缩影。新浪一位网友说：

> 改革浪潮浪不到东北去啊!!! 任何一项事业看你想不想去干，想不想干好，这才是关键，现在东北的情形可不只是转变政府职能这么简单了，需要从政府和社会各个方面进行全面的革新才行，以国有企业改革为依托，结合目前前沿的人工智能、大数据等新兴技术，重塑产业，同时推动政府治理能力提升和社会形态的重造。

网友们议论的“东北现象”，是一个已经讨论了 20 多年的话题。虽然中央和东北三省各级政府出台了很多政策，提供了很多支持，学术界就这个问题也做了很多众说纷纭的讨论，但至今“东北现象”的困境不仅没有摆脱，而且还更加严重，并且“东北现象”存在的根源和症结也更加模糊。可能政企不分，国有企业份额过大，东北地区政府官员和企业经营者市场意识不强、固守改革前的思维模式和行为方式，等等，都是“东北现象”挥之不去的原因。但从亚布力事件看，政企不分、政府干预甚至争夺市场，是影响市场环境、抑制市场发展的最突出因素。

不过，因亚布力事件引起的对“东北现象”的议论也不是一边倒的批评指责，为东北得到的支持不足和投入不够而造成经济社会发展滞后鸣不平的网帖也有很多，一位北京的网友“商界乱评”说：

> 重工业是夕阳行业，这是多么无知的见解啊！一条京沈高铁就因为北京市车站的选址而一再推迟，也没见什么大人物出来解决问题，谁重视东北，辽西地区阜新到北京区区不到700公里，20多年前火车需要16个半小时，北京站发车也要10个半小时，可笑吗？不给政策不投钱，人才流失，国企改革肥了现在多少富豪，振兴东北不能靠喊口号要给真东西，本土干部提拔不上去，外来干部都是来镀金的，东北这么差怎么还会把领导提上去呢？不要一说东北就指责东北人，难道广东江浙不是靠国家政策发展起来的，没有启动资金不是国家给的吗？

网友“商界乱评”说东北没有得到中央政策和资金支持未必属实，但他提到的修建京沈高铁长期未能完工确有其事。直到目前，东北还没有一条通往山海关内各省的高铁，从长春到北京的动车要长达6个半小时。十几年以前就有关于建设京沈高铁的消息，但京沈高铁的环保评审一直难以通过，其中反应比较强烈的是途径北京市内高铁段的沿线居民，他们认为修建高铁会对他们构成噪声和辐射的不利影响，不同意高铁在居民区通过。如果仅此一条就构成了高铁不出山海关的原因，似乎理由不充分。如果还有其他原因，但迟迟没有解决，也说明有关部门对推进东北地区经济社会发展重视程度不足。

“毛振华视频”以及网民的快速而广泛的反应，引起了黑龙江省委省政府的高度重视，他们立刻成立了由环境整治办公室、省政府企业投诉中心会同有关部门组成的联合调查组，对“亚布力事件”开展了实地调查。调查组迅速了解了事件始因及演变经过，并于2018年1月4日公布了“毛振华视频”反映问题的调查结果，公开回应了毛振华的视频控诉和广大网民的网络围观。①

亚布力阳光度假村有限公司对黑龙江省委省政府的调查结果和处理意见也做了积极回应，并表达了继续为亚布力度假村和黑龙江冰雪产业做出贡献的信心（见图4-3）。人民网发布了《黑龙江公布“毛振华视频”反映问题的调查结果》：

> 记者从黑龙江省政府新闻办了解到，省委省政府环境整治办公室、省政府企业投诉中心会同有关部门组成联合调查组，对亚布力阳光度假村毛振华视频反映问题进行了实地调查，并提出处理意见。调查组认为，亚布力管委会方面主要存在三个问题。
>
> 一是阳光度假村收购的原注册企业于1995年和2007年分两批获得了亚布力区域的土地，未得到全面开发。2014年10月，亚布力管委会为了完善亚布力旅游度假区配套设施建设、增加旅

① 郑少忠．黑龙江公布“毛振华视频”反映问题的调查结果．(2018-01-04)［2019-03-22］．http：//hlj.people.com.cn/n2/2018/0104/c220024-31106691.html.

游产品供给，在阳光度假村尚未开发的土地上，与阳光度假村以转让、入股、合作开发方式意愿一致，但土地出让价格不一致的情况下进行建设，占用了阳光度假村12.6万平方米的土地（目前这些土地已由阳光度假村抵押给银行）。这一行为反映出亚布力管委会负责人缺乏法律法规意识。

二是2017年10月亚布力管委会拟在阳光度假村的土地上新建商业街，但双方没有达成一致意见，此后管委会下属机构、有关人员存在对企业经营活动进行不正当干预，对企业采取行政处罚、责令整改、调查等方式，存在严重的违纪违规行为。

三是为了解决度假区存在的“三山不通、条块分割、分散经营”的混乱局面，成立了包括阳光度假村在内的“三山联网、雪道相联、索道相通、利益分享”的六个初级雪场经营联盟，但在实际操作过程中，雪场之间存在利益分配上的分歧，管委会没有正确履行协调职责，以致联盟出现5个雪场与阳光度假村对2017年11月25日至12月23日阳光度假村累计收取的93万元滑雪收入是否违反联盟协议存在严重分歧。

鉴于以上问题的存在，根据省委省政府关于优化发展环境的有关规定，省委省政府环境整治办公室、省政府企业投诉中心作出如下处理：

一、对亚布力管委会负责人给予处分，由亚布力管委会向阳光度假村道歉；

二、对亚布力管委会下属机构和人员自2017年10月以来出现的严重违纪违规行为，干扰阳光度假村正常经营活动的相关责任人，责成省森工总局党委，按照干部管理权限，予以严处；

三、由省国土资源厅公开选择第三方土地评估机构，依法依规对已占用的土地进行价格评定并依法处置；

四、关于亚布力管委会体制下一步将结合全省国有重点林区体制改革，做相应调整和进一步规范。

调查组了解到，亚布力区域属国有重点林区，依据现行国有林区管理体制和黑龙江省人大地方立法规定，该区域由省森工总局行使政府管理权限。1979 年以来，亚布力地区历经 7 次管理体制变动，2009 年、2011 年、2014 年三次对亚布力管委会的职能和设置进行了调整，先后补充了省旅游委、体育局、广电局、尚志市政府等为成员单位，明确委托由省森工总局代管。2014 年 5 月新的亚布力管委会调整后，在邀请法国雪岭公司做亚布力雪场整体规划、雪道“三山联通”、机场前期等基础设施建设、景区环境改造、综合服务能力提升、景区整体营销等方面做了大量工作，新建中级雪道 10 条，8.8 公里，新增索道 2 条 2 859 米，高压供水管道 7 488 米。省政府企业投诉中心和亚布力管委会等单位帮助阳光度假村协调解决了在投资运营过程中遇到的产权证照办理遗留问题、历史债务纠纷、税费返还、项目贷款利息补助、企业高管纳入失信名单、新的项目立项等方面问题。对上述工作，毛振华董事长和阳光度假村也曾在不同场合表示充分认可。亚布力旅游度假区在省政府有关部门、省森工总局、亚布力管委会和各入驻企业共同努力下，接待游客人数和旅游综合收入大幅增加。2017 年游客 122.6 万人次，是 2013 年的 6.6 倍；综合收

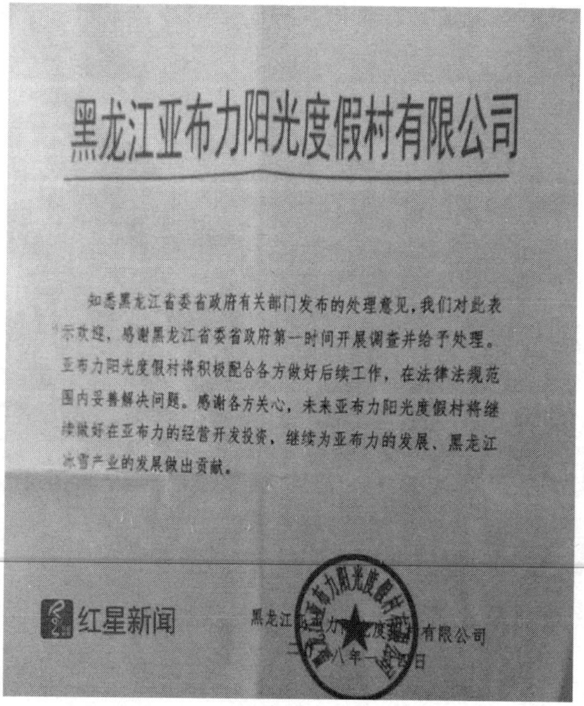

黑龙江亚布力阳光度假村有限公司

知悉黑龙江省委省政府有关部门发布的处理意见，我们对此表示欢迎，感谢黑龙江省委省政府第一时间开展调查并给予处理。亚布力阳光度假村将积极配合各方做好后续工作，在法律法规范围内妥善解决问题。感谢各方关心，未来亚布力阳光度假村将继续做好在亚布力的经营开发投资，继续为亚布力的发展、黑龙江冰雪产业的发展做出贡献。

黑龙江[illegible]有限公司

二[illegible]八年一[illegible]日

图 4-3　亚布力阳光度假村有限公司对调查结果的回应

资料来源：红星新闻。

入 6.42 亿元，是 2013 年的 17.3 倍。

调查组核实，毛振华董事长在视频中的其他有些说法与事实不符。管委会负责人表示，诚恳接受毛振华董事长和各新闻媒体的批评监督，积极对待，认真整改，举一反三，深化改革，改进工作，努力打造良好的营商环境，为亚布力旅游度假区市场主体和游客提供更好服务。

事情至此似乎应当告一段落，但网络的传递效应却未因为毛振华对事件的处理结果表示满意而告终，不仅有些人做出了更进一步的讨论，而且还引起了一些联动反应。在亚布力事件引起网络围观的同时，还有一件事也在网上飞传：“雪乡宰客。”2017 年 12 月 29 日，一名网上认证为“一木行”的网友在自己的公众号中发表了一篇文章：《雪乡的雪再白也掩盖不掉纯黑的人心！别再去雪乡了！（良心建议）》。在这篇文章中，“一木行”陈述了自己一家人在雪乡赵家大院“被宰”的遭遇。

2017年12月9日，网友“一木行”在网上订了雪乡赵家大院一间三人炕房（见图4-4），价格是每晚276元，预定两天。“一木行”在网上预订时，看到网上对赵家大院的评价不错，页面上都是好评。可是，出乎预料的是，当“一木行”一行人经哈尔滨坐大巴快要到雪乡的时候，与赵家大院老板联系时就出现了问题，感到老板态度蛮横，说话语气十分强硬。“一木行”等人想：“态度不好也不是什么事，可以忍了。”据“一木行”文中所述：

图4-4　网友“一木行”在网上预订的三人炕房

他们到达赵家大院之后，刚办理入住没多长时间，老板突然跟他们说：“你们是订了两天的房间吧！这间房明天你们住不了了，我给你们换到后面的那排屋。”他们当时反驳道：我们定的是两晚的三炕房，为什么要给我们换房？结果招致该旅店老板蛮横无理的大爷式回答：这房间没让你们补差价就不错了，就现在，这房间我随便八百、一千都可以租出去，你们那价格是因为订的时间太早（所以太便宜了）。

他们跟老板表示：既然我们订的时候是那个价格，那就不存在补差价。老板说："谁说不存在？我说存在就存在！""这样吧，你们今天已经来了就让你们住一晚，明天的钱我退给你们，你们明天走人。""我们今天天黑才到这里……你说换房间嘛，那就换嘛。什么样的房间带我们去看一下。"（见图 4－5）老板说："甭换了……我这房间好卖得很，你们要是不退，我明天直接……说我店子关门，你们明天也甭想住。"当时正值节日期间，房价上涨了近 3 倍，而且大都没有空余房间，他们只好无可奈何地妥协了。

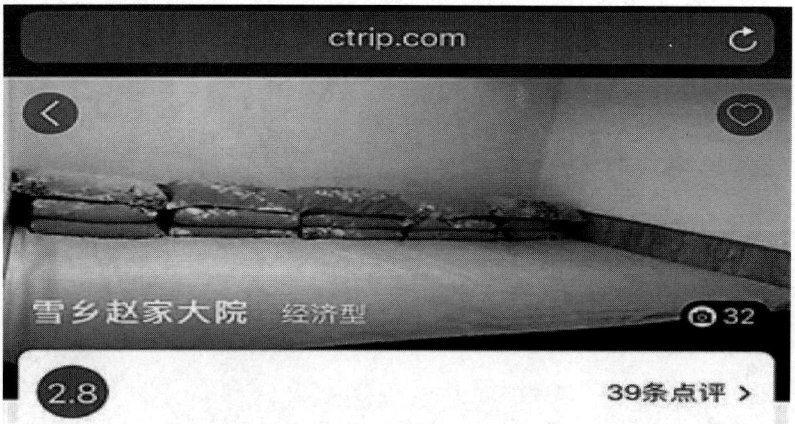

图 4－5　准备换的 5 人炕房，需要同陌生人睡一个炕，房费按人头收

"一木行"在网上曝光的雪乡赵家大院的事情，本来没有太大影响，旅游景点节日期间宰客的事情对于经常上网的网民来说，早就屡见不鲜了，因此，雪乡宰客的事情一开始并没有引起多大反响。但在"毛振华视频"在网上传播开后，网友们在热议"亚布力滑雪度假村遭遇地方政府不公正对待"的同时，"雪乡赵家大院宰客"的事情又不断地被提起。网友们把两件事情联系起来讨论的结论是,“白雪再白也掩盖不住东北的‘黑’”,不仅地方政府对待外来资本或民营经济不按法律办事、恣意横行,而且百姓对待外来游客也是不讲规矩、蛮横无理。这种联动,渲染了黑龙江旅游市场的问题,在更大层面引起了人们对这两件事情的关注与联想。

2018 年 1 月 6 日,网站天津房产上发布了一篇文章《从东北雪乡、亚布力事件看天津发展》,把雪乡宰客、亚布力事件同天津发展问题联系了起来。文中写道:

> 不论是雪乡事件,还是亚布力事件,都是导致东三省现状的一个缩影,当地政府效能不彰,民营企业活力低下,职能部门监管不力,投资环境恶化。……问题在天津也并非不存在,曾几何时天津作为仅次于上海的中国第二大经济都市,其开放程度、经济活跃度超过北京,经济总量超过香港。
>
> …………
>
> 在计划经济时代,也就是 1949 年到 1979 年,天津除了短暂的几年时间外,都是最重要的直辖市,京津沪的说法维持多年。
>
> …………
>
> 而现在作为直辖市之一的天津,却离其他一线城市渐行渐远。这几年国家虽然一直在大力开发滨海新区,发展了几年了,但似乎也没见到多大的成效,而随着雄安新区的规划建设,天津的位置又变得尴尬了。
>
> 2017 年城市 GDP 排名,天津市全国第五不保,被重庆超过,同时,天津港北方第一大港口的位置也彻底丢掉了。2017 年前 9

个月，天津港货物吞吐量和集装箱吞吐量被青岛港双杀，当年奥斯卡万亿投资想要打造的天津港，如今货物吞吐量屈居北方第三，集装箱吞吐量屈居北方第二，彻底失去了北方最大港口的称号。开句玩笑话，天津失宠了。

再举个老张自己的例子来说，我是蓟县人，现在应该叫蓟州区了，虽然被称作天津市的后花园，但从这么多年来看，还真的是后花园，除了盖了很多楼房，房价越来越高以外，并没有见到什么大的改变，不见什么企业入驻，老城区依然破旧。商业街道也很凌乱。而且问题与东三省一样，除了教师，事业单位职工，公务员以外，并没有什么工作是所谓“体面”的。换句话说民营企业活力低迷。不成规模，不成气候，更谈不上有什么保障。所以人人都热衷于“铁饭碗”。如果捧不上，就去大城市找工作。因为在这里找一份适合的工作太难。我不知道其他区县是不是也有相同的情况。

…………

东北如此，蓟县如此，天津同样如此。[①]

三、传递经验的社会作用

仅仅一周的时间，从毛振华视频对亚布力管委会的控诉，到潘石屹、吴亚军等网络大V、著名企业家发表评论，数以百万计网民围

① 天津房产．从东北雪乡、亚布力事件看天津发展．(2018-01-06)[2019-03-22]．http://news.tj.fang.com/open/27528359.html.

观，再到同“雪乡宰客”事件联动、对“东北现象”的联想和反思，以及对天津、海南、云南等地发展问题和旅游业管理问题的讨论，这些在很短时间内接连发生、在网络空间迅速扩散的现象，就是网络化条件下传递经验的发生与扩展。一个发生在冰天雪地中的旅游业事件，引起了从东北到西北、从东南到中部的讨论热潮，不仅京上广深等超大城市都有很多人发声，而且各省会城市和一些中小城市也有大量网友发表评论，几乎在全国范围的广阔空间中刮起了一场来自亚布力的网络风暴。

上述关于亚布力事件的发展与扩散的讨论，是一种经验层面的描述性研究，但这种经验研究同传统实证社会学的经验研究又有很大不同。经验是社会成员在特定社会空间中的身体经历与心理体验，传统社会学描述的经验是工业社会或农业社会的地方经验或在场经验，而我们这里描述的是网络空间的传递经验或缺场经验（虽然我们也阐述了亚布力滑雪场和雪乡赵家大院的一些属于在场经验的事情，但我们主要的注意力是这些事件在网络空间中的传递效应）。在传统的工业社会和农业社会，人们的身体经历和心理体验是在工厂矿山、城市社区和乡村田野等局部的在场空间中形成的，因此可以称之为局部的地方经验或在场经验。这些被分割在不同的实地场所或地理环境中的局部经验，具有空间边界的明确性、身体行动的局限性、心理体验的直接性。尤为重要的是，局部的在场经验，还要受到不同的文化传统、政治制度和经济条件的限制，因此，具有不可排除的个别性和特殊性。在这个意义上，传统实证社会学研究强调要坚持深入工厂矿区和田间地头的实地调查原则，因为不同厂矿和田野的经验事实因环境和条件的差异而不同，坚持从经验事实出发就必须直接面对那些受具体条件限制的在场的局部经验。

正是局部在场经验的个别性和特殊性，使实地场所中的经验事实呈现了无限多样性。然而，无论工业社会和农业社会的经验事实多么丰富多彩，它们也都是在同一层社会空间中存在的，都是在特定场所中发生的局部的在场经验。因为社会空间分化为在场空间和缺场空间，网络化时代的经验事实也随之存在于在场与缺场两个层面之中，经验事实出现了双层性变化。一层是与身体经历直接统一的在场经验、局部经验，另一层是与身体经历分离的缺场经验、传递经验。前者具有相对确定性和客观性，而后者具有不确定性和主观性。

经验事实的双层化使其变得更加多样复杂。原本在各种实地空间中形成的经验事实就已经十分复杂，而当传统实地空间之上又生成了网络的缺场空间，人们在缺场空间中形成了流传迅速、辐射广泛且能直接支配人们实地行为的传递经验，人类的经验事实就变得更加复杂多样了。

首先，缺场经验不是身体的经历过程，而是更加丰富的心理体验过程。在场经验是身体经历过程和心理体验过程的统一，受场所和环境限制的身体经历同时也规定着随之发生的心理体验。而因为身体的缺场性，网络空间中的心理体验不仅可以超越身体经历的局限性，而且可以因为信息流动的迅捷性、无边界性和传递性变得内容丰富、活跃易变和快速传递。同工业社会和农业社会中的局部在场经验相比，缺场经验因摆脱身体受到的限制而呈现为高度不确定性，并因此而极易引发难以预料的社会风险。

围观和讨论亚布力事件的数百万网民，绝大部分没去过亚布力滑雪场，就连潘石屹和吴亚军也未必去过亚布力滑雪场，他们对毛振华视频形成的感受与体验，不是基于亲身经历发生的在场经验，而是在网络视频和铺天盖地的网帖中接受了大量丰富而生动的信息后，超越了身体位置、周围环境而形成的缺场体验，是经由网络信息刺激而生成的不受地理边界限制的传递经验。毛振华在亚布力滑雪场发布的视频，闪电般地传递到黑龙江省的旅游业管理层甚至省委省政府领导层，传递到北京、上海、广州和深圳以及全国甚至国外的广大网民的视野中，网民对亚布力事件的讨论形成了紧密互动和广泛的扩展联想。政府对市场和民营企业管控的规范性与合法性，“东北现象”难以解决的经济、政治和文化根源，特别是民营资本或外来资本受到不公正待遇，这些讨论无疑会对黑龙江省吸引外来资本、发展旅游业构成直接冲击。

其次，迅速传递的缺场经验一定会直接影响实地经验的变化。具有高效传递性的缺场经验，是信息交流和观念沟通的经验，它不像神学表象和理论推论把现实虚幻化和抽象化，并因此把人们对现实生活的注意力转移到外部空间或理想世界，而是把不同角落中的现实表达为流动的信息，并且是生动的、形象的、具体的现实表达，它使在各种角落中形成的身体感受和心理体验在网络中汇聚，以共识性的缺场经验或信息交流经验引导、动员和助燃实地的局部经验。

虽然关于亚布力事件的信息交流和网络评论并没有长篇大论，也缺乏系统和深入的原因探究和实质分析，大部分属于感性层面的事实陈述和过程描述，也包括图片和简短的录音与视频，甚至还有一些表情笑脸、调侃段子和戏谑嘲讽，但每一句话或每一个表情，都与现实生活紧密相关，具有对具体事实或具体问题的直接指向，可以引起人们对日常生活的直接联想，进而把由接受网络信息而形成的感受同自己身边或自己经历过的事情紧密结合来，形成由此及彼、举一反三的生动表象和丰富体验，并能引导人们在地方空间中采取一些实际行动，起到传递经验动员或助燃在场经验的作用。

最后，缺场经验会对在场经验产生影响甚至冲击。虽然缺场经验可以映射或表达在场经验，但毕竟缺场经验在形成基础、展开空间和包含内容等方面都与在场经验截然不同，二者之间不可能不存在种种差异和矛盾。尤为重要的是，缺场经验是以信息沟通为基础形成的传递经验，而缺场经验的传递过程也就是信息的流动过程，它必然会引起人们的思考和行动，也一定会引导人们在地方空间中产生一些行动，而这些行动一定同仅以在场经验为基础的行动是有区别的，而这会在地方空间的相遇中发生对立冲突。

在亚布力事件和雪乡宰客事件中，传递经验和在场经验的差异对立与矛盾冲突，表现得十分清楚。从毛振华的视频和黑龙江省政府新闻办发布的调查结果可知，亚布力管委会以行政权力占用了阳光度假村12.6万平方米的土地，“管委会下属机构、有关人员存在对企业经营活动进行不正当干预，对企业采取行政处罚、责令整改、调查等方式，存在严重的违纪违规行为”①。可以说，亚布力管委会对阳光度假村采取的这些违纪违规行为，是依据地方政府的行政权力而发生的，

① 郑少忠．黑龙江公布“毛振华视频”反映问题的调查结果．(2018－01－04)［2019－03－22］．http：//hlj. people. com. cn/n2/2018/0104/c220024-31106691. html.

是一种在特定地理范围或局部空间形成的在场事件，亦可称为亚布力管委会的在场经验。而这种在场经验不遇到毛振华、潘石屹和吴亚军以及几百万网民的热烈围观和激烈抨击，是很难改变的。毛振华说："我一个堂堂正正的企业家如今搞得像个上访户，跟窦娥似的，这事我不愿再多说什么，这也成了我人生中的一个低点。"①

但是，当依靠地方权力或本土势力而为所欲为的在场经验遭遇无边界的网络围观，引起传递经验的汇聚而在网络空间沸沸扬扬时，立足在场经验的地方权力和本土势力立刻表现得苍白无力，不仅省政府对亚布力管委会提出了严厉批评并要求其立即改正，而且随之而来的是已经公示的亚布力国家旅游区也被取消了。② 尽管国家旅游局声称亚布力国家旅游区被取消与亚布力事件无关，但看了这则消息的人都会认为，不可能是无关的。另外，从雪乡宰客事件的一段对话也能得知网络传递经验对地方经验的重要作用。游客知道在雪乡被骗要求退房时，老板不退网上预订的房费，说是三天后再退，为了让他们在网上评论时封口，如果说旅店不好，钱就不给了。游客指责店主不按法律办事，店主说："我就是王法。"③ 这件事不仅说明地方土豪的霸道，而且也说明土豪也知道网络评论对他们的作用。

总之，经验事实中的权力关系发生了深刻变迁和尖锐矛盾。无论

---

① 熊浩然．企业家毛振华称被亚布力管委会欺负愚弄．(2018-01-02)[2019-03-22]. https://baijiahao.baidu.com/s?id=1588467595157067753&wfr=spider&for=pc.

② 澎湃新闻．亚布力滑雪旅游度假区"出局"国家级旅游度假区．(2018-01-10)[2019-03-22]．http://news.sina.com.cn/c/nd/2018-01-10/doc-ifyqqciz4536199.shtml.

③ 财经记者站．游客控诉雪乡：泡面60元一盒 老板称"我就是王法"．(2018-01-02)[2019-03-22]．http://finance.sina.com.cn/chanjing/gsnews/2018-01-02/doc-ifyqcwaq7095883.shtml.

是工业社会还是前工业社会，各民族的权力体系主要是由各种实体机构掌握的权力构成，政治集团的政治权力、各级政府的行政权力、宗教和各种文化机构的思想意识权力、企业和市场的经济权力，以及武装集团的军事权力等，都是实体机构的权力。而当缺场经验在网络空间形成、汇聚和传递后，信息权力、认同力量、评价舆论等非实体权力迅速壮大，虽然这些非实体权力不可避免地遭到实体权力的管控和限制，但如同卡斯特所言，流动的权力优先于权力的流动。因为无论实体权力如何强大，它的传递空间和作用范围都是有限的，而传递经验中的权力是在场社会中的实体权力无法与之相比的。

不过，传递经验也不是任意传递的，它要遭到以实地经验为基础的各种权力的抵制与反抗，社会冲突因此不可避免。但仅依据实地经验建立起来的传统权力，如果不能适应缺场空间和传递经验的生成而调整自己的运行方式，就将失去存在的根基和运行的合法性。传统权力体系是以局部空间中的在场经验为基础形成的，对相对确定的在场的身体行动和心理体验，传统权力体系具有明确的针对性和行使的有效性。而缺场经验是网络信息流动中的经验，同以工业社会为基础的生产经验、政治经验和社会经验相比，是具有不同构成因素和构成关系的经验。因此，以工业社会甚至农业社会为基础的传统权力，必须顺应现实经验基础的变迁，才能保证权力行使的有效性和存在根基的合法性。

缺场的传递经验与在场的局部经验的并存，特别是传递经验在缺场空间中快速生成且广泛传播，并对局部经验产生导引、支配和助燃的作用，使社会生活不确定性和风险性大幅增加，这些都要求直面经验事实的社会学研究改变对个别经验事实的描述方式，在缺场空间与在场空间、传递经验与局部经验的复杂联系中观察经验、描述经验与分析经验，实现经验研究的视野扩展和方法更新。而一旦实现这种扩展更新，经验研究则会发生十分复杂的变化。

一方面，必须把个别经验事实在更广阔的时空中同其他经验事实广泛联系起来进行动态观察。因为缺场空间的传递经验可以无处不在地把局部经验串联起来，引起了网络化条件下经验事实的整体联动性和复杂变动性，这要求经验研究不仅具有广阔空间的整体联系意识，而且还应当具备明确的时间意识，突破孤立静止地描述经验事实的简单化倾向。

另一方面，必须改变把经验事实仅仅当作外在物加以描述的单纯客观性原则，坚持在主观与客观的统一中理解经验事实。因为缺场空间的传递经验是经由信息传递和观念沟通而形成的，是身体不在场并因此而无法作为客观物加以观察的精神现象。面对作为精神现象的传递经验，需要吸收解释学的研究方法，研究者需要参与网络沟通、感受传递经验、设身处地地理解传递经验的运行机制以及其中呈现的意义。

此外，还应当深入开展对间接经验的研究。缺场空间扩展和传递经验的广泛影响，都使网络化时代的经验事实具备了越来越大程度的间接性。不仅传递经验本身就是间接性经验，亦即不是经验活动者通过自己的身体行动在特定场所中形成的经验，而是通过接收信息交流和观念沟通形成的心理体验，而且当不同场所的人们接受传递经验的影响而开展某些社会行动时，此时所形成的经验事实也具有了间接性。在这个意义上，可以说间接性是网络化时代经验事实的一个普遍性特点。研究间接经验也不能简单沿用外在观察和客观描述的方法，因为间接经验是由他人经验转化成的信息或知识，而对间接经验的接受者来说，它是由信息和知识的作用而形成的体验。

参考文献

1. 吉登斯．现代性与自我认同．赵旭东，方文，译．北京：三联书店，1998.

2. BARGH J A，MCKENNA K Y A. The Internet and social life. Review of Psychology，2004（55）.

3. 胡泳．众声喧哗：网络化时代的个人表达与公共讨论．桂林：广西师范大学出版社，2008.

4. 吉登斯．现代性的后果．田禾，译．南京：译林出版社，2000.

5. 陈季冰．解读“占领华尔街”运动．(2011-12-03)［2019-03-22］. www.chinaelections.org.

6. LAER J V，AELST P V. Internet and social movement：action repertoires，opportunities and limitations. Information，Communication & Society，2010（9）.

7. 卡斯特．网络社会的崛起．夏铸九，王志弘，等译．北京：社会科学文献出版社，2006.

8. 段永朝．互联网：碎片化生存．北京：中信出版社，2009.

9. 田宝国．毛振华诉亚布力管委会侵权 网友：投资不过山海关.(2018-01-02)［2019-03-22］. http：//news.jstv.com/a/201801

02/1514874103666. shtml.

10. 郑少忠．黑龙江公布“毛振华视频”反映问题的调查结果．（2018－01－04）［2019－03－22］．http：//hlj. people. com. cn/n2/2018/0104/c220024-31106691. html.

11. 天津房产．从东北雪乡、亚布力事件看天津发展．（2018－01－06）［2019－03－22］．http：//news. tj. fang. com/open/27528359. html.

12. 熊浩然．企业家毛振华称被亚布力管委会欺负愚弄．（2018－01－02）［2019－03－22］．https：//baijiahao. baidu. com/s? id＝1588467595157067753&wfr＝spider&for＝pc.

13. 澎湃新闻．亚布力滑雪旅游度假区“出局”国家级旅游度假区．（2018－01－10）［2019－03－22］．http：//news. sina. com. cn/c/nd/2018－01－10/doc-ifyqqciz4536199. shtml.

14. 财经记者站．游客控诉雪乡：泡面 60 元一盒 老板称“我就是王法”．（2018－01－02）［2019－03－22］．http：//finance. sina. com. cn/chanjing/gsnews/2018－01－02/doc-ifyqcwaq7095883. shtml.

第五章　网络群聚的社会认同

网络社会崛起之后，一个不断发生的社会现象是网络群聚。大量网络群聚不仅获取了缺场交往和传递经验提供的便利条件，而且更重要的是得到了社会认同的有力支持。并且，如卡斯特所论，社会认同是网络社会具有核心地位的精神力量。因此，清楚地认识网络社会中的社会认同，是研究网络社会的结构变迁、矛盾冲突和演化趋势等问题不可回避的重要课题。

一、从归属认同到评价认同

通过网络交流而形成的网络群聚，其生成与扩展的根据在于社会认同。其中道理并不复杂，因为网络交流的本质是网络信息的社会传递，而每个社会成员都是从特定的价值取向和利益关系中形成对网络信息的接受与传递，当他们的价值信念和利益追求同其所面对的信息形成对立排斥关系时，即不能形成认同时，他们对这个信息的否认、拒斥甚至阻隔也就随之而产生，于是网络群聚也就难以生成。因此，网络群聚的生成与扩展一定要以社会认同为前提，没有社会认同的网络群聚是不可能发生和扩展的。

正是在这个意义上，研究网络社会的学者都十分重视社会认同问题。不过，在网络社会学研究中，社会认同已经被赋予同传统社会学或传统心理学界定的社会认同不同的基本含义。卡斯特对此观点十分明确，他指出：在网络社会崛起的新形势下，认同已经有了同传统社会学所界定的认同截然不同的含义，“认同是人们意义与经验的来源。”“认同必须区别于传统上社会学家所说的角色和角色设定。”[①] 传统社会学所说的角色认同是指个体的社会归属感，是社会成员对自身属于何种身份、何种阶层的接受，是被动的归属性心理过程。在卡斯

---

① 卡斯特．认同的力量．2版．曹荣湘，译．北京：社会科学文献出版社，2006：5.

特看来，网络社会的崛起唤醒了社会成员的自主、自立、自主选择的自我意识，人们已经不再仅仅被动地注意自己在社会生活中属于哪一个层面、处于何种位置，而是对社会的存在状况、资源配置和发展态势提出自己的评价与要求，这是一种主动的建构性认同。

主动的具有建构意义的社会认同，是在社会生活网络化过程中个体获得了比较明确的自主性和自觉性基础上形成的，并且，自主自觉的个体在网络交流和意义沟通中，能够更加清楚地认识相似个体的共同处境和共同利益，进而对周围的事物形成共识、结成群体，于是，网络社会中的认同一定会从个体认同发展为群体认同或集体认同，即真正意义的社会认同。在这个意义上，卡斯特说：“我在这里的关注点首先是集体的认同，而不是个人的认同。”[①] 并且，卡斯特所指的集体认同不是政党、政府和领袖集团的认同，而是基层群众的社会共识。虽然卡斯特以墨西哥萨帕塔游击队、美国民兵与爱国者运动、日本奥姆真理教和拉登基地组织等反政府的组织和社会运动为个案来论述他的观点，表现了反政府主义倾向，甚至有宽容恐怖主义的倾向，这难以令人接受，但他也论述了反全球化的各种社会运动、环境保护运动、女权主义运动，就其主要理论追求来看，他在张扬来自基层社会或广大群众的社会认同的力量。

来自基层群众的社会认同，虽然有爱憎分明的价值评价和明确具体的利益要求，但未必是经过周密逻辑思维而形成的理性认同，相反更多的是处于社会心理层面的感性认同。所谓感性认同是人们在感

① 卡斯特．认同的力量．2版．曹荣湘，译．北京：社会科学文献出版社，2006：6.

觉、知觉和表象等感性认识过程中形成的认同，是其认同尚未达到概念化、理论化层面，而主要表现为具体的形象的感性认识。这里不是说来自基层社会的认同全部都是感性认同，而是就其主流或大部分构成而言。事实上，单纯的感性认识和单纯的理性认识都是不存在的，人们的认识过程一定是感性和理性的统一。强调基层群众社会认同的感性特点，是将其同专家系统、政府机构或某些社会管理系统经过充分论证而成的理性认同相比较而言的。

从基层群众社会认同的主要内容与主要形式方面强调它的感性特点，具有充分的实践根据和十分重要的现实意义。从蜂拥而起的开罗群众游行示威，到硝烟弥漫的伦敦、汉堡骚乱，再到旌旗招展的占领华尔街、占领华盛顿运动，人们可以在影视媒体中看到浩浩荡荡的游行队伍、激动热烈的面部表情、五彩缤纷的“占领”场面，笑容与愤怒同现，冲击与欢庆共生。既没有清楚的政治纲领，也没有明确的理论表述，但有身体、表情、仪式、阵容和行动，这些生动的感性形象一目了然地表达了参与者的社会认同。这些如火如荼的场面，再次呈现了涂尔干所论的基于集体表象而生成的集体兴奋。

涂尔干所论的集体表象是一种在集体活动中形成的具有生动性的感性认识。他说：“在所有能够产生这种强烈效果的事物中，首先应属我们的反向状态所造成的表现。实际上，这种表现并不只是一种简单的现实图像，也不是事物映射给我们的死气沉沉的幻影。相反，它是搅起机体和生理现象之波澜的力量。”[1] 引文中的“表现”（repre-

---

① 涂尔干．社会分工论．渠东，译．北京：三联书店，2000：59.

sentation)，应当译为“表象”。表象是心理学和认识论用来指谓感性认识的一种形式，即在感觉和知觉基础上对认识对象的形象性、回忆性再现，是一种具有一定程度的反观性、概括性和能动性的感性认识。表象能对人们产生较大作用，根本原因在于它将形象意识直接同具体事物联系起来，进而对人们的行为产生明确的支配作用。

更重要的意义在于，集体表象是在集体的活动中形成的感性认同。作为集体成员在交往互动中形成的集体意识，它包含了集体成员共有的价值评价、利益追求和行动取向，集体表象“形成社会生活网络的表现产生于由此结合起来的个体之间的关系，或者是存在于个体和总体社会之间的中间群体的关系”①。并且，正是因为集体表象源于个体或集体的社会关系，而不是源于个体意识，所以集体表象对个体意识和个体行为具有外在的强制作用。因为集体表象是感性表象，可以得到集体成员具体而形象的理解，所以它具有对集体行动的直接导引、激励作用，进而激发集体兴奋，实现集体成员的感性整合。

正如涂尔干所论，由集体表象构成的感性认同具有强大的整合功能，它不仅可以使人们在面对面交往的在场群体中实现团结，而且还可以作为宗教的现代形式在广阔的社会空间中掀起狂热的集体兴奋。而在网络交往中，这种集体兴奋不仅可以使网络信息以排山倒海之势不可阻挡地被快速传递，而且还可以直接引起数以万计的社会成员投入实际的集体行动之中，实现网络的缺场行为与特定区域中的在场行为的联动传递，爆发在网络社会来临之前难以呈现的蝴蝶效应。在

① 涂尔干．社会学与哲学．梁栋，译．上海：上海人民出版社，2002：24.

2011 年 7 月 23 日发生的温州动车事故中，网民们通过微博发表关于动车事故的消息和评论，引起越来越多网民和其他社会成员的热切关注，数以百万计的微博用户纷纷表达对温州动车事故的看法与批评，这对调查动车追尾事故的真相起到了积极的推动作用。2011 年发生的郭美美事件、药家鑫事件、李昌奎事件等，都引发了网民的热烈围观，产生了影响广泛的蝴蝶效应。

段永朝在论述主体在网络社会中碎片化时也提出了感性认同问题。在他看来，碎片化的主体不再相信统一的或普遍的理性原则，人们在网络中注重的是个别的感性存在，人们之间的沟通也就越出崇尚普遍性的理性逻辑，转而开展感性的“会意”沟通。“人们已经不是通过语言的论辩力、感染力来彼此接近，人们通过‘会意’而不是‘同意’来彼此接近。”① 这里的“会意”与费孝通所论的“意会”概念相似，意指“人和人交往过程中的‘不言而喻’、‘意在言外’的这种境界……感觉上甚至比说出来还清楚”②。实际上，会意和意会都是指没有进入逻辑思维或理性认识的感性意识，也包括直觉。“‘会意’的文字完全不理会语法、词法、句法，完全漠视既定的表意逻辑，恣意肢解词语，拼贴画面。这种超越现行语法逻辑的语言，在互联网上比比皆是。似乎有一种新动向：这种新式语言，行走在‘说’与‘非说’的边缘。”③

感性意识在网络化条件下实现了地位提升，这一点已经引起了很

① 段永朝．互联网：碎片化生存．北京：中信出版社，2009：152.

② 费孝通．试探扩展社会学的传统界限 //中国社会学年鉴 1999—2002. 北京：社会科学文献出版社，2004：10.

③ 同①.

多学者的重视，但人们并非都像段永朝那样予以明确肯定，相反有些学者却得出了否定性结论。在一部题为《浅薄：互联网如何毒化了我们的大脑》的著作中，尼古拉斯·卡尔（Nicholas Carr）深入分析了快速发展的互联网已经改变了人们的阅读方式、认知方式或思维方式，这将是当代人类社会一个最深刻的变化。卡尔惊呼："过去几年来，我有一种不祥之感，似乎某些人或某些东西正在融化改造我的大脑，重布我的神经电路，重写我的记忆程序。"① 而这种变化就是在数字化和网络化背景下的认知或思维的表层化。"无论上网还是不上网，我现在获取信息的方式都是互联网传播信息的方式，即通过快速移动的粒子流来传播信息。以前我带着潜水呼吸器，在文字的海洋中缓缓前进。现在，我就像一个摩托快艇手，贴着水面呼啸而过。"②

如果互联网导致人们思想意识活动表层化、浅薄化已经成为广泛事实，那么人们就难以达成对社会现象或社会问题的深层的本质认识，基于对人类社会共同目标、整体利益和发展趋势的理解也就难以达成共识，卡斯特所论述的网络化时代的以建构意义和价值评价为主要内容的社会认同也就难以形成。卡尔认为，互联网以其神奇的魅力吸引着人们关注表层、走向浅薄，并且互联网也因此而使人们分散注意力，难以形成共同认识。因为事物的表层是以大量的不确定的偶然现象存在的，流于表层就会不断地被拉向千变万化的不确定性之中，而仅仅面对千变万化的不确定性，只能导致人们迷茫困惑，共同的价值认同也就荡然无存。"互联网吸引我们的注意力，只是为了分散我

① 卡尔．浅薄：互联网如何毒化了我们的大脑．刘纯毅，译．北京：中信出版社，2010：3.
② 同①5.

们的注意力。我们全神贯注于传媒本身，专心致志地盯着忽明忽暗的屏幕，可是通过屏幕快速传来的各种信息和刺激让我们眼花缭乱，心神不宁。”①

然而，事实并非像卡尔所推断的那样悲观，在美国占领运动和其他一些影响了社会生活秩序的社会运动中，数以万计的基层社会成员正是在互联网的影响下形成了广泛的社会认同，这种认同导引人们坚持了规模浩大的群体行动。而这并不否定卡尔所论述的互联网引起人们思维方式的变化，美国占领运动没有系统的思想理论做指导，也没有条理清晰的政治纲领和行动战略，更没有政治精英充当政治领袖，这正说明卡尔所论的理性思维在互联网时代已经被人淡忘，注重表层现象、面对具体事物的感性意识成为网络化背景下的主导思维，占领者们正是在感性层面上结成了广泛的价值共识或社会认同。

感性认同之所以能够形成强大的社会力量，其根据在于群众认识与群体实践共有的感性本质。虽然群众中蕴含着无尽的智慧，但群众的认识活动通常是在感性层面展开的。无论是马克思主义者论述的作为人民群众基本认识活动的社会心理，还是涂尔干论述的集体表象、布迪厄论述的“具有前逻辑的实践感”、吉登斯论述的“只做不说”的实践意识，其实质都是由感觉、知觉和表象等感性形式构成的感性认识活动。群众的感性认识活动直接来源于人们的社会实践，而人们的社会实践则是**“感性的人的活动”**②，这不仅在于人们以自己的身体行动投入实践行为，作用于特定的实践对象，使实践具有了物质现实

---

① 卡尔．浅薄：互联网如何毒化了我们的大脑．刘纯毅，译．北京：中信出版社，2010：128.

② 马克思恩格斯文集：第1卷．中央编译局，编译．北京：人民出版社，2009：499.

性和具体可感性，而且还在于人们的思想意识活动只有转化为可以同具体环境和作用对象发生直接对应关系的感性认识时，才可以真实地支配人们的实践行动。

如果感性是实践的本质，而实践一定是由感性意识活动直接支配的，那么以感性认识为主要内容的社会认同，不仅是一种可以表达广泛社会心理的精神力量，而且它还可以直接统一于广大人民群众的社会实践之中，进而转化为强大的物质力量。可以改变社会事实的存在状态和社会秩序的运行模式的社会力量就是社会权力。这就意味着，借助网络沟通形成的社会认同具有实践的品质，它焕发出来的精神力量是网络化时代具有实践基础的社会权力。这种社会权力来自基层，流动于网络，是传递于广大人民群众生活实践之中的新型社会权力。

凭借网络传递的广泛性与迅捷性，网络化的社会权力不仅流动于群众的实践活动之中，而且可以传递到社会结构的各种层面，进而改变了社会的权力结构，形成了有别于传统社会的网络化时代的新型权力结构。马克思、韦伯和帕森斯等很多社会学家都论述过传统社会的权力结构。在经典社会学家看来，传统社会的权力结构是一种自上向下发生控制作用的结构，处于权力结构顶端的，首先是以维护统治者利益的价值体系或思想理论实现对社会成员观念控制的意识形态权力机构，其次是掌握着政府、军队、监狱、法庭和警察等国家机器的政治权力机构，再往下是掌握着市场、银行和各种经济资源配置的经济权力机构，而处于最底层的则是被这些文化权力、政治权力和经济权力沉重控制的对象，是广大人民群众，是无权无势的基层社会。

不过，传统的基层社会并非没有任何权力，起码还有在街头巷尾议论思想文化、政治局势和市场行为的言谈权力。但是，在网络技术没有充分发展起来之前，经由基层群众表达出来的言谈权力，尽管对经济社会发展变迁也有某种程度的作用，但一定是十分微弱的。在网络等新媒体技术的作用下，基层群众的言谈权力开始在网络中迅速汇集起来，不仅在不断流动的信息传递中整合成强大的横向的认同权力，而且还形成了从底层向中层乃至上层发生直接作用的纵向认同权力，处于社会上层的各种掌权者，也不得不对这些在传统社会可以忽略不计的社会权力刮目相待。正是在这个意义上，本尼特（W. Lance Bennett）指出：在全球抗争政治中，互联网成为一种新的媒体力量，这种力量植根于当前的全球化社会背景，形成时间和空间的重新整合，依靠遍布全球的沟通网络而相互交织，进而获得了“成为公共领域的潜在可能性，在互联网中，抗争活动的精神和计划在全球范围内更加迅捷地交流”①。

二、“李昌奎案”的评价认同

2009年5月14日，云南省巧家县茂租乡鹦哥村村民李昌贵（李昌奎兄长）与陈礼金（王家飞母亲）因收取水管费的琐事发生争吵，两家决定在电厂沟附近“解决事情”。当天陈礼金家里只剩下19岁的女儿王家飞和3岁小儿子王家红。李昌贵全家都去了电厂沟。两家发生纠纷时，李昌奎在四川西昌打工，当他听说两家发生争执后立即从

---

① BENNETT W L. New media power：the Internet and global activism.（2003-01-23）[2018-12-01]. http：//www.doc88.com/p-638409570981.html.

西昌赶回巧家县茂租乡鹦哥村。

李昌奎之所以急切赶回家里，事有前因。2007 年，李昌奎与王家飞在昆明打工时谈起了恋爱，但李昌奎家向王家提亲却遭到了拒绝，从此李昌奎怀恨在心。当李昌奎得知上述情况后，他感到这是寻事报复的好机会，于是急匆匆地从西昌赶回。5 月 16 日下午 1 点，李昌奎在王家门口遇到王家飞及其弟王家红，李昌奎以两家纠纷为由同王家飞发生争吵和厮打，在厮打过程中李昌奎将王家飞裤裆撕烂，并在王家厨房门口将王家飞掐晕后实施强奸。李昌奎强奸王家飞后又用锄头将其打死，在将王家飞尸体拖入屋内时，李昌奎碰见了年仅 3 岁的王家红，李昌奎倒提王家红将其摔死在铁门门口，并随后将姐弟二人用绳子把脖子勒紧，李昌奎在制造血案之后逃离现场。经鉴定，王家飞、王家红均系颅内损伤伴机械性窒息死亡。

李昌奎“5.16”行凶血案发生后，震惊了滇川两省交界的巧家、宁南、布拖、金阳等地区。云南省巧家县公安局迅速向全国发出通缉，并会同四川省宁南、普格、布拖、金阳等周边县一起设岗堵卡，捉拿凶犯。2009 年 5 月 20 日，李昌奎在出逃 4 天后逃至四川省普格县时向城南派出所投案自首，被刑事拘留，同年 6 月 3 日被批准逮捕，关押在巧家县看守所。

李昌奎案在网上被披露后，网络舆论一片哗然，网民纷纷为李昌奎的凶狠残暴而感到无比愤怒，很多网民主张严惩李昌奎、为王家姐弟申冤。巧家县公安局办案人员和李昌奎的辩护律师也认为，李昌奎手段凶狠、两条人命加强奸，必判死刑无疑，连李昌奎的哥哥李昌贵也认为一定是死刑。2010 年 7 月，昭通市法院以强奸罪、杀人罪判决李昌奎死刑立即执行，并赔偿王家经济损失3万元。这个判决结果同各方预料是相同的，因此也没有什么异议。

然而，令人意外的是，2011年3月，云南省高级人民法院做出终审判决，判决书上不再有“报复杀人”的字样，而是认定李昌奎有自首情节、积极赔偿受害人家属部分损失，于是判处死刑缓期2年执行。2011年7月份，“免死”判决上网后，舆论炸了锅。王家十几位亲属在《南方周末》记者面前，异口同声地表示：“坚决不服。”王家飞的二伯王廷金称，对于昭通市法院的一审判决，他们是勉强接受的。当初他们曾提出30万元的刑事附带民事赔偿，而一审已判李昌奎死刑，赔不起也就算了。云南省高级人民法院做出终审判决后，被害人王家飞一家联合二百多名村民签名上访，要求改判被告人李昌奎死刑。王家飞的七八名亲属向《南方周末》记者表示：“就是倾家荡产也要告，要判他死刑。”（见图5-1）

很多网民认为，李昌奎案比西安音乐学院大学生药家鑫肇事杀人案[①]要严重得多。药家鑫一条人命被判死刑立即执行，而李昌奎两条人命加强奸，反而却判死缓！网民们纷纷感到不公。网民认为，同是一个太阳照，同是一个党领导，同是一个刑法，为什么罪行严重程度远远高于药家鑫案的李昌奎却被判了死缓？如果云南省高级人民法院

---

① 药家鑫，西安音乐学院大三的学生。2010年10月20日深夜，药家鑫驾车撞人后又将伤者刺了八刀致其死亡，此后驾车逃逸至郭杜十字路口时再次撞伤行人，逃逸时被附近群众抓获，后被公安机关释放。2010年10月23日，被告人药家鑫在其父母陪同下投案。2011年1月11日，西安市检察院以故意杀人罪对药家鑫提起了公诉。同年4月22日，西安市中级人民法院一审宣判，药家鑫犯故意杀人罪，被判处死刑，剥夺政治权利终身，并处赔偿被害人家属经济损失45 498.5元。5月20日，陕西省高级人民法院对药家鑫案二审维持一审死刑判决。2011年6月7日上午，药家鑫被执行死刑，时年21周岁。

对李昌奎案的判决要是合理的话，已经被执行死刑的药家鑫岂不是量刑过重，成了冤案？云南省高级人民法院回应媒体称：“不杀”是意在“引领、改造冤冤相报、杀人偿命的传统观念，不杀头不是放纵”。

图 5-1　王家飞一家对终审判决表示不服

资料来源：《南方周末》新闻社区（www.infzm.com）。

很多网络大 V 和知名人士对云南省高级人民法院的判决和回应表示强烈不满，纷纷在网上发表评论，一时间舆论和司法机关的行为出现了激烈对立。据云南网官方微博的统计，截至 2011 年 7 月 13 日，网络上发表的微博已达 130 余万条，如图 5-2 所示。

图 5-2　云南网官方微博截图

有一位昵称为“无尽悲催”的网民认为李昌奎不死，天理难容！他甚至要求判审理法官死刑（见图 5－3）。

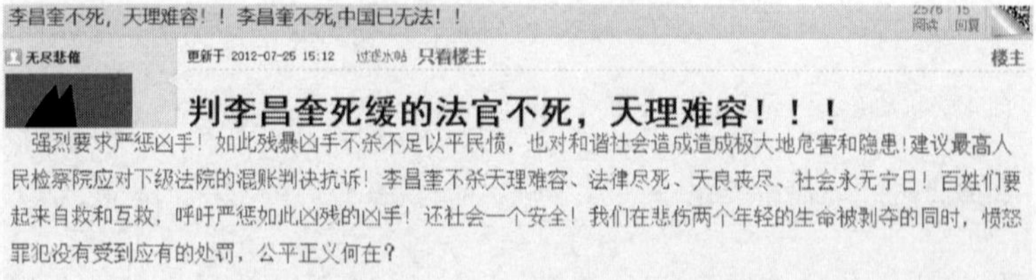
李昌奎不死，天理难容！！李昌奎不死,中国已无法！！

2576 15
阅读 回复

无尽悲催

更新于 2012-07-25 15:12 过滤水帖 只看楼主

楼主

判李昌奎死缓的法官不死，天理难容！！！

强烈要求严惩凶手！如此残暴凶手不杀不足以平民愤，也对和谐社会造成造成极大地危害和隐患！建议最高人民检察院应对下级法院的混账判决抗诉！李昌奎不杀天理难容、法律尽死、天良丧尽、社会永无宁日！百姓们要起来自救和互救，呼吁严惩如此凶残的凶手！还社会一个安全！我们在悲伤两个年轻的生命被剥夺的同时，愤怒罪犯没有受到应有的处罚，公平正义何在？

图 5－3　网民“无尽悲催”要求严惩凶手

资料来源：判李昌奎死刑的法官不死，天理难容!!!．(2012－07－25)［2019－03－22］. http：//suzhou. 19lou. com/forum-931-thread-38651494-1-1. html.

《成都商报》发表了作者杨涛的文章《药家鑫死了，李昌奎凭啥活着?》，这篇文章在网上引起了网民的广泛赞同，很短时间内，就有 4 万多人转发，5 000 多人发表评论。这篇文章如下两段阐述得到了网民的高度认同：

> 虽然法律有职业门槛，但其实许多东西并不复杂。比如说，死刑“只适用于罪行极其严重的犯罪分子”。什么叫“罪行极其严重”，足够学者写上等身著作；但对于民众来讲，无须多讲大道理，仅看“王家飞在遭到李昌奎的强暴后被其使用锄头敲打致死，并随后被拖至内屋，懵然不懂年仅三岁的王家红被李昌奎倒提摔死在铁门门口，并随后将姐弟二人用绳子把脖子勒紧”的情节就知道，如果这么严重的罪行都不足以让罪犯去死，那么，法院许多死刑判决都可以改判，特别是药家鑫更是要在九泉路上申冤了。
>
> 据说，李昌奎有自首情节。但是，别忘了药家鑫也有自首情节，而且药家鑫在当天就自首了，不像李昌奎在出逃后第四天才

自首。当然，法院还说了，李昌奎还具有“认罪、悔罪态度好，积极赔偿受害人家属经济损失”的情节（这方面，并没有得到被害人家属的认可）。就算是吧，但要知道，药家鑫也是有认罪、悔过的态度，并且也愿意积极赔偿损失，只是被害人不愿与他家和解而已。某种程度上讲，李昌奎的认罪与积极赔偿损失还不如药家鑫，药家鑫被执行了死刑，李昌奎又有何理由不被处死呢？[①]

法制网转载了《法治周末》记者廉颖婷的一篇报道《药家鑫死了，李昌奎为什么活着》，这篇报道汇集了一些律师和知名人士对云南省高级人民法院二审判决的评论：

北京理工大学司法高等研究所主任徐昕教授对《法治周末》记者表示，药家鑫案与李昌奎案具有一定可比性，两者的情节恶劣程度类似，造成的社会影响相当。但不能对案件只做简单的类比，案件的实际情况、具体情节存在差别，案件处理需结合实际状况加以判定。

对于李昌奎为何免死，虽然云南高院的终审判决陈述了理由，但这种理由过于简单，不足以让公众释疑。云南高院副院长赵建生表示，这是由我国的司法制度决定的，判决书的书写是概括式的，法官不能自由发挥。

著名刑辩律师钱列阳说：“判决书应该讲理，它应该是一个完整的自圆其说地对法律和事实的认定。在法理上应该说圆、说

① 杨涛．药家鑫死了，李昌奎凭啥活着？．（2011-07-04）［2019-03-22］．http：//news.ifeng.com/society/special/lichangkui/content-1/detail_2011_07/04/7415013_0.shtml.

全、说完整。”

尊重司法，就应该给法官充分的裁量权，但是这个裁量权不能被滥用。对于如何防止滥用，钱列阳认为，从专业的角度来说，体现在判决书是否完整，结论是否能让公众感觉公平。

“一份判决是否公正，应当从不同的角度进行考察。只有从被告人、被害人、社会公众等不同角度考察，公正性能够得到检验的判决，才能称得上一份公正的判决。”北京律师靳学孔说。[①]

总之，反对李昌奎“免死”判决的网上评论潮水般地涌来，对云南省高级人民法院产生了很大压力。腾讯网做了一次网上民意测验，网民普遍认为云南省高级人民法院的二审判决违背了现行刑事法律，97.61%的网民要求判处李昌奎死刑。[②] 面对强烈的网络不认同，云南省高级人民法院似乎表现得很理性，副院长田有成对网络不认同给出了这样的回应：“绝不能以一种‘公众狂欢式’的方法，来判处一个人死刑，这是对法律的玷污。10 年之后再看这个案子，也许很多人就会有新的想法。我们现在顶了这么大的压力，但这个案子 10 年后肯定是一个标杆、一个典型。”[③]

田有成的回应激起了网民更强烈的反对，对云南省高级人民法院的“免死”判决不认同的呼声掀起了又一个高潮。网民们纷纷指责云南省高级人民法院冒天下之大不韪，违背了民意，违背了天理！于

---

① 廉颖婷．药家鑫死了，李昌奎为什么活着．（2011－07－12）［2019－03－22］．http：//news.163.com/11/0712/22/78Q1MURS00014AED.html.

② 唐行．云南高院副院长田有成是否有越位之嫌．（2011－07－14）［2019－03－22］．http://cq.qq.com/a/20110714/000155.html.

③ 温星．网络民意倒逼中国司法公正?!——李昌奎案舆情观察．（2011－11－05）［2019－03－21］．http：//m.kdnet.net/share-7976559.html.

是，在狂热的网络舆论面前，云南省高级人民法院何去何从，这可能是当时一个艰难的选择。自以为依法量刑的云南省高级人民法院做出的“免死”判决为何受到广大网民的强烈反对？难道网民的强烈不认同确实是不理性的“公众狂欢”吗？难道数以百千万计的网民要求是不顾事实的情绪宣泄吗？难道两条人命加强奸的“免死”判决就应当作为标杆式的创新典型吗？

应当承认的是，如果广大网民普遍认为云南省高级人民法院的“免死”判决有悖天理，那么这种评价一定有其合理之处。如果数以百千万计的网民形成了否定“免死”判决的共识，那么法院就应当仔细检查“免死”判决是否有不合理之处。在无法平静的网络反对舆论的强大压力下，云南省高级人民法院最终检查了“免死”判决，并于2011年7月16日向李昌奎案件被害人家属送达了对李昌奎案的《再审决定书》，承认对原审被告人李昌奎的量刑偏轻，决定另行组成合议庭进行再审。

2011年8月22日，云南省高级人民法院在昭通市开庭，对李昌奎故意杀人、强奸一案撤销原二审死缓判决，改判死刑，剥夺政治权利终身，并报请最高人民法院核准。2011年9月29日，经最高人民法院核准，李昌奎在云南省昭通市被依法执行死刑。李昌奎案的网络舆论和网络群聚也至此告一段落。

三、以认同为核心的网络群聚

从李昌奎案可以清楚地发现，以对李昌奎“免死”判决的评价认同为核心，该案件引起了影响广泛而参与人数众多的网络群聚。近些年，类似围观李昌奎案的网络群聚经常发生，除了前几章提到的郭美美事件、亚布力事件和温州动车事件以外，还有贵州瓮安事件、江苏启东事件、安徽马鞍山事件等，也都属于网络群聚现象。我们这里所谓的网络群聚，同卡斯特论述的文化共同体相比，都是一种以社会认同为核心的社会聚集现象，区别不过在于，卡斯特所论述的环境保护主义运动、女权主义运动和宗教激进主义运动等，具有更长的时间持续性和更大的空间广阔性。

网络群聚也可以称为网络群体，但它是一种不在特定场所中聚集的、没有边界的不确定群体，能维持其存在与运行的是网络认同。虽然网络认同因其缺场性等特点而给社会生活带来了大量不确定性和风险性，似乎有一种难以把握的偶然性，但就其总体趋势而言，对于全球化和个体化两种相悖且并存的当代人类社会，缺场的网络认同具有不可低估的意义。

正像福山在《大分裂：人类本性与社会秩序的重建》中论述的那样："以信息为基础的较为复杂的经济在给人们带来各种实惠的同时，我们的社会生活和道德生活也会发生某些坏事。……强烈个人主义的文化在市场和实验室里会带来创新和经济增长，社会规范领域里已充斥了此种个人主义的文化，它实际上已侵蚀了形形色色的权威，削弱了维系家庭、街坊和民族的纽带。"① 福山所陈述的这些"坏事"，是在信息化和全球化时代发生的个体化趋势。这种使工业社会的社会联系和普遍价值观念弱化甚至解体分裂的个体化趋势，是以网络信息技

---

① 福山．大分裂：人类本性与社会秩序的重建．刘榜离，等译．北京：中国社会科学出版社，2002：5－6.

术支持的个体化工作方式的形成为前提的。正是个体借助计算机、互联网和移动通信等信息技术，获得了相对独立的工作空间和工作方式，并在此基础上形成了追求个体价值、个体地位和个体自由的价值原则，导致了在工业社会基础上形成的价值体系的大分裂。

福山论述的这种社会分裂现象，在工业化处于上升时期的20世纪初也发生过，涂尔干在《社会分工论》等著作中论述的社会分化问题也体现了价值体系分裂、社会秩序遭遇尖锐挑战的严重性。为了稳定社会秩序、促进社会团结，涂尔干给出的诊断是开展道德教化、整合价值观念，进而避免社会分裂。针对经济学和斯宾塞单纯鼓励个体竞争、加剧社会分化甚至社会分裂的片面性，涂尔干主张培育集体观念、促进社会团结。所谓集体观念就是在人们可以开展直接交往的社会群体中形成价值观念、道德规范和宗教行为规则等共识，而这种共识是介于逻辑思维和本能冲动之间的感性表象，涂尔干称之为集体表象。

把能够维持群体团结的共有观念理解为感性表象，这一点对于实现社会整合的追求十分重要。因为涂尔干是在社会整体意义上来思考社会团结问题的，所以他一定要找到能够把广大社会成员整合起来的思想观念，而这种思想观念既不能是理论层面的逻辑思维，也不能是本能无意识，只能是广大社会成员头脑中经常存在的感性意识。涂尔干认为，感性意识可以对社会生活产生直接影响，因为感性意识直接同具体的日常社会生活相对应，可以在人们的头脑中形成生动而具体的感性表象。从心理学和认识论的角度看，表象是感性认识的一种形式，即在感觉和知觉基础上对认识对象的形象性、回忆性再现，是一种具有一定程度的反观性、概括性和能动性的感性认识。

在涂尔干看来，并非像机械唯物主义者所论述的那样：表象是对事物的机械的、照镜子式的反映。相反，表象具有能动作用，可以作为支配人们身体及其行动的活生生的力量。“它非但是能够产生观念的一种神经流，从大脑皮质的原发点中流出，从一个神经丛流向另一个神经丛，而且在运动中枢里不断产生振动来确定我们的行动，或者在感觉中枢里不断产生振动来唤起我们的意象。”[①] 并且，涂尔干进一步指出，表象是形象性的意识，它能产生比抽象观念对身体行动更大的支配力量。表象能对人们产生较大作用，根本原因在于它将形象意识直接同具体事物联系起来，进而对人们的行为产生明确的支配作用。正是基于这些考虑，涂尔干把整合社会、促进社会团结的希望寄托于表象。

虽然涂尔干将其讨论的表象说成集体表象，但他期望的是社会共有的道德观念和价值信念，因为他一直惦念的是社会的整体团结。于是，在涂尔干那里也存在把社会的共有观念归结为集体或群体观念的问题。这与社会心理学在20世纪60年代后期试图把群体认同等同于社会认同的问题相同，问题的关键还是在于结构论研究方式的局限性。如前所论，结构论研究方式的重点在于揭示事物的内在构成，个体与群体是社会最明显的构成要素，涂尔干作为结构论传统的奠基人，尽管他一再强调社会学研究整体社会，但结构论的眼光规定了他一定会把主要注意力聚集到个体与群体之上，当他反对个体主义的狭

---

① 涂尔干．社会分工论．渠东，译．北京：三联书店，2000：59.

隘性时，从群体出发就是最接近的途径。

同时更重要的是，涂尔干对交往实践的研究重视不够，而社会整体只有在交往实践中才能看清楚，所以，尽管强调社会整体关注，但实际上看到的只是社会的构成要素，而不是动态的现实社会本身。这或许与社会的发育程度有关，涂尔干所处的时代正值工业社会的上升时期，组织化、制度化、市场化等是资本主义工业社会得以成功的基本经验，这也是涂尔干认识工业社会的基本事实，而这些正是他强调职业群体意识或集体表象的根本原因。

到了网络化时代，人们凭借计算机、互联网和手机通信等新媒体技术，不仅超越了在确定的制度规范限制中的企业组织和社会群体，而且甚至超越了城乡社区进入全民族社会空间乃至全球社会空间，一个动态活跃的、充满生机且不断扩展的网络社会呈现在人们的视野中。于是，社会认同的展开空间和认识社会认同的研究视野也逐渐明确地从个体、群体进入了社会。如果直面网络交往行为中的社会认同，不难发现网民们表达的大量社会认同是在表象层面展开的。特别是在微信、微博上进行的一些短小而快捷的网络交流中，网民们表达的信念与评价、赞同与否认、接受与排斥等，鲜见逻辑推论和量化计算，大量的是感性层面的意见，而这些意见在广大网民中形成了超越个体和群体界限的社会表象。

网络交往中形成的社会表象，是真正意义上的社会表象，可以简称为网络社会表象。因为参与网络交往的网民尽管在不同程度上受到个体和群体的限制，但他们可以匿名或前台匿名地在网络中表达观点、沟通意见，进而形成超越自身和群体限制的共同表象。并且，更为重要的是，网络行为是交往实践，它展开的交往关系不仅体现了社会的本质，而且也是社会主体的表现形式或现实存在。因此，不能把网络社会表象仅仅理解为个体表象及群体表象的汇集，它是有着自身主体（社会主体）的感性意识，并因此而具有与个体表象和集体表象不同的特点和功能。

网络社会表象最明显的特点是动态性。传统心理学和认识论谈及感觉、知觉和表象等意识形式时，通常认为表象是感性意识中最稳定的形式。因为表象不仅是在相对完整的知觉形象意识上形成的，而且还能被形象地再现或回忆。网络社会表象也具有这种相对稳定的特点，但因为它是在无数个体参与的无边界的动态交往中形成的，所以网络社会表象既可能呈现为不断的扩展延伸过程，也可能呈现为渐进趋稳并最终沉寂湮没的过程。一些引起很多网民关注和参与的网络事件一般都经历了兴起、高潮、衰落和沉寂的几个环节。在兴起和高潮两个环节中，随着网民的积极参与和网络信息的进一步传播，网络社会表象呈现为扩展延伸过程；而在衰落和沉寂两个环节，随着网民围观热度的降低和网络信息传播的收缩，网络社会表象呈现为渐进趋稳和最终沉寂的过程。

在网络社会表象的扩展延伸过程中，网络社会表象具有个体表象和集体表象无法与之相比的巨大的社会整合能力和社会动员能力。当涂尔干试图通过集体表象实现社会整合的理想时，他已经意识到集体表象的限制性。因为集体是有边界的，并且各种集体表象过于强烈时，还会因为它们固守自身而相互排斥并引起社会分裂。只有在网络交往中形成的社会表象，才能既表达个人意愿又在交流互动中超越个体局限。

网络社会表象可以引起网络兴奋，它可以使网络动员进入高潮。涂尔干在论述集体表象时曾谈及集体兴奋，在宗教活动中，神职人员通过各种生动、形象而神秘的演说，努力引发教徒集体表象的生成并刺激教徒形成集体兴奋。热烈的集体兴奋不仅可以用来开展宗教动员，实现宗教群体的有效整合，而且可以引发激烈的宗教行动甚至残酷的宗教战争。网络社会表象引起的兴奋是超越了个体和群体边界的社会兴奋，它凭借网络信息传递可以具有穿墙透壁、无孔不入的能力，把散存于不同角落中的个体乃至不同制度设置中的群体的兴趣和意象吸引、集中和调动起来，不仅在网络交往中形成共识，而且还可能引导各种场域中的实际行为发生联结甚至引发大规模的群体行动。近年发生的温州动车事件、陕西“表哥”事件和归真堂活熊取胆事件等，特别是 2011 年开始的席卷美国 1 600 多个城市的大规模“占领运动”，都充分地显示了网络社会表象引起集体兴奋并实现大规模社会动员的强烈作用。

有效的网络动员，特别是引起社会兴奋甚至社会运动的网络动员，是一种积极的社会整合。尽管有时网络动员的结果并不一定像实体权力机构所期望的那样是一种稳定的社会秩序，可能是不断持续变化的状态，但不能掩盖其积极的社会整合的作用。在农业社会和工业社会，统治者或社会管理者一直试图通过法律制度和组织纪律规定社会成员的行为，以便实现整合社会、稳定社会秩序的目的。应当承认，这种理性的制度规定在过去的历史中已经被证明具有明确效力，但在网络化时代的今天，仅靠这种相对静态的社会控制手段来维持社会整合，显然已经力不从心了。清醒地认识网络社会表象的社会动员和社会整合作用，既是把握网络社会变迁的关键，也是促进社会整合、稳定社会秩序不可缺失的前提。

四、网络认同在中国的特殊意义

随着社会生活网络化进程的快速发展，中国社会成员的社会认同也发生了深刻变迁。因为人口众多、社会分化严重、感性文化传统以及民主集中制的政治体制等一些特殊条件，网络化推动的社会认同变迁在中国具有十分特殊的重要意义。

漫长的封建专制统治和中华人民共和国成立后极端化的“左”倾政治，严重地限制了社会成员自我意识和社会意识的觉醒，在经济、政治和文化等方面开展积极的建构性社会认同更是难以生成。改革开放后，中国社会成员的自我意识和社会意识迅速觉醒并逐渐提高，人们日益清楚地认识到那种逆来顺受的封建伦理和无条件服从的“左”倾政治的消极性和危害性。越来越多的社会成员不再被动接受某种规矩和律令，不再消极地认可自己的劣势位置和不利条件，而是主动地在网络交往行为中对与自己直接相关或间接相关的政策、制度、方案、机构和权利提出要求、发表评论和表达赞成与反对的态度，亦即网络社会认同在中国已经形成和提升。

在一个拥有 13 亿人口的国家，没有边界限制的网络社会认同不仅是一种十分重要的精神力量，而且还是对社会生活可以发生重要影响的社会权力。尤为重要的是，在占中国总人口 50%以上的网民中，70%以上是中年人和青年人，他们是中国社会的中坚力量，是对中国经济、政治、文化、社会和环境各方面问题最关心、最敏感和最有参与能力的群体。因此，中国网民是中国社会的主体构成，他们通过网络微博、手机短信、微信和其他网络形式表达的对社会生活各方面问题的拒斥与赞成，在很大程度上代表了中国社会成员的社会认同。

敏感而活跃的网民可以利用便捷的网络技术，把他们的社会认同传递至社会生活的各种层面，形成社会共识甚至一致行动，在社会动员、行动参与特别是在群体事件中显示网络社会认同的强大力量。在郭美美炫富给红十字会带来巨大负面影响和网络围观“免费午餐”形成的积极影响中，我们能够清楚地看到数以百万计的网民通过抨击、赞同和支持等方式表达的社会认同的重要社会作用。也有学者对网民通过微博等形式表达的社会认同评价较低，认为网民不过是乌合之众，其评价性认同不过是一些缺乏思考的浅薄之见。事实上，成千上万的网民对一些事情表达的共同评价，虽然其中难免有些简单评判、过激言辞或不当之说，但毕竟是人民群众心声的真实表达。从历史唯物主义的观点看，在广大人民群众中形成的网络社会认同，一定有其值得认真对待的现实根据，理应得到权力机构的高度重视。

经过改革开放 40 年的快速发展，虽然中国社会各方面都取得了显著进步，但中国社会的发展进步呈现出一定程度的不平衡状态。不仅东部、中部和西部等区域发展的差距十分明显，而且不同阶层、不同行业和不同体制以及城市和乡村之间的分化也十分明显。这种社会分化，特别是贫富差距的拉大，特殊群体分割财富与资源配置和收入分配不公等问题，引发了不少社会矛盾甚至社会冲突，给社会秩序稳定和可持续发展带来了消极影响。如何清醒地认识和符合实际地把握社会分化引发的社会矛盾？一个有效途径是通过对网络社会认同的跟踪与分析，进而实现对广大人民群众的社会心态、利益诉求和社会评价等方面社会心理问题的清楚了解。

在社会生活网络化的新形势下，分化了的社会心理却能在网络交往中发生整合，这为把握社会心理和社会认同的变迁提供了重要途径。虽然社会分化已经导致社会心理发生了复杂分化，不同阶层、不同群体和不同生活条件中的人们的社会认同因此也发生分化，但在网络交往中因为信息沟通和经验传递的流动性作用，已经分化了的社会心理可以在网络中实现沟通互动、交往整合。这不仅使社会认同蕴含的内容和反映的问题变得更加复杂，而且也有助于清楚地把握反映了社会分化的社会认同。很多网络事件都已表明，人们在脱域的流动空间中可以超越特定位置或特定环境的特殊限制，面对共同的社会问题而形成共有的社会认同。在网络交往中了解这些超越群体界限的社会认同，对于在已经严重分化的现实条件下把握具有全局性、普遍性的社会心理问题是十分有效的。

与中国社会复杂分化同时出现的一个严重问题是一部分官员的腐化堕落。一些官员在市场交易行为和利益获取面前利欲熏心，不择手段地攫取财富和贪占钱色。这些问题已经影响到党和政府的威信与执政能力，阻碍了中国经济社会的持续发展。虽然有关机构在监督官员廉洁执政上已经取得了一定成效，但是同广大人民群众的监督作用相比还具有很大局限性。党的十八大以来高度重视网络舆论对官员廉洁执政的监督，特别是对那些遭到网民检举揭发和搜索围观的贪腐官员，实行严厉的查办和惩戒。这既说明了网络舆论监督的积极作用，又表现了利用网络认同监督和抵制贪污腐败的有效性。

网络社会认同在中国的特殊意义还与中华民族的悠久文化传统直接相关。先秦以来以儒家伦理为主要内容的文化教化，一个最明显的社会结果是形成了重视人际沟通和社会交往的稳定传统，而这一传统在网络化时代得到了如鱼得水般的发挥。发展迅速的大规模网络化，不仅扩展了广大中国社会成员的交往空间，而且各种便捷的网络交往形式使亿万群众的感性交往能力得到了充分发挥。所谓感性交往能力是由感性意识活动支配的注重具体形象性和直接现实性的交往能力，这是相对于由理性推论和数学计算等理性思维活动支配的理性交往能力而言的。

虽然注重感性形象、人际关系和社会事务的感性交流自古有之，但在网络技术发展起来之前，感性交流通常只能发生在街坊邻里、酒店茶馆或田间地头等狭小而难以扩散的空间中，其中表达的对时事政治、社会事件、风俗时尚乃至公正邪恶等问题的评价认同，至多能称得上是由个体认同汇集而成的群体认同，其社会的普遍意义很难传播开来。但在网络交往中，虽然140字的微博表达限制了逻辑推理的长篇大论，但却为人们的感性表达大开方便之门。尽管在文学艺术中感性表达也能形成鸿篇巨制，但在百姓的日常生活中，以感性意识活动为基础的赞成与否定、接受与排斥、褒奖与抨击等认同，通常是临场即兴、三言两语、简要述说，这些具有明确指向的感性表达，是以生活实践为基础的生动而充满活力的社会认同。

民主集中制是我们党的根本组织原则和领导制度，而无论是民主还是集中，都能在活跃的网络社会认同中获得支持。在13亿人口的大国实行民主集中制，一个难题是如何能真实地了解广大人民群众的民主诉求，然后在人民群众民主诉求基础上实现有牢固社会根基的集中。占中国人口总数一半以上的网民在网络交往中积极表达自己的社会认同，灵活而生动地反映了群众的民主要求，为中央高层超越层层中间环节的限制而及时倾听群众心声提供了方便条件，为制定重要战略决策提供了重要的社会依据。虽然开展实地调查去了解民间实际生活状况和倾听百姓民主要求是不可缺少的，但在特定地点了解到的实地情况难免会受到地方时空条件的限制，其普遍性和代表性总会因为种种因素制约而不够充分。在网络交往中生成的社会认同，可以使党和政府在更加广阔的视野里了解民情民意，进而保证党和政府制定与实施的方针政策能够真实地代表人民群众的根本利益。

参考文献

1. 卡斯特．认同的力量．2 版．曹荣湘，译．北京：社会科学文献出版社，2006.

2. 涂尔干．社会分工论．渠东，译．北京：三联书店，2000.

3. 涂尔干．社会学与哲学．梁栋，译．上海：上海人民出版社，2002.

4. 段永朝．互联网：碎片化生存．北京：中信出版社，2009.

5. 费孝通．试探扩展社会学的传统界限//中国社会学年鉴1999—2002. 北京：社会科学文献出版社，2004.

6. 卡尔．浅薄：互联网如何毒化了我们的大脑．刘纯毅，译．北京：中信出版社，2010.

7. 马克思恩格斯文集：第 1 卷．中央编译局，编译．北京：人民

出版社，2009.

8. BENNETT W L. New media power：the Internet and global activism.（2003－01－23）［2018－12－01］. http：//www. doc88. com/p-638409570981. html.

9. 廉颖婷. 药家鑫死了，李昌奎为什么活着.（2011－07－12）［2019－03－22］. http：//news. 163. com/11/0712/22/78Q1MURS00014AED. html.

10. 唐行. 云南高院副院长田有成是否有越位之嫌.（2011－07－14）［2019－03－22］. http：//cq. qq. com/a/20110714/000155. html.

11. 温星. 网络民意倒逼中国司法公正?!——李昌奎案舆情观察.（2011－11－05）［2019－03－21］. http：//m. kdnet. net/share-7976559. html.

12. 福山. 大分裂：人类本性与社会秩序的重建. 刘榜离，等译. 北京：中国社会科学出版社，2002.

第六章　网络社会的权力重构

在中外各民族的历史典籍中，最引人注目或内容最突出的莫过于关于权力的巩固与争夺。“江山如此多娇，引无数英雄竞折腰”，古往今来，多少帝王将相、英雄豪杰，为了守护和夺取统治江山的权力而艰苦奋斗、残酷争斗。正因如此，在各民族的历史典籍中记载的历史，也可以归结为以权力为核心的斗争史。时至网络信息化时代，权力的守护与争夺仍在继续，但权力的内容构成和展开形式却发生了深刻变迁。权力不再仅是帝王将相、商贾富豪掌握的控制权力和财富权力，而且也是亿万民众话语交流和价值认同的信息权力。尤其重要的是，信息权力是植根变动性、追求不确定性的权力，它的发生与壮大，给传统社会的权力体系带来了尖锐挑战。追求确定性的传统权力，采取了日益精细的严厉措施，但却导致了大量人为的不确定性，人类社会由此而面临着空前复杂的不确定性冲突。

一、社会权力的构成与变迁

在社会学领域中，对权力的形成根源、本质特点和历史演化做出了比较深入探索的，应当首推迈克尔·曼。在其四卷本巨著《社会权力的来源》中，迈克尔·曼首先对权力的来源、本质和构成做了概括。在他看来，社会权力来源于人类追逐利益的本性："人类是在无休止地、有目的地为增进他们对美好事物的享用而斗争，为此，他们有能力选择和追求适当手段。或者，至少他们这样做足以提供体现人类生活特征的活力（dynamism），并赋予它其他类别所缺少的历史。这些人类特征是本书所描述的全部东西的来源。它们是权力的来源。"[①] 进一步说，权力植根于人类追求更美好目标的欲望本性。

迈克尔·曼论述社会权力的根源时，隐含着对环境资源匮乏的前提判断，因为只有在环境资源不能满足人类对美好事物的追求，甚至威胁民族、部落和集体的存在时，人们才会发生残酷争夺，才会把支配他人的力量（权力）看成头等重要的事业。因此，迈克尔·曼在环境关系中揭示权力的本质，他说："在最一般的意义上，权力是通过支配人们的环境以追逐和达到目标的能力。"[②] 可以看出，迈克尔·曼

① 曼．社会权力的来源．刘北成，李少军，译．上海：上海人民出版社，2018：6.
② 同①8.

试图在环境资源或社会联系中揭示权力的本质，也就是说他避免把权力看成孤立发挥作用的支配力量。事实上，权力也可以直接作用于人们的精神和身体，进而实现支配者的意志和目标。

在对权力的来源和本质做了明确界定之后，迈克尔·曼论述了权力的社会性。在迈克尔·曼看来，社会权力具有个体性与集体性。权力的个体性表现为个体对自己意志的坚持与伸张，而权力的集体性则体现在权力是通过组织行为来贯彻和实施的。“群众之所以顺从，是因为他们缺乏按其他方式行事的集体组织，因为他们被嵌入了受他人支配的集体和个人权力组织之内。他们在组织上被包围了。”[①] 这就意味着，不仅权力通过组织发挥作用，而且群众之所以顺从地接受权力的控制，也是因为他们被组织控制起来了。

强调权力的集体性或组织性，是迈克尔·曼从社会学视角论述权力的突出特点或基本立场，正是由此出发，他论述了社会权力的四种基本类型，从发生和作用领域上看，他又将这四种社会权力类型称为社会权力的四种来源。

> 到目前为止的总结，追求众多目标的人类建立了许多社会的互动的网络。这些网络的界限和包容力并不一致。某些网络在组织深入的和广泛的、权威性和漫散性的社会合作方面比其他网络具有更大的包容力。最大者是意识形态、经济、军事和政治权力的网络——社会权力的四个来源。而且它们各自包含着独特的社会空间组织形式，借助这样的形式，人类能够实现他们的一整批

① 曼．社会权力的来源．刘北成，李少军，译．上海：上海人民出版社，2018：9.

非常广泛但并未穷尽的众多目标。[1]

迈克尔·曼所论述的社会网络，强调的是通过社会互动而形成的社会联系，而社会层面或社会领域的不同，形成的社会网络也是不同的。“一个社会乃是一个社会的互动的网络，在这一网络的边界，存在他和他的环境之间的一定层次的互动的离断。社会是有边界的单元，而且它包含比较密集而稳定的互动。”[2] 简言之，迈克尔·曼认为社会是人们交往互动形成的网络，这四种最基本的社会权力是通过其组织形式在社会网络中发挥作用的。因此，迈克尔·曼主张从互动网络和组织形式两方面来考察分析意识形态、经济、军事和政治四种基本的社会权力。

对迈克尔·曼的社会权力观点做出上述考察，主要目的在于分析传统社会权力与网络信息化条件下的社会权力的联系与区别。在我看来，虽然迈克尔·曼的社会权力理论视野广阔，论及的很多思想观点也很深刻，但就其基本立场和方法原则来看，它是关于传统社会的社会权力理论，更具体地说，是以工业社会和农业社会为基础而阐述的社会权力理论，网络信息化条件下社会权力的新形式、新内容和新问题并没有在他的论述范围之内。尽管意识形态、经济、军事和政治这四种社会权力仍然在发挥着重要作用，甚至有时还表现得更为强烈，但它们的作用环境、展开关系和表现形式都已经发生了深刻变化，应当在这种研究的基础上对网络信息化条件下的社会权力进行新探索。

① 曼．社会权力的来源．刘北成，李少军，译．上海：上海人民出版社，2018：35.
② 同①17.

迈克尔·曼从组织形式的角度来论述社会权力的运行与作用，一方面突出了社会学视野把权力放到社会组织关系和互动网络之中考察的特点，另一方面也显示它所关注的社会权力实质上是机体或组织的实体权力，那种在集体或组织之外的民间权力或百姓的力量，并没有得到应有的重视，而这些正是在网络信息化时代成为社会权力的新构成或新形式。

这里所谓的实体权力，是指通过某种社会组织、政治机构、行政部门掌握和实施的权力，也就是迈克尔·曼论述的通过组织发挥作用的权力。在迈克尔·曼的论述中，经济权力是通过企业、市场行使的，而军事权力是通过军队行使的，至于政治权力，就更明确的是通过政党、政府等组织发挥作用的。意识形态权力的行使要比其他三种权力复杂一些，但从迈克尔·曼的论述中可以看出，他笔下的意识形态权力主要是由宗教和某些政治机构与文化机构坚守和传播的思想观念。

虽然迈克尔·曼对意识形态的本质与形式的界定具有广义性，但他却把意识形态同组织形式联系起来了，因此使意识形态也具有了实体权力的性质。就意识形态的性质而言，迈克尔·曼认为意识形态主要表现为三种形式：其一，不是依靠感觉而是拼接某种不容置疑的观念形成的信念；其二，人们在道德关系中信守的各种规范；其三，审美或仪式惯例。[①] 从意识形态包含的三方面的内容上看，迈克尔·曼论述的意识形态概念包含了民间的非组织化的思想信念。但当他论述

---

① 曼．社会权力的来源．刘北成，李少军，译．上海：上海人民出版社，2018：28-29.

意识形态的组织形式时，意识形态权力获得了实体权力的性质。

迈克尔·曼指出，意识形态权力的功能产生了两种组织类型："第一，比较自主的形式，这种形式在社会空间上是超越的。它超越了意识形态、经济、军事和政治权力的现存制度，并产生了一种神圣的权威形式。"① 这种组织类型的实质就是各种宗教组织。"第二种类型在强化内聚性、信任并因而增强已确立之社会集团权力的过程中是作为内在士气的意识形态。"② 这种意识形态组织实质是指政党、军队和某种政治团体等。可见，不管哪种组织形式，当意识形态成为其思想信念和价值原则时，意识形态都成为附着于这些组织的实体意识形态。

迈克尔·曼试图用他的社会权力通过组织运行，并形成互动的网络关系以及四种社会权力的观点，对人类 5 000 多年的文明史做出有统一理论模式的概括，这与帕森斯的社会系统论具有异曲同工之处。曼指出："我向你们说明一下我的两个主要论点。首先，各个社会及其发展都是社会权力四种来源的产物。"③ "其次，我把四种权力来源视为各种社会网络，其界限是可以区分出来的。"④ 可见，曼试图提出一种普遍适用的理论模式。在社会学的传统中，很多社会学家已经意识到，权力类型和社会统治方式一定会依社会历史条件的转变而发生变化。斯宾塞关于从军事社会到科学社会的变迁理论，涂尔干关于从机械团结到有机团结的社会整合方式变迁理论，韦伯关于从传统社会

① 曼．社会权力的来源．刘北成，李少军，译．上海：上海人民出版社，2018：30.
② 同①.
③ 同①中文版前言 1.
④ 同①中文版前言 2.

到法理社会的发展理论，凡此种种，其实都涉及社会权力类型发展变迁的论述。

如果真正坚持历史社会学的立场和原则，那就应当把社会权力的构成内容和运行模式，放到发展变迁的历史条件中加以把握。应当承认，曼所论述的四种社会权力在任何社会形态都是存在的，但在不同的社会形态中，四种社会权力的表现形式、地位层次、相互关系和能量作用等一定是有差别的。例如，在分化程度不高的原始社会，意识形态、军事、政治和经济之间的边界未必清楚，像大多数远古史学家所论述的那样，原始社会的社会权力通常都以图腾崇拜、原始宗教和长老势力表现出来，而军事、政治和经济等方面的权力也是同这些充满了神秘色彩的感性的意识形态活动综合在一起的。

像恩格斯、帕森斯等人论述的那样，到了原始社会后期和奴隶社会初期，社会分化开始日益明显，在原始部落中出现了专司祭祀的神职人员和寺庙的同时，专门掌握政治和行政权力的国家也形成了，这就意味着意识形态权力和政治权力有了自己的组织形式。为了保卫国家和抵御外族的入侵，同时为了抑制国家内部的权力争夺，军事组织被统治者不断加强，军事权力成为政治权力捍卫政权和打击异己的有力工具。只是到了近代，在工业生产和市场交易发展的支持下，经济在社会生活中的地位和能量才逐渐凸显出来，才获得了日益强大的对意识形态、政治体制和军事行为而言都不可或缺的权力地位，企业和市场等经济组织也才走向了不可遏制的发展道路。

从社会发展和结构分化的视角看，曼所论述的四种权力在不同历史形态中所存在的状态、展开的形式和具有的地位是不同的，并且在同一个社会形态或同一个历史时期中，四种社会权力在能量、作用和地位等方面具有明显差异的不平衡关系。吉登斯在分析社会结构的复杂性时，曾论述了不同领域制度作用的显隐关系，可以为解释四种权力的差异并存关系提供借鉴。

在表 6-1 中，S（sense）代表表达意义的结构——表意结构，即文化领域；D（direct）代表表达支配作用的结构——支配结构，其中 Dau：direct authoritative——权威性支配结构，即政治领域；Dal：direct allocative——配置性支配结构，即经济领域；L：legal——合法化结构，受法律和道德规定的领域。在四个领域中，S、D、L 的排列关系是不同的。在 S-D-L 序列中，表达意义的文化制度处于显性地位，而具有支配作用的政治、经济制度 D 和合法性制度 L 则处于隐性地位；在 Dau-S-L 序列中，具有政治支配作用的政治制度处于显性地位，而其他则处于隐性地位；在 Dal-S-L 序列中，具有经济支配作用的经济制度处于显性地位，其他则处于隐性地位；在 L-D-S 序列中，法律道德规范 L 处于显性地位，其他处于隐性地位。

表 6-1　　　　结构丛与制度分类

结构丛	理论领域	制度秩序
S-D-L	符号理论	符号秩序/话语形态
D（authoritative）-S-L	资源权威化理论	政治制度
D（allocative）-S-L	资源配置理论	经济制度
L-D-S	规范调控理论	法律制度/制约模式

资料来源：吉登斯．社会的构成．李康，李猛，译．北京：三联书店，1998：96-100.

虽然吉登斯的结构分析同曼分析的权力结构不能完全对应，但这种分析方法可以作为借鉴分析不同社会领域的权力地位和权力作用的差异关系。事实上也是如此，在分化程度较高的现当代社会，经济领域中一定是配置经济资源的经济权力起主导作用；在政治领域，一定是配置权威资源的政治权力起主导作用；在文化领域，一定是肯定价值与意义的意识形态权力起主导作用；在军事领域，一定是掌控政治与武装暴力的军事权力起主导作用。但当这些主要权力发挥作用时，其他权力并非消失了，而是像吉登斯所论述的那样，处于隐性地位了。

二、信息权力与不确定性

在迈克尔·曼关于社会权力的长时段历史考察中，他虽然也论及了20世纪后期以来的社会权力问题，也就是说，后工业社会或网络信息化社会中的权力问题理应在其论述的范围内，但实际上，迈克尔·曼并没有充分注意这一点。应当说，深刻揭示20世纪后期以来社会权力的发展变化，是权力研究不可回避的重大时代课题。因为，无论是后工业社会的来临还是网络信息化社会的崛起，都使传统社会的权力结构遭遇了重大而深刻的挑战，简单沿用传统社会权力理论来分析今天的社会权力，已经难以做出符合实际的判断了。

20世纪70年代，美国和西欧一些发达国家陆续从工业社会进入到后工业社会，在第三产业成为主体产业、知识经济成为主要经济的发展变化基础上，物质生产在产业结构中的贡献比重和地位意义都已大幅下降，就业结构和阶级结构也发生了从以蓝领工人为主体向以白领知识分子为主体的变化。与这些重大变化紧密联系的是社会权力结构的变化。丹尼尔·贝尔深入论述了后工业社会来临后社会权力结构的变化。

贝尔像西方其他社会学家一样，把社会权力理解为引起社会发展变化和影响他人行为的力量，而作为占主导地位的社会权力或主要力量，它必将随着社会主要矛盾和中心任务的变化而转变。在他看来，工业社会和前工业社会是物质生活资料匮乏的时代，人类社会面临的主要任务是通过物质生产创造物质财富，以便解决时刻威胁人类生活的物质短缺和经济匮乏问题。物质生产是人类用自己的体力和智力作用于自然、改造自然的过程，而其展开的矛盾关系就是人与自然的矛盾。因此，在以物质生产为中心任务的工业社会和前工业社会，最重要的力量或权力就是物质力量或物质权力。

工业社会和前工业社会中的物质权力表现在社会生活的各个领域。在经济领域它表现为发展工农业生产，创造物质财富，满足人们的物质生活，或者是控制和配置物质资源，等；在政治领域，政治权力的强弱和运行也要依赖对物质财富的争夺与控制；在军事领域，不仅军事力量本身就是物质力量，而且军事行动或军事权力的实施和行使也要以物质资源的供给与消耗为前提，并且其最重要的目标也主要指向对物质财富的保卫与掠夺。至于似乎远离物质生活的宗教活动，用来教化信徒的意识形态，其核心内容也离不开物质生活，即使是引导信徒忍受人间困苦的一些说教，也表现了同物质生活的紧密联系。

然而，以信息技术为核心的新技术革命爆发后，物质生产能力大幅提高，物质财富也大幅增长，发达国家纷纷告别了贫穷、走向了富裕，人们对物质生活资料匮乏的忧虑和对物质生产与物质权力的依赖程度也随之大幅降低。代之而起的中心任务和主要矛盾转变为为人提供服务和处理好人际矛盾，信息交流、文化交往、知识传播和教育、艺术等在社会生活中的地位开始大幅上升。在这种具有广泛性和普遍性的变化中，信息力量或信息权力迅速发展强大起来。

特别是在互联网快速发展的推动下，社会生活的信息化和网络化程度与日俱增，广大社会成员踊跃参与互联网活动，人们不仅利用互联网接收信息、开展交流，而且还十分活跃地进行形式多样的信息发布，开办便捷迅速地反映日常生活真实存在和实际变化的自媒体。这种只有凭借互联网、新媒体技术才能发生的深刻而广泛的变化，不仅使社会生活出现了一种新的交往方式，社会呈现了可以超越地方限制的崭新的脱嵌形式，而且还开辟了一个广阔的社会空间。

线上空间或网络空间中涌流着一种无处不入的新型权力，这种权力是与曼论述的由某种组织掌握和实行的权力不同的权力，是真正意义上的由广大社会成员创造和行使的社会权力。无论是教会、政党或政府，还是企事业机构，这些组织制造的各种信息或信息权力，其传播的目标和作用的对象，最终都只有被广大社会成员接受才能实现其价值与目的。因此，组织发出的信息及其权力，对日常生活中的广大社会成员而言，都是一种外在权力。而由亿万网民通过智能手机和计算机编写和传递的信息，以及这些信息蕴含的权力，却是源自人们的内心，表达了他们的向往、预期和评价，并直接影响了他们的心理的、身体的行动，是内在于广大社会成员之中的权力。

植根于日常生活、内在于群众身心、表达于网络交流中的信息权力，通常缺乏系统性和逻辑性，呈现为碎片化、零散性的话语表达，甚至通过笑脸、悲情、愤怒、狂喜的网络符号表达出来。在思想体系的构建者和长篇大论的著述者们看来，流传于互联网中的这些信息，表达的是感性层面的意识活动，是需要理性化提升的浅薄观念。然而，当这种感性层面的意识活动成为占中国人口半数以上的网民随时随地的日常活动时，它汇集成难以测算的心理的、精神的并且可以直接支配日常行动的力量，是不用灌输就已内在于社会成员身心之中的社会权力。

"得民心者得天下"，说的不仅是黎民百姓社会认同的重要性，而且也表明广大社会成员的认同本身就是一种强大的社会力量、不可低估的社会权力。卡斯特对网络社会中这种由民众掌握的信息权力做了深入论述，在他看来，网络社会的核心是在网络交流中汇聚起来的社会认同，它是集体的评价和要求，是正义的伸张和自由的追求，是源自广大基层社会成员的话语力量和社会权力。卡斯特引述了图海纳的如下论述：

> 权力一直以来都握在国王、君主和统治精英的手中，人们把它定义为将一个人的意志强加给其他人并改变其行为的能力。如今，这种权力再也不适合于我们的现实了。权力无处不在，却又无处可寻。它在大生产当中，在金融流动里头，在生活方式深处，在医院，在学校，在电视里，在图像中，在信息里面，在技术内部……①

图海纳所谓无处不在的权力，就是信息权力。信息权力已不再是统治者控制别人的专有力量，它通过互联网和移动通信，已经进入社

① 图海纳．致莱恩涅尔的信//卡斯特．认同的力量．2版．曹荣湘，译．北京：社会科学文献出版社，2006：358.

会生活各种领域，并由存在于社会不同位置或不同层面的社会成员掌握和利用。如果权力不再仅由统治机构或统治者掌握，百姓也有了掌握和行使权力的能力与途径，这就意味着权力出现了分化。卡斯特深入论述了网络社会的权力分化与冲突。

> 伴随着技术革命、资本主义转型、国家主义让位，我们在过去25年里经历了集体认同强烈表达的漫天烽火。这些集体认同为了捍卫文化的特殊性，为了保证人们对自己的生活和环境加以控制，而对全球化和世界主义（cosmopolitanism）提出了挑战。它们的表达是多元的、高度分化的，因每一种文化的轮廓和每一种认同形成的历史根源不同而不同。它们包括了各种主动式的（proactive）意欲在最根本的层面上转变人类关系的运动，如女权主义和环境主义。但它们也包括了一大批反应性（reactive）、意欲构筑堡垒来保卫基础概念的运动，这些基础概念包括神、民族、种族、家庭和地域等。[①]

可见，卡斯特注意到不仅在互联网中聚集起来的社会认同具有烽火连天的效应，而且社会认同是多元的、分化的，甚至分为积极主动进攻和被动保守的。不过，无论来自基层社会的社会认同具有多么复杂的分化，它们都向传统社会权力的代表——民族国家发起了挑战与冲击。“民族国家开始受到人们的质疑，同时也把以主权的、代议制的民族国家（nation-state）的历史性建构为基础的政治民主观念拖入了危机。更甚的是，新的、强大的技术媒体，例如全球性的、互动性

---

① 卡斯特．认同的力量．2版．曹荣湘，译．北京：社会科学文献出版社，2006：2.

的电信网络，开始被各种各样的反叛者所采用，从而增强和加剧了他们的抗争。”①

在卡斯特的视野里，民族国家遭遇了难以抵挡的严峻挑战和激烈冲击，最根本的原因在于：有清楚地理边界和明确主权的民族国家，是在工业社会基础上建立和发展起来的，是在特定的地方空间并以追求社会稳定秩序和有效权力控制为特点的统治体系。民族国家的权力模式和运行方式，适应了机器化工业生产的要求，是特定历史条件的产物。当网络社会大规模崛起和社会生活网络程度大幅提高后，民族国家的存在基础发生了变化，其权力行使方式和对社会的管控模式，必然遭遇难以抗拒的冲击，其合法性根基无可挽救地受到了动摇。

网络社会崛起之后，人们感受到了很多崭新的变化，而其中非常明显的一种变化是社会生活的不确定性在大幅增加。在传统社会，不确定性被看成是威胁社会秩序和社会生活的风险因素，专家系统和管理系统构建了很多应对不确定性的思想理论和制度对策，形成了内容丰富的追求社会确定性的知识体系。而到了网络社会，植根于工业社会甚至农业社会的追求确定性的知识体系遭遇了尖锐的挑战，不确定性在大量推出的以追求确定性为宗旨的政策和制度面前，不仅没有减轻的势头，反而不断变换形式与内容，给社会秩序带来种种冲击甚至难以预测的风险。应当揭示网络社会不确定性产生的根源，分析各种不确定性的本质属性和复杂关系，在对之形成清楚认识的基础上探寻化解不确定性冲突的有效原则。

① 卡斯特．认同的力量．2版．曹荣湘，译．北京：社会科学文献出版社，2006：2.

不确定性是传统社会科学特别是社会学一直想化解的难题，因为它可以给社会带来始料不及的风险。孔德的社会秩序理论、涂尔干的社会整合理论、韦伯的科层制理论、哈贝马斯的交往行为理论等，最根本的目的都指向了排斥社会不确定性而寻求社会发展的确定性。在各种层面的社会实践中，人们为应对不确定性更是构建了名目繁多、无法列数的制度政策和治理模式。杜威在总结人类为了规避不确定性而做出的努力时指出：

> 人生活在危险的世界之中，便不得不寻求安全。人寻求安全有两种途径。一种途径是在开始时试图同他四周决定着他命运的各种力量进行和解。这种和解的方式有祈祷、献祭、礼仪和巫祀等。……人若不能征服命运，他就只能心甘情愿地和命运联合起来；人即使在极端悲苦中如能顺从这些支配命运的力量，他就能避免失败，并可在毁灭中获得胜利。
>
> 另一种途径就是发明很多艺术，通过它们来利用自然的力量；人就从威胁着他的那些条件和力量本身构成了一座堡垒。他建筑房屋、缝织衣裳、利用火烧，不使为害、并养成共同生活的复杂艺术。这就是通过行动改变世界的方法，而另一种则是在感情和观念上改变自我的方法。①

虽然杜威是对从古代到现代的历史长河的总结中做出的论述，但他概括的人类寻求安全、规避不确定性的两种基本方式，至今仍然被传承或延续着。前一种方式即宗教信仰，原来以为宗教会随着生产和

---

① 杜威．确定性的寻求．傅统先，译．上海：上海人民出版社，2004：1.

科学的发展而趋向衰亡，但在生产与科学空前发达的今天，宗教不仅没有衰落，反而引起人们对它日益增多的追求。究其原因，可能与杜威所论述的直接相关：那些知道命运不可征服的人们开始向命运屈服，以在情感和观念上改变自我的方法同命运和解。后一种方式则是创造各种技术来改变自然与社会，“通过行动改变世界的方法”，而这是启蒙运动以来人类控制自然与社会，“不使为害”、应对不确定性的长期推行并赢得了可观效益的积极方式。

人类改造自然、创造物质财富的工业技术和把现代社会整合与管理起来的政治、经济和文化技术，在从传统社会到现代社会的发展中发挥了不可否认的巨大的积极作用，并在工业社会的基础上把人类带进了一个新的社会形态——网络社会之中。人们为这个在工业社会之上建立起来的新社会起了很多名字，丹尼尔·贝尔称为后工业社会，鲍德里亚称为消费社会，贝克称为风险社会，吉登斯称为不确定社会，等等。无论以何种名词称谓，我们面对的都是通过互联网、新媒体和计算机联系起来的信息社会，从联结方式上可以称为网络社会，而从运行内容上看则可称为信息社会。

网络社会的崛起，既给人类带来了更高的效率和更多的物质财富，也给人类带来了数倍增强的崭新的不确定性，人类的生活方式、行为方式和思维方式都受到了尖锐挑战。福山指出：

> 围绕信息而建立的社会往往会产生出自由和平等这两种在现代民主政治中人们最为珍视的东西。电缆信道、低廉的购物市场，或者朋友在因特网上相聚，选择自由已成爆炸之势。一切等级制度，不论是政治的还是法人的，都遇到了压力，并开始走向

崩溃。庞大而又呆板的科层制组织力求通过规章制度和高压统治将一切东西控制在自己的范围之内，这种组织的基础已为如下的转变所削弱，即朝着以知识为基础的经济转变，而此种基于知识的经济为个体提供了获得信息的途径，由此而“授权”给了个体。①

福山把他所描绘的西方社会的这些变化，称为熊彼特论述的“创造性的破坏”。一方面这种因网络信息技术广泛应用所导致的社会变迁是不可避免的，因为网络信息技术提高了效率、创造了巨大效益，它必然会得到进一步的应用和推广；另一方面，具有崭新创造性的网络技术又一定会在提高效率和创造财富的同时，挑战先前在工业社会甚至在农业社会基础上形成的管理体制、社会秩序以及价值体系，必然会给社会带来很多意想不到的不确定性和风险，因此又是一种“破坏”。

为什么网络信息技术的应用会导致“创造性的破坏”？卡斯特对此做出的论述更为明确。在卡斯特看来，资本主义世界遭遇的这些冲击，是信息技术革命导致了资本主义社会的重构。“信息技术革命和资本主义的重构，已经诱发了一种新的社会形式——网络社会。”②卡斯特把网络社会作为一种新社会形式，其实质是把网络社会看作马克思所论述的新社会形态。在马克思看来，社会形态是经济基础和上层建筑的统一，包含了经济、政治和文化的社会生活的总体构成，新社

① 福山．大分裂：人类本性与社会秩序的重建．刘榜离，等译．北京：中国社会科学出版社，2002：4.

② 卡斯特．认同的力量．2版．曹荣湘，译．北京：社会科学文献出版社，2006：1.

会形态的诞生是以生产技术变革为根据的社会整体性转变。卡斯特也正是从这个意义上概括网络社会的变化的：

> 它的典型特征是战略决策性经济活动的全球化、组织形式的网络化、工作的弹性与不稳定性、劳动的个体化、由一种无处不在的纵横交错的变化多端的媒体系统所构筑的现实虚拟的文化（culture of real virtuality），以及通过形成一种由占主导地位的活动和占支配地位的精英所表达出来的流动的空间（space of flows）和无时间的时间（timeless time），而造成的生活、时间和空间的物质基础的转变。[①]

卡斯特已经揭示了网络社会生成的根本动力，即信息技术革命，但在我看来还应做更深入一步的探讨。信息技术革命像工业革命一样，首先是生产工具的革新，如同机器作为最先进的生产工具引起了资本主义社会生产力和生产关系的革命，并进而从根本上推动了工业社会的诞生，信息技术革命也以计算机、互联网和新媒体等新技术作为最先进的生产工具，引起了生产力和生产关系的革命，进而为网络社会这个新社会形态奠定了基础。但是，仅停留于此还不够。工业机器作为最先进的生产工具，改变了手工业的生产手段，但其生产对象仍然是物质资料；而计算机、互联网和新媒体作为最先进的生产工具，不仅改变了生产手段，而且还转变了生产对象，即其直接作用的生产对象已不是物质资料，而是信息。

网络社会最重要的生产过程是信息的创造、流动与传递，信息作

① 卡斯特．认同的力量．2版．曹荣湘，译．北京：社会科学文献出版社，2006：1.

为直接的生产对象，规定了网络社会的本质特点——不确定性。虽然机器或工业社会的生产对象与农业社会也有很明显的不同，但二者都是物质资料，农田、矿山和待加工的各种物质材料，都是在特定位置中存在的有明确体积、重量和样态的具体存在，是具有稳定性的确定性存在。而信息则不然，信息的生命本质是更新、变化，信息不更新、无变化就失去其生命体征，变成了僵尸。当信息已不再变化而且还在重复传播，它就变成了令人厌倦并且能给人带来伤害的噪声。因此，以信息为生产对象的网络社会，就从其根本特质上决定了它一定处于永无休止的更新变化之中。

特别是借助于互联网和新媒体的传播速度和扩散广度，网络社会的信息呈现了空前丰富的海量状态，这更加强化了网络社会的不确定性。论及中国传统乡村社会时，人们通常都认为那是一个信息闭塞、缺少变化、结构稳定的封闭社会，而这种习惯熟悉、回避陌生的传统乡村社会，“在地方性限制下成了生于斯、死于斯的社会”①。导致传统乡村社会这种超长稳定状态的主要原因之一是其信息匮乏，与之相反，网络社会是一个信息海量供应且飞速传递的社会，必然要改变传统社会稳定少变的确定性。

简言之，网络社会的不确定性植根于依靠计算机、互联网和新媒体等信息技术而形成的新生产力，植根于同物质资料在本质属性上不同的新生产对象——信息。信息的更新变化本质和信息技术可以快速传播变化的特性，是网络社会的不确定性不可祛除的根源。

---

① 费孝通．乡土中国 生育制度．北京：北京大学出版社，1998：8.

三、不确定性的矛盾冲突

植根于信息本质和信息技术的不确定性，是网络信息化时代的社会力量，是对建立于工业社会乃至农业社会之上的社会秩序形成尖锐挑战的新社会权力。一方面，不确定性依靠信息不断更新变化的生命本性表现了旺盛的活力，永无休止地刺激、冲击着传统社会秩序；另一方面，不确定性凭借网络信息技术的广阔联系和快速传播，延伸到社会生活的各种层面，使传统社会秩序在每一个角落都遭遇了挑战。

如前所述，植根于乡土文明的农业社会秩序必然会遭遇网络社会不确定性的强烈冲击。因为，农业社会是以土为本的习惯熟悉、排斥陌生的静态封闭的社会，而网络社会的不确定性就是对熟悉关系和静态封闭的严峻挑战。建立在工业文明之上的工业社会，虽然其流动性比农业社会要强上很多倍，但如凡勃伦所论，工业社会的制度实质是机器生产的要求[①]，而机器生产一定要求厂址固定、机器稳定、标准规范、程序合理、分工明确，而这些都是明白无疑的确定性。

正是在机器生产的确定性要求的基础上，工业社会形成了一套追求确定性的制度体系、组织体制、行动纪律以及与之相适应的思维方式、行为方式和生活方式，这些处处体现着机器生产要求的制度化、组织化、程序化和标准化的生产秩序或社会秩序，是具备明显确定性而无法容忍网络社会不确定性冲击的社会秩序。网络社会的不确定性是信息和信息技术的不确定性，是可以延伸到社会生活各种层面的具

① 凡勃伦．有闲阶级论．蔡受百，译．北京：商务印书馆，1964：139－142.

有极强穿透力的功能或效力，因此，工业社会以确定性为本质特征的社会秩序，不可避免地要遭遇网络社会不确定性的挑战和冲击。

植根于工业生产或机器本性的工业社会秩序，是在工业生产为人类创造了巨大财富和辉煌成就的基础上形成的，无论是其积累的客观存在的物质财富，还是诺斯所论述的同权力和利益捆绑在一起的路径依赖，都会以其强大的惯性支持对网络社会不确定性冲击的抵制，而作为网络社会本质特性的不确定性也不会善罢甘休地败下阵来，对立的结果就是难以化解的矛盾冲突。

进一步说，不确定性和追求确定性的两种力量或两种权力，都有其深厚的难以改变的根据，如何面对二者的冲突，已成为当代人类社会在各种层面上都会遭遇的难题。吉登斯说："我们现在生活的世界不是被人类严格控制的世界——有人可能说，这样的世界既是左翼的万丈雄心，也是右派的噩梦。几乎相反，这是一个充满错位和不确定的世界。一个'失去控制'的世界。"① 也就是说，无论是左派坚持的严格控制还是右派主张的顺应传统，都难以实现保持确定性的愿望。

更为严重的问题是，原来在工业社会基础上形成的追求确定性的知识与技术，在新形势下的不确定性面前，不仅不能再发挥维持确定性的作用，反而会引发新的不确定性或不可预测性。"而且，令人不安的是，过去被认为创造了越来越大的确定性的力量——人类知识的进步以及对社会与自然的'控制性干预'——实际上与这种不可预测

① 吉登斯．超越左与右：激进政治的未来．李惠斌，杨雪冬，译．北京：社会科学文献出版社，2000：3.

性深深地搅在一起。”[1] 吉登斯称为人为不确定性：“这样产生的不确定性在我这里通称为人为不确定性。生活一直是具有风险的事情。人为不确定性闯入我们的生活意味着我们的存在，无论在个人层面上还是在集体层面上，比以前更有风险。”[2]

人为不确定性之所以有更大的风险，是因为导致这种风险的力量是权力、知识与技术的综合。并且，工业社会存在与运行的根据，使其统治地位已经让位于网络社会的后工业社会，它用植根于工业社会的目标、原则和手段，去对待一个已经深刻变化的网络社会。“人为不确定性是人类对社会生活条件和自然干预的结果。它带来的不确定（以及机会）在很大程度上是全新的。无法用旧的方法来解决这些问题，同时它们也不符合启蒙运动开列的知识越多、控制越强的药方。更准确地说，它们今天引发的各种反应常常既是破坏性控制和修补，也是控制不断增强的无尽过程。”[3]

像植根于信息和信息技术的不确定性一样，人为不确定性也是一种难以化解的不确定性。其中最复杂的也是最难以克服的障碍是，在人为不确定性被不断地制造出来的过程中，制造者并没有意识到自己在制造新的不确定性，而是认为自己为保持社会稳定秩序做出了艰苦努力。对于自己制造出来的人为不确定性，制造者通常会得出相反的结论，即控制和化解不确定性的手段不够准确有力，于是便采取更为精细的管控措施，其实质是用植根于工业社会甚至农业社会的制度与

① 吉登斯．超越左与右：激进政治的未来．李惠斌，杨雪冬，译．北京：社会科学文献出版社，2000：3.

② 同①4.

③ 同①4.

手段，去更加强力地控制植根于网络社会的不确定性，其结果也只能导致更严重的人为不确定性。

在评论欧洲民族国家面临网络社会的挑战时，卡斯特也深入论述了网络社会不确定性同对抗这种不确定性的人为不确定性之间的冲突。在卡斯特看来，掌握传统社会控制权力的民族国家，遭遇了网络社会不可阻拦的流动性或不确定性的强烈冲击。尽管民族国家动用各种实体机构的权力来抵制或控制流动权力的挑战，但无奈“我们的社会是环绕着流动而建构起来的：资本流动、信息流动、技术流动、组织性互动的流动、影像、声音和象征的流动。流动不仅是社会组织的一个要素而已：流动是支配了我们的经济、政治与象征生活之过程的表现”[①]。

虽然网络社会的流动性不完全等于不确定性，但正是广泛而快速的网络社会流动性滋生了大量不确定性。并且，因为流动性不仅是网络社会的一个要素或一个特征，流动性还是网络社会的支配力量，而影响他人行为和社会秩序的力量就是社会权力，因此，网络社会有一种包含着不确定性的流动着的权力，虽然这种依靠信息流动支配了社会流动的社会权力，要遭到追求确定性的实体权力的抵制，但“流动的权力优先于权力的流动。在网络中现身或缺席，以及每个网络相对于其他网络的动态关系，都是我们这个社会中支配与变迁的关键根源”[②]。

---

① 卡斯特．网络社会的崛起．夏铸九，王志弘，等译．北京：社会科学文献出版社，2006：383.

② 同①434.

由于两种不确定性不仅同时并存，而且还要发生矛盾冲突，因此我们又面临新的不可回避的问题，即如何正确对待这两种不确定性，如何化解二者之间的矛盾冲突。

正确对待网络信息及其技术引起的不确定性，首先要认识这种不确定性是网络社会的本质属性，它并非仅是一种可以带来风险的消极因素，同时也是网络社会的旺盛活力所在。根源于信息的更新流动和信息技术的广泛使用而产生的不确定性，是网络社会发展运行必然生成的本质属性，可以用梳理、引导和利用的方式降低这种不确定性对社会秩序的影响或冲击，但不要指望可以将之消灭。并且，还必须清醒地认识到这种不确定性将不可排除地长期存在，不能视之为偶然发生的短期现象，更不能指望采取一些应急措施即可将之消除。

网络信息及其技术引起的不确定性，是人们在新的历史条件下遇到的新问题，是新生事物呈现出的新特点或新属性。由于这种不确定性与工业社会的机器运行或工业生产的相对确定性截然不同，所以不能用工业社会的眼光、期望和知识对待它，应当在明确认识其本质属性和运行特点的基础上，用新视野、新预期和新知识去对待它。否则，就难免像卡斯特所指出的那样："由于我们的历史眼光已经习惯于看到社会变革的整齐的军营、鲜艳的旗帜和高挂的檄文，因此，当我们面对由远离权力衙门的、形式多样的网络所推动符码变化的漫天烽火的时候，我们就手足无措了。"[①]

更复杂的问题是如何对待人为不确定性。人为不确定性主要是由

① 卡斯特．认同的力量．2版．曹荣湘，译．北京：社会科学文献出版社，2006：419.

专家系统和管理系统产生出来的不确定性，是旨在追求确定性的知识应用和政策制度安排而导致的不确定性。因此，人为不确定性是与其追求目标和行动结果相悖的不确定性。于是，这就决定了它是一种复杂的不确定性。无论是专家还是管理者，当他们看到网络社会的大量不确定性时，如果不是积极正视和努力探索这种新的社会现象，而是沿用工业社会的知识、方法和原则去压制和消除它，尽管他们难以实现自己的追求，但他们不能轻易认识到自己是在做一种不合时宜的事情，反而常常会认为自己的执行力度不够，进而采取更加严厉的措施去消除被他们看作只能产生社会风险的不确定性。

人为不确定性是一种在对新社会现象缺乏清楚认识的基础上采取自以为聪明的手段而导致的不确定性，而其手段越精致，导致的不确定性越严重，引发的社会风险也越频繁。乌尔里希·贝克在分析当代社会风险的根源时，也论述了这种自以为是的错误的危害。在贝克看来，当代人类社会的主要风险来自专家系统的知识权威和管理系统的权力滥用。“有关风险的陈述从来没有简化为仅仅是关于事实的陈述。它包括理论的和规范的内容，这都是它的组成部分。”[①] “在社会公认的风险中，现代化进程的权威和机构，以及它们特殊的利益和依赖被假定并被置于（以因果的模式）与在社会、内容、空间和时间上相分离的破坏和威胁的征兆的直接关联之中。”[②]

在专家系统和管理系统面前，网络社会不确定性的主要威胁是它对社会秩序的干扰或冲击，为了保持社会秩序的稳定，就应当采取必

① 贝克．风险社会．何博文，译．南京：译林出版社，2004：26.

② 同①.

要的措施抑制不确定性，否则，不可预测的社会风险就会不断爆发。应当承认，网络社会的不确定性确实冲击了社会秩序，但是，由传统延续而来的社会秩序受到冲击，是否也存在某种必然性与合理性？如果承认网络社会已经大规模崛起，如果承认网络社会的生产力和生产方式与工业社会相比，已经发生了飞跃性的质变，在此基础上，网络社会已经成为一种新社会形态，社会生活的各种层面都已发生深刻变迁，那么就应当承认：网络社会的不确定性对由工业社会延续而来的社会秩序的冲击，一定具有必然性与合理性。

社会秩序是社会生活的存在状态与演变次序，社会秩序是客观性和主观性的统一。从客观的角度看，现实社会一定是以某种空间状态存在着，并且呈现出某种相对稳定性，但它一定不是完全静态的，一定会以某种方式在发生着或缓或急的变化，并呈现出某种时间序列或演变次序。人们都生活在某种作为客观状态的社会秩序之中，客观的社会秩序不仅影响甚至规定了人们的实践，而且也一定要反映到人们的思想观念之中，进而形成主观的社会秩序，或者可以称之为客观秩序的主观内化。

内化为人们思想观念、心理结构或知识体系的社会秩序，是内在的社会秩序，它不仅是人们对外在社会秩序的反映，而且还成为支配人们进一步开展社会实践的思想基础或主观根据，由此而实现了社会秩序的内化与外化的相互转化。在这种相互转化的过程中，外在的社会秩序一定是处于持续的变化之中，虽然内在社会秩序也会受外在社会秩序的影响而发生变化，但通常出现的情况是，内在社会秩序会呈现一种滞后于外在社会秩序变化的意识形态效应。

这种内在社会秩序滞后于外在社会秩序的效应，既可以理解为恩格斯论述的意识形态相对独立性问题[①]，也可以解释为诺斯所论述的制度变迁的路径依赖[②]。作为思想观念存在于人们头脑中的社会秩序，是人们根据自己的价值要求和理想意愿去认识、评价社会生活状态和发展道路的理想模式，一旦这种模式变成稳定的信念，也就成为人们不再质疑而照之去做的意识形态。这种规定思维和支配行为的意识形态，既可以表现为系统的理论形式，也可以作为直接同具体存在相对应的知觉表象，它们的共同特点是具有相对稳定性或相对独立性。

进一步说，内在的社会秩序是人们根据自己的经历或利益认可的某种社会状态和发展模式，它一旦固化为意识形态，就一定表现为对社会发展变化过程的滞后性。它不仅会越来越明显地落后于现实发展，而且还会千方百计地去阻挠现实的发展，成为社会发展进步的障碍。在诺斯等新制度主义经济学家看来，社会秩序是由包括意识形态的制度规定而成的。意识形态具有降低社会的不确定性的功能。“意识形态对顺从的要求至今仍然是减少维持秩序的成本的主要力量，但是它带来了另外的社会成本，即阻止制度变革、惩罚偏离常规者，以及在与其他与之竞争的宗教冲突中成为无休止的人类冲突的来源。”[③]

网络社会秩序是动态的充满了不确定性的秩序，是专家系统和管理系统只有改变了从工业社会甚至农业社会延续下来的以追求确定性为宗旨的思想观念才能看清楚的社会秩序。鲍曼把不确定的网络信息

---

① 马克思恩格斯文集：第1卷．中央编译局，编译．北京：人民出版社，2009：668.

② 诺斯．制度、制度变迁与经济绩效．杭行，译．上海：格致出版社，2009：126－143.

③ 诺斯．理解经济变迁过程．钟正生，邢华，等译，北京：中国人民大学出版社，2008：40.

化条件下的动态社会秩序称为“流动现代性”，在他看来，“这个星球的每一片土地，除了鲜有的几个例外，都在顺应一场现今被称为‘现代化’的急切的、强迫性的、不可阻挡的变迁”[①]。“我则更加切中要害地称之为‘流动现代性’的东西，是对变化就是恒久而不确定性就是确定性的更大确信”[②]。

鲍曼把沿袭传统、以确定性为宗旨的执着追求看作是需要“液化”的“固态的阶段现代性”，他主张：“如果在‘固态的’阶段现代性的核心是对未来的控制和固定，那么在‘流动的’阶段其首要关注就变成了确保未来不被抵押，并且防范别人对机会进行任何先下手为强的利用，而这些机会是未来希望要带来并注定要带来的机会，是依然没有公开、既不为人所知也不可知晓的机会”[③]。可见，鲍曼揭示了流动性、不确定性的必然性和持续性，也批评了固守确定性追求的“固态的阶段现代性”，并主张“液化”“固态的阶段现代性”，但他没有给出可以有效实施的对策。

鲍曼留下的困惑是可以理解的，因为网络社会流动的不确定性是一个持续加速变化的过程，试图找到一个像“固态社会”或传统社会把不确定性规制为确定性那样的有效对策，已经时过境迁了。但是，我们不应当有丝毫悲观意识，如同福山所指：“社会秩序在数代人间有过一轮又一轮的兴衰涨落。没有任何东西可以确保这种循环始终保持向上的趋势。我们还怀有希望，唯一的理由就是人所具有的那种十

① 鲍曼．流动的现代性．欧阳景根，译．北京：中国人民大学出版社，2018：4.
② 同①5.
③ 同①6.

分强大的重建社会秩序的能力。”①

如果网络社会植根于信息和信息技术的不确定性具有必然性和合理性，如果由专家系统和管理系统制造的人为不确定性是对网络社会不确定性的误判，如果人为不确定性是通过追求传统社会的固态确定性而滋生的，并且人为不确定性同网络社会不确定性的冲突，主要是知识与权力滞后于现实发展又要干预现实变化的一种结果，那么，化解网络社会不确定性冲突的基本原则就应当从人为不确定性入手，应当调整专家系统和管理系统所固守的知识体系、权力运行模式和对确定性的简单追求。

四、温州动车事件中的权力冲突

2011 年 7 月 23 日 20 点 30 分左右，在铁路“杭深线”的永嘉站至温州南站之间，由北京南开至福州的 D301 次动车与杭州开至福州南的 D3115 次动车发生特大追尾事故，D301 次列车第 1 至 4 车脱轨，D3115 次列车第 15、16 车脱轨，造成特别重大的人员伤亡（见图 6－1）。

温州动车事故发生后，数以百万甚至千万计的网民迅速对动车事件密切关注，持续追踪。网民们利用微博、QQ 和短信焦虑地询问和沟通关于事故的各方面情况，远离事故地点的缺场交往，飞速地凝聚和展现着密切关注动车事故的信息权力或认同力量。遗憾的是，当时的铁道部等部门未能对网民的信息沟通和意愿表达予以足够重视，没

---

① 福山．大分裂：人类本性与社会秩序的重建．刘榜离，等译．北京：中国社会科学出版社，2002：350.

有充分认识广大网民通过网络交往关注动车事故的重要性，以其官僚化的行政作风对网民进行敷衍塞责。在广大网民所关注的撞车原因、真实死亡数字、救人具体细节、赔偿具体方案等焦点问题上，原铁道部没有及时准确地给予回应，为真假难辨的小道消息留下了网络传播的空间。是流言蜚语还是现场实情？接踵而来的动车事故信息，让远离现场又渴望了解真相的人们如坠云雾，亦使其对政府部门的质疑和不满持续增加。

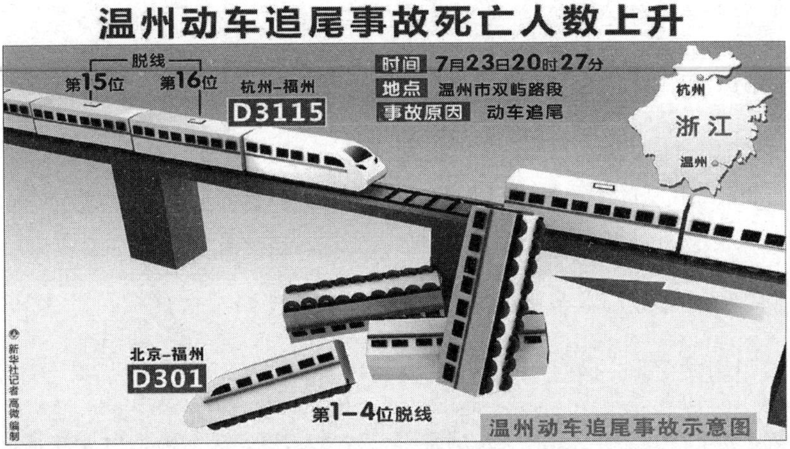

图 6 - 1　温州动车追尾事故示意图

资料来源：新华社。

实际上，在两列动车相撞之前，与事故有关的网络信息交流就已经开始了。一位微博昵称为“Smm 苗”的乘客通过新浪微博发布了如下信息：“狂风暴雨后的动车这是怎么了？爬得比蜗牛还慢，可别出啥事儿啊。”[①] 这是与动车事件相关的第一条微博，它在随后发生的事件中，被热心网友转发超过 2.7 万次，被评论超过 1 万次。

① 鲍小东，史秋娟．媒体回溯温州动车追尾事故及救援过程．(2011 - 07 - 29) [2019 - 03 - 22]．http://news.sina.com.cn/c/sd/2011 - 07 - 29/104122899440.shtml.

事件发生之初，众多网民急于了解的是，什么原因导致了两列动车相撞。官方媒体发出原铁道部的“雷击论”之后，该消息在网上迅速传播的同时，也受到公众的强烈质疑。就在当晚，上海铁路局有关领导被撤职，这一做法不仅未能平息网民的质疑之声，反而增加了他们的疑虑：既然撞车是由“雷击”这一自然原因所致，为何撤销与“雷击”无关的领导的职务？随此种质疑之声而来的是“高铁司机培训只有10天时间”的谣言。有网民推测，铁道部之所以把事故归结为雷击动车的结果，其实质是想把人祸转嫁为自然灾害，而雷击这种不可抗拒的天灾就为事故责任人提供了逃避责任的确定性借口。如果原铁道部的当事人果真是这种想法，在几百万网民的密切关注和大量的信息交流中，这种说法很难被信以为真。于是，大量质疑蜂拥而至，抨击敷衍了事和掩盖事实的网络舆论向当时的铁道部发起了强烈攻击。

为了应对网民的质疑和抨击，原铁道部召开了新闻发布会，发言人王勇平对网民说：铁道部发布的新闻是可信的，“至于你信不信，反正我是信了”。这句话不仅成为微博网友热议的焦点，也成了网络流行语和笑话，它被人们解读为原铁道部的严重不作为，甚至在刻意隐瞒或回避什么。接下来原铁道部发布的救人、埋车头等一系列救援工作的信息，更是遭到网友们的质疑，甚至导致网友们展开不理智的谴责和声讨，一时间，大有舆论环境失控之势。随之而来，有关原铁道部诸多失当的谣言也开始在网络和现实社会中散播，比如“列车事故后当场掩埋活人”“遗体未经家属同意被集体火化”“坚持救人的特警支队长被处分”“吊起动车车厢时有遇难者遗体掉出”等等（见图6-2）。

2011 年 7 月 28 日，人民网总结了经网络疯传、在社会大众中造成巨大影响的温州动车事故之八大谣言，它们分别为："重大事故死亡人数上限为 35 人，否则领导撤职""动车事故后当场掩埋活人""遗体未经家属同意被集体火化""高铁司机培训只有 10 天时间""坚持救人的特警支队长被处分""铁路调度系统拘留两名无证程序员""港人举旗上街哀悼动车追尾事故遇难者""吊起动车车厢时有遇难者遗体掉出"。这八大谣言不仅在网络上迅速传播，而且也通过口头传播在社会上快速流传。

图 6－2　处理事故动车

资料来源：亿房网（www.fdc.com.cn）。

谣言的蔓延，使公众对当时的铁道部等部门十分失望，不少网友在网络空间对之进行"口诛笔伐"，人们渴望了解真相的心情更加迫切。网络社会力量的呼吁、信息传递的失控，引起了中央政府的高度重视。2011 年 7 月 28 日上午 10 时许，时任国务院总理温家宝亲赴现场，对死难者进行了沉痛哀悼，对受伤人员和死难者家属给予安慰，并召开新闻发布会，回答中外记者所提问题，回应网民关于事件的质疑。温家宝亲临现场答疑，表明了政府对查清动车事件、还民众真相的决心。网民逐渐回归理性，自觉地辨别虚假信息，不再盲目转发、传播谣言，整个事件的网络舆情得到了较好控制。

温州动车事故从发生到温家宝总理亲临现场的过程，充分显示了广大网民对事故的热切关注和积极参与，而这些主要是通过不在场的缺场交往或网络围观进行的。因此，围绕温州动车事故形成的全国范围的社会动员和群聚互动，是一场空前规模的不在场的网络群聚，是在网络媒体日益发达，尤其是“自媒体”技术广泛应用的基础上生成的一种崭新的社会现象。与传统平面媒体不同，网络媒体具有时间的即时性（不存在行动的时间延滞）与空间的无边界性（不受地理空间的边界限制），同时又具有媒体与受众的交互主体性。在网络媒体中，参与者都是“记者”。截至2011年7月28日19时，仅仅5天的时间，网民在腾讯发布的关于温州动车事件的微博达10 694 334条，在新浪发布的微博达8 227 093条①，而以QQ和短信开展的即时通信则不计其数。

在数千万甚至数亿网民参与的网络围观、信息交流和舆论抨击中，令人眼花缭乱的信息和意见铺天盖地地传来，又转瞬即逝地被快速覆盖，似乎是一种完全无序的状态。其实不然，仔细考察会发现其中一个重要的新现象是：“意见领袖”成为微博缺场交往的灯塔和引擎。各具特点的意见领袖，是缺场交往目的或主题的发起者、发展变化方向的导航者、进程推进和高潮掀起的推动者。在这些意见领袖的导引下，网络交流中汇聚起一股股强大的认同力量，这些由千百万网

① 张瑞静．在博弈中双赢：微博与传统主流媒体．济南大学学报，2011（6）．

民表达出来的话语权力，是动态的、不确定的信息权力，并且是向寻求确定性的实体权力发出了挑战的流动的权力。围绕温州动车事故形成的缺场交往中出现了很多“意见领袖”，可以对之做如下分类：

第一类是“精英意见领袖”，主要是一些知名学者、著名作家和某些比较活跃的公共知识分子。他们本身具有较丰富的知识储备和较高的学识素养，历来关注政府改革和社会事件，拥有几万、几十万甚至更多的粉丝。他们在动车事件中发布的信息与评论，能够被广大粉丝第一时间阅读和转发，再通过粉丝的粉丝转发，形成规模庞大的传播效应，并形成广泛的社会影响。如拥有 8 万粉丝的非专业作家“天佑中华 A”，在动车事件发生后发布了一条附图微博，披露当时的铁道部有关该事件的调查官员在调查期间于豪华酒店吃盛宴、喝茅台等信息，结果该条微博竟被热心网友转发达 18 万次之多。一条微博引发了网络社会围观，围睹（堵）了铁道部一些官员的不作为，维护了社会公正。

第二类是“媒体意见领袖”，他们是一些比较活跃的新闻媒体工作者。作为网络社会的“新闻人”，大多数媒体工作者都有自己的微博，并且拥有成千上万甚至更多的粉丝。在事故现场采访时，他们虽不能及时通过传统媒体将即时信息传播出去，却可以通过发布微博将事件的最新消息及时发布，并对某些“失当做法”展开评论，消息和评论经由粉丝分享和转发，产生重要的传播效果。例如，拥有 43 万粉丝的央视著名主持人敬一丹，在动车事件期间撰写质疑赔付协议的博文，该博文很快在网络空间传播，并被转发达 2.3 万余次。

第三类是“明星意见领袖”，通常是电视剧或电影的著名演员。

他们中有很多人拥有几百万甚至上千万的粉丝，并在重大网络事件中敢于发表自己的观点，引起众多粉丝的附和，形成庞大的传播效应。最典型的“明星意见领袖”是演员姚晨，在温州动车事故的网络围观中，拥有 8 000 万之多粉丝的“微博女王”姚晨，热切关注动车事件，其发表的微博引起了广大网民对动车事件的广泛围观和大量议论与交流。姚晨关注温州动车事故的原因之一是，肇事动车的一位司机是姚晨父亲的朋友。姚晨认为这位司机是遇难蒙冤。在事故发生的第二天晚上 9 时 46 分，姚晨发布一条微博，替父亲好友“申冤”。

> 昨晚事故中不幸去世的火车司机潘一恒，是我父亲的好兄弟，他们曾在一个车组工作。父亲悲痛万分地说：潘师傅的孩子才 7 岁，他为人憨厚，工作尽职。如果昨晚他临阵脱逃，没有拉下紧急制动系统，那伤亡人数将会翻十几倍。可怜他尸骨未寒，却被人猜测事故原因是他疲劳驾驶，这种说法简直混账至极！①

该条微博一经发出，便受到众多粉丝的热烈关注。很多网友跟帖评论，支持姚晨的观点，同时将之转发。据初步统计，该条微博在很短的时间内就被转发近 26 万次，引起网民和社会大众对原铁道部处理措施的不满与意见，使网络上形成一股强大的民意力量，这对动车事件的尽快、尽责、尽善处理有一定的督促与推动作用。

在温州动车事件中，还有一些微博“意见领袖”虽非“社会名流”，却在民间有着广泛影响，他们就是各类“草根名嘴”。该类“意见领袖”虽属草根阶层，但凭借人数众多的粉丝，其评论也能产生重

---

① 姚晨．新浪微博．(2011-07-24)［2019-03-22］．http：//s. weibo. com.

大影响。如拥有122万粉丝的普通80后“作业本”便是其中的重要代表，他发布的诙谐贬损原铁道部的博文——“雷电天气所致”，在很短时间内竟被粉丝转发了1.5万次。

应当进一步指出的是，“意见领袖”能够形成和发挥如此重要的作用，离不开微博、QQ和短信等网络即时通信技术的应用。如果说意见领袖是网络缺场交往的导演，网民是演员和观众，网络即时通信技术就是意见领袖和广大网民的舞台和道具，信息权力或话语力量则是这三种因素结合的结果。试想如果没有微博等即时通信技术，那些名家或明星，即便有再大的声望，也难以对数以百万乃至千万的粉丝呼风唤雨、推波助澜，瞬间形成向实体权力发起挑战的力量。

正是凭借网络即时通信技术，人们可以在身体“物理不在场”的情况下，进行十分便捷的沟通，分享彼此的信息，充分表达自己的意见。随着社会生活网络化步伐的加快，这种“身体不在场”情况下发生的“缺场交往”会更加活跃。与身体在场的面对面交往不同，沟通各方往往通过网络昵称或游客身份开展交流，具有较大程度的匿名性。尽管隐匿身份容易发生一些不规范或语言不文明的现象，但总体来说，这种情况下的交流是一种更平等更真实的信息交流；由于匿名性的存在，交往各方更容易吐露真言，从而形成一种“坦率直言”的交流；由于很少受到时空限制，网络交往的范围和规模比“在场交往”都要广阔。

网络媒体在信息传递中发挥着越来越重要的作用。在Web 1.0时代，很多门户网站虽然不能实现与浏览者的随意交流，网民也只是信息的被动接收者，但网站传递信息的即时性和快捷性，还是吸引了大量网民，国内外不断攀升的上网人数就是其有力的证明。进入Web 2.0时代特别是进入Web 3.0时代以后，网民由被动的信息接收者转变为主动的信息发布者，这使更多网民进入网络社会。他们或者分享故事，评述时事，与明星大腕进行直接对话与交流；或者连线游戏，组团作战，沉溺于虚拟世界的恩怨情仇之中；或者观看视频，聆听音乐，了解和体验这瞬息万变的网络化世界。这些网络信息交流活动不仅使社会生活丰富了内容，而且也增强了活力、催生着变化、带来了大量不确定性。

在温州动车事件中，网民不仅通过阅读电子文档获取最新消息，而且通过网络媒体直接讲述自己的经历，发布最新消息。比如在救人过程行将结束、切割列车时发现幸存女孩“小伊伊”，铁道部发言人将之解读为“生命的奇迹”，这激起了人们的强烈不满。这个事件很快被现场记者和网友通过图文发布出来，并引发人们对相关部门的大量批评。此事件说明，自媒体时代的到来，不仅使网民能够表达观点、发布评论，而且促成了“人人都是记者，人人都是发言人”的最终局面。但凡有一定知识水平的年轻人，无须经过严格的电脑培训，只要身边有能上网的人带自己操作一两次，就能很快掌握上网的简单技术。所以在众多的上网大军中，既有城市中的青少年，也不乏来自农村的网民——虽然他们常常由于经济制约，不能在家上网，但网吧的存在，为其上网提供了必要的环境支持。

在温州动车事件中，很多网友用录音设备记录了一些重要的事件流程，并将录好的文件放置于网络媒体中，借助网络技术，将之在受众中不断传播。由此可见，声音文件的电子化，为其在网络中传播提供了必要前提，而网络空间则为其摆脱时空限制、实现无障碍传播提供了场域支持。通过网站，网民既可以在线收听各种音频，而且在条件允许的情况下，也可以随心下载声音文件，达到快速接收信息、便捷学习知识的目的，促进间接性的传递性经验在社会生活中发挥积极的作用。

在温州动车事件的发生过程中，有一段视频经由网友剪辑，在很短的时间内被不断转发，形成广泛的传播效应。该段视频就是当时的铁道部发言人的一段讲话，从“生命的奇迹”到“至于你信不信，我反正信了”，视频文件以多媒体的形式，将铁道部的不当言论和欠妥的处理方式活灵活现地呈现出来，产生难以想象的传播效果。从这一视频传播的过程可以看出，与文字、声音文件不同，视频文件传播的信息更为直观，更易为受众所理解与接受。从最初的无声电影到现在的多媒体技术，视频文件不断赢得观众、受到信息接收者的热烈欢迎，信息传播的效率不断提高。

网络技术的出现和视频文件的电子化，使得视频文件的传播效率和传播规模得到了极大提升。电子化的视频文件摆脱了磁带等载体的局限，可以迅速被复制，特别是进入 Web 3.0 时代以后，随着技术的提升，人们制造、传播、分享视频文件的方式又发生了革命性的变化。此时，受众已非纯然的受众，他们在分享视频文件时，可以积极参与，发表自己的评论；加之摄像机的普及和其技术的高度智能化，以及手机摄像功能的日益更新与提高，这一切促成“人人都是制片人”的时代迅速来临。在温州动车事件中，我们可以清晰地看到，很多网友用手机等工具拍摄的视频文件，快速地在网络中传播，充分地彰显了自媒体时代信息传播的规模积聚效应。多媒体技术的流行使普通大众有史以来第一次真正成为拥有自主话语权的社会人！

温州动车事件在局部空间和网络空间引起的亿万人的关注告诉人们，网络化时代确实不同于以往任何历史时期。“眼见为实”已非绝对的经验求证方式，而且其与现代社会快速变化的节奏也不合拍。身体在场的“生产经验”和“审美经验”尽管重要，但另一种在“身体缺场”的情况下仍能获得的间接经验——传递性经验在现代社会生活中发挥着越来越重要的作用，成为人们获取信息与知识的主要方式之一，也是人们表达诉求和分享话语权力的重要途径。正如黄少华所言，如果说网络社会与现代工业社会存在差异，那么，这种新社会面貌所凸显的结构性特征，在相当程度上是建基于网络行为的匿名性、互动性、虚拟与现实交织、去中心、平面化和不确定性等一系列全新特性之上的。[①] 这些新的结构性特征在温州动车事件中都得以呈现。

与此同时，温州动车事件的教训向政府提出以下警示：必须用一种崭新的互联网思维面对网络媒体，对网民要做到开诚布公、及时沟通，实事求是、积极对话，否则，遮掩搪塞、虚假宣传，必将欲盖弥彰，甚至形成舆论失控局面，造成难以想象的后果。这是因为，在以自媒体为特征的网络社会，网络媒体、信息权力、话语力量，都具有极强的穿透力和迅速变化的不确定性，网络社会“人人都是记者”，信息已难封锁，真相必须公开，否则不仅能激起大众对“真相情结”的不懈坚持，而且能致使各种谣言漫天飞舞，造成政府的实体权力和

---

① 黄少华．网络空间的社会行为．北京：人民出版社，2008：11.

公信力的严重损伤。

参考文献

1. 曼．社会权力的来源．刘北成，李少军，译．上海：上海人民出版社，2018.

2. 吉登斯．社会的构成．李康，李猛，译．北京：三联书店，1998.

3. 卡斯特．认同的力量．2 版．曹荣湘，译．北京：社会科学文献出版社，2006.

4. 杜威．确定性的寻求．傅统先，译．上海：上海人民出版社，2004.

5. 福山．大分裂：人类本性与社会秩序的重建．刘榜离，等译．北京：中国社会科学出版社，2002.

6. 费孝通．乡土中国 生育制度．北京：北京大学出版社，1998.

7. 凡勃伦．有闲阶级论．蔡受百，译．北京：商务印书馆，1964.

8. 吉登斯．超越左与右：激进政治的未来．李惠斌，杨雪冬，译．北京：社会科学文献出版社，2000.

9. 卡斯特．网络社会的崛起．夏铸九，王志弘，等译．北京：社会科学文献出版社，2006.

10. 贝克．风险社会．何博文，译．南京：译林出版社，2004.

11. 马克思恩格斯文集：第 1 卷．中央编译局，编译．北京：人民出版社，2009.

12. 诺斯．制度、制度变迁与经济绩效．杭行，译．上海：格致

出版社，2009.

13. 诺斯．理解经济变迁过程．钟正生，邢华，等译．北京：中国人民大学出版社，2008.

14. 鲍曼．流动的现代性．欧阳景根，译．北京：中国人民大学出版社，2018.

15. 鲍小东，史秋娟．媒体回溯温州动车追尾事故及救援过程．(2011-07-29)［2019-03-22］．http：//news. sina. com. cn/c/sd/2011-07-29/104122899440. shtml.

16. 张瑞静．在博弈中双赢：微博与传统主流媒体．济南大学学报，2011（6）．

17. 黄少华．网络空间的社会行为．北京：人民出版社，2008.

第三篇

网络社会的基础与演化

中国网络社会的发展不仅获得了网络技术快速发展创新的支持，而且还形成了充满生机、迅速成长的网络经济基础。网络经济不仅对传统实体经济形成了尖锐挑战，而且也以其灵活多样的崭新形式同实体经济发生了综合。网络经济是网络社会的经济基础，而网络群体则是网络社会的基本形式。形式多样、内容丰富的网络群体形式，同传统文化发生了密切联系。注重熟悉关系、善于感性表达和乐于人际交往的文化传统，在网络交往中得到了充分发挥，中国网络社会由此而呈现了一种感性化的演化趋势。网络社会的现实基础和网络群体、网络交往的崭新形势，为社会治理提出了很多新问题和新挑战。如何适应网络社会的新变化，如何符合实际地开展有助于社会健康发展的治理创新，是网络社会崛起提出的重要课题。

第七章　网络经济中的交易行为

网络社会的快速而大规模崛起，不仅表现在人们的社会交往方式和群体联系中，而且表现在各种层面的经济生活中，整个社会不可阻挡地同互联网交织在一起了。从阿里、京东、亚马逊等网络购物平台，到无所不能的微信支付，特别是神通广大的“互联网+”，几乎经济生活的每一个领域、每一个角落都已被互联网势不可挡地贯穿了。从经济社会学的视角考察网络经济，首先发现在日常消费行为中，诸如网络外卖等网络营销行为，已经给实体经济带来了严重的冲击；而在1亿多股民参与的股市网络交易中，变化就更为复杂，操作便捷的网络技术和扑面而来的海量信息，不仅改变了股民的交易方式，而且难以预测的不确定性也带来了风险，改变了交易秩序；面对海量信息的供应，传统经济学的理性选择理论遭遇了严峻的挑战，引发人们对不确定状态下的非理性预期和模仿从众的感性选择的进一步思考。

一、挑战实体经济的网络外卖

互联网在中国社会已经实现了广泛应用，不仅有8亿多网民利用互联网开展了十分活跃的网络活动，提高了社会交往频率，创新了社会群体形式，使社会生活呈现了崭新的面貌，而且互联网已经“+”上了各行各业，企业经营和市场活动也呈现了许多新的面貌和生机，提高了社会效率和经济效益，进一步加剧了经济社会生活的时空压缩。在面对这些变化的同时，还应当看到，互联网的广泛应用还引起了经济社会的时空扩展，这为时空压缩展开了更加广阔的范围，如何在时空扩展中应对时空压缩，是当代中国经济社会面临的重大机遇和严峻挑战。我们首先以餐饮业的网络外卖为例，对这个问题做一些初步探索。

（一）网络时空的压缩与扩展

网络外卖是近几年十分火热的商业现象，尤其是穿梭于城市大街小巷的餐饮外卖，已经成为人们有目共睹、随处可见的餐饮营销行为。蓬勃兴起的网络外卖引起了不同的社会反应：交通管理部门对运载外卖的难以计数的电动车感到十分麻烦，商业实体店认为应当严厉限制网络外卖，因为它已经给实体店的经营带来了严重冲击。但从经济社会的长远发展来看，网络外卖的兴旺，却适应了网络化条件下经济社会发展的新形势和新要求，不仅是时空扩展对时空压缩的回应，而且还是在时空扩展中追求更进一步的时空压缩。

哈维对时空压缩做了十分丰富的论述，在他看来，自文艺复兴运动以来，西方社会在其推进现代化的进程以及 20 世纪的后工业社会变迁中，社会的时空压缩就一直在进行着。但在不同的历史进程和历史条件下，时空压缩的作用对象和表现形式也不同。在 20 世纪 60 年代以前的工业化或现代化进程中，时空压缩主要表现为用时间改变空间，亦即通过提高工作效率、推进技术革新和加强社会控制等手段来加快现代化进程，并在这个现代化的时间进程中改变原来以多样性、个别性而存在的空间差异性，实现了用现代化的时间进程消灭非现代化的空间存在的追求。而这种追求的最后形式是福特管理制度。

哈维指出："福特相信，新的社会只有通过适当运用企业力量才可能建立起来，每天 5 美元、工作 8 小时的目的仅仅是部分地保证工人遵循使高生产率的装配线系统运转所要求的纪律。它同时也意味着向工人们提供充分的收入和闲暇时间，为的是要消费企业将以更为巨大的数量大批生产出来的产品。"① 简言之，福特制度追求的是，通过企业的集中组织形式，对工人实行严格的纪律管理，一切目的都在于生产更多的物质产品。实际上，福特制度的这些目标，也是贯穿在整个资本主义工业化过程之中的，只不过在福特制度中变得更加精细化和理性化了。

到 20 世纪 60 年代后期，以美国为代表的西方发达资本主义国家，开始了从工业社会向后工业社会的转变，而在文化上也就是从现

---

① 哈维．后现代的状况：对文化变迁之缘起的探究．阎嘉，译．北京：商务印书馆，2013：385.

代主义向后现代主义的转变。在这种转变中，资本主义社会的时空压缩展开了新的内容和新的形式。“‘灵活积累’，标志着与福特主义的刻板的直接对抗。它依靠劳动过程、劳动力市场、产品和消费模式有关的灵活性。作为其特征的是出现了全新的生产部门、提供金融服务的各种新方式、新的市场，首要的是商业、技术和组织创新得到了极大强化的比率”①。哈维所论述的这种变化，也就是丹尼尔·贝尔论述的后工业社会的来临。

正是以第三产业替代第二产业主体地位的后工业社会的到来，使资本主义世界的产业结构、劳动过程、消费模式、市场关系和社会组织形式等各方面都发生了深刻变化。以福特制为代表的用集中、严格、统一、理性的原则管理企业与社会，进而实现工业社会效率、保证物质产品高效生产的那套时空压缩方式已经不合时宜了，代之而起的是具有多样性、灵活性、个性化的新的时空压缩形式。“自1960年代以来西方资本主义时空压缩的强度，以及它在政治、私人和社会领域过多的短暂性与分裂的所有一致的特点，看来的确表明了一种体验的语境，它使后现代的状况变得有点特殊。”② 哈维论述了后工业社会来临以后时空压缩的很多新特点，其中主要有灵活性、特殊性、即时性和多样性，增强了空间存在的差异性、不确定性和风险性，并进而引发了关于空间权利的争夺与冲突。③

① 哈维. 后现代的状况：对文化变迁之缘起的探究. 阎嘉，译. 北京：商务印书馆，2013：191.

② 同①385.

③ 哈维. 叛逆的城市：从城市权利到城市革命. 叶齐茂，倪晓晖，译. 北京：商务印书馆，2014：24-26.

应当指出的是，虽然哈维明确地揭示了后工业社会来临后时空压缩的一些新特点，但他对后工业社会最重要的变化——信息化和网络化的形成与发展却重视不够，并由此而存在单纯强调时空压缩而轻视时空扩展的偏颇。事实上，哈维论述的1960年前后发生的新型时空压缩过程，同丹尼尔·贝尔论述的后工业社会、信息社会和卡斯特论述的网络社会、吉登斯论述的不确定性的高风险社会等，都是同一个历史过程。在这个历史过程中，不仅发生了大规模的城市化，第三产业崛起为主体产业，社会生活个性化、多元化发展，偶然性的不确定性因素大幅增加等一系列崭新变化，而且还出现了计算机、互联网和移动通信等新媒体技术，使信息社会、网络社会发展为社会的基本构成，社会时空在新的压缩中发生了深刻的扩展。

卡斯特对信息化和网络化条件下的时空扩展做了大量论述，并提出了别具新意的“流动空间”概念。他指出：“我们的社会是环绕着流动而建构起来的：资本流动、信息流动、技术流动、组织性互动的流动、影像、声音和象征的流动。流动不仅是社会组织里的一个要素而已：流动是支配了我们的经济、政治与象征生活之过程的表现”①。所谓流动空间就是网络化和信息化的社会空间，它既可以是在场的社会行动或社会群体网络化后形成的动态变化的空间，也可以是缺场的或脱域的在实体空间之上的“虚拟的现实空间”。而无论是哪种形式的流动空间，都表明社会生活在网络化的推动下实现了空间扩展，通过信息流动和网络交往，在实体社会之中和实体社会之上又形成了一

① 卡斯特．网络社会的崛起．夏铸九，王志弘，等译．北京：社会科学文献出版社，2006：383.

个与“地方空间”不同的网络空间。

卡斯特对网络化条件下的时间变化也做了令人深思的论述。在他看来，网络化条件下，流动的空间已经重组了时间，社会的时间过程和人们的时间意识都已经发生了用机械钟无法计量的变化，出现了“无时间之时间”。这种无法计量的时间，“与所有的历史变革一样，一个新的社会结构的出现是与对我们的存在、时间和空间的物质基础进行重新定义相联系的。与以前的形式共存的同时，时间和空间出现的两种社会形式是以网络社会为特征的。它们是流动的空间……网络社会中多数支配性功能（金融市场、跨国生产网络、媒体网络、全球管理的网络化形式、全球的社会运动），都是围绕流动空间进行组织的。”[①] 卡斯特论述的这些“无时间之时间”现象，既是网络化导致的社会生活节奏加快而发生的新的时间压缩，也是网络化导致的时间弹性化、时间多样化、时间的延伸与扩展。

总之，在网络化条件下，当代社会的时空压缩已经呈现了更加复杂的形势，它已经不仅表现为20世纪六七十年代后工业社会来临之际呈现的加速、聚集和灵活，而且还表现为弹性、延伸和扩展。因此，在网络化和信息化的推动下，当代社会时空已经呈现了压缩与扩展的双向变化。时空压缩增加了社会的变化速度与密度、加大了社会的内部压力与紧张，而时空扩展则拓宽了社会的外部范围、延伸了社会变化的展开过程，为释放内部压力开拓了通道与场所。

（二）压缩与扩展中的网络外卖

哈维和卡斯特所论述的时空压缩与时空扩展，在大规模网络化的

① 卡斯特．网络社会：跨文化的视角．周凯，译．北京：社会科学文献出版社，2009：40.

当代中国社会有更为复杂、更为充分的表现。一方面，当代中国社会在改革开放和市场经济的推动下，社会运行的速度和变化的节奏得到了难以描述的提高，本来就因为人口众多、资源紧缺而存在的内部压力变得更加巨大；另一方面，在较短时间内实现的大规模城市化，既增加了城市空间的密度也加剧了城市空间的紧张，中心城市房地产价格翻倍地上涨，十分明确地表明空间资源的紧张程度。在这两方面的时空压缩的同时，8亿多人口成为网民，说明超过半数的中国人已经进入了网络空间，他们的观念时空和交往时空都已经大幅扩展。特别是在北京、上海、广州和深圳这些超大城市中，网民已占城市人口70％以上，时空扩展情况就更为明显。

正是在这种新形势下，中心城市的商业既迎来了时空压缩产生的前所未有的巨大压力，也迎来了时空扩展带来的千载难逢的重要机遇。从时空压缩来看，虽然城市规模扩大、人口密度增加和社会运行速度加快，这些变化可以为商业经营提高需求、扩大销售提供机会，但在快速膨胀的城市化进程中，不仅时间变得更加紧张，而且空间也变得日益珍贵。房地产价格十几倍地上涨，导致了商场租金的大幅上调，以致经营成本变得难以承受。同时，正是因为密度增加、压缩加大，对商业的需求也不断提高，反应敏感的商人们纷纷向时空压缩不断增加的中心城市聚集，既导致了商业竞争加剧，也抬升了商业租金的价格。

尤其是那些对于社会时空条件要求较高的餐饮业，面临着更为艰难的处境。为了增加销售、提高利润，餐饮业一定要选择人口稠密、繁华热闹亦即时空压缩较大的地段开展经营，而这些地方也正是时间成本极高、空间价格昂贵的地段，这种营销机会和时空成本的矛盾，把餐饮业带入了进退两难的困境。然而，一些敏感的商人在机会与成本的矛盾中发现了一条新路，利用互联网拓展的时空途径，突破商业经营的时空压缩，在扩展中寻找新的生机——开展网络外卖。

餐饮外卖指的是餐饮行业的饮食外送服务。最初人们通过打电话的方式来进行外卖的订餐，随着网络技术的快速发展和手机、电脑的不断普及，网络外卖已成为人们更加青睐的餐饮消费方式。网络订餐模式最早发源于欧美，随着互联网思维浪潮的掀起，O2O 电子商务模式进入高速发展的阶段，中国的餐饮业也积极加入到这种全新的营销模式中，形成了网络外卖的庞大市场。目前中国互联网餐饮外卖市场基本形成了以“饿了么”① 和“美团外卖”为第一梯队、以“百度外卖”和“口碑外卖”为第二梯队的市场现状，其中“饿了么”以 47.03％的市场份额居于第一位，“美团外卖”以 42.78％的市场份额居于第二位。

易观智库的《中国互联网餐饮外卖市场年度报告 2016》的数据显示，2015 年中国网络外卖的市场规模已达到 457.8 亿元人民币，同比增长 201.1％。庞大的市场需求使得外卖平台层出不穷，目前逾 10 家第三方外卖企业已获得多轮融资，其中“饿了么”于 2015 年 12 月获得阿里 12.5 亿美元的投资，估值达到 45 亿美元，其他外卖项目也获得了数千万到上亿人民币的投资。

自网络外卖兴起以来，使用互联网进行网上订餐的用户数不断增

① 2018 年 4 月，饿了么被阿里巴巴全资收购。

多，呈现出稳定增长的态势：在 2015 年 1 月份使用互联网订餐饮外卖的人数为1 522.11 万人，到年终 12 月时使用人数已增长至 2 275.35万人，年度增幅高达 49%。易观智库的“2015 年中国互联网餐饮外卖各细分市场交易份额”数据分析显示，网络外卖的使用群体中，学生校园市场份额占比达 30.52%，白领商务市场份额占比达 62.99%，生活社区市场交易份额占比达 6.49%。由此可见，学生和白领用户是网络外卖的主要用户群体。

网络外卖之所以能够如此迅猛地发展，与其自身所具有的特点、优势密不可分。对于消费者和商家而言，网络外卖在降低时空成本和信息交互传递等方面，都具有无可比拟的优越性。在降低时空成本方面，网络外卖可以减少商家的空间成本：由于外卖客户不需在餐厅内就餐，这为商家节约了一定的餐厅使用空间，由此可以降低对餐厅营业面积的需求，使得商家可以租用较小的店面，以此来节约所需支付的空间成本，降低运营的费用，从而增加商家的竞争力，同时还可以避免由于空间上的限制而造成的客户资源流失；对于消费者而言，使用网络外卖能够节约就餐时所需消耗的时空成本：由于网络外卖过程中包含有送餐的服务环节，因此顾客在订餐后只需在指定的地点等待餐饮的送达，而无须亲自往返于餐厅进行就餐，由此可以免除或降低用餐者进行空间位置移动所需的时间成本，并且消费者可以随时随地进行订餐，而不受时间和空间上的限制。

在信息交互传递方面，商家和消费者可以利用网络外卖平台来方便快捷地发布和接收信息：餐饮企业可以利用网络信息传播的迅捷性和广泛性来扩大宣传的影响力，能够及时地发布优惠、促销的信息，同时还可以通过顾客的信息反馈更加准确地了解、掌握消费者的心理和需求，以便能够提供更好的服务；消费者可以通过网络外卖平台，更加直观、快捷地获得商家的各方面餐饮信息，同时丰富的餐饮信息资源使得消费者能够更方便地进行商家的对比、比较，便于客户更好地做出用餐选择。

网络外卖是由用户进行线上下单与餐饮的线下制作、配送两个紧密联结的过程构成，其中线上部分提供了餐饮信息的展示渠道，线下配送完成了就餐的时空跨越。人们在进行网络外卖下单时，可以通过使用电脑来登录外卖平台的网站进行搜索下单，也可以使用在手机中下载的相应外卖 App 来订餐，或者通过关注微信平台中的外卖商家公众号来进入点餐的界面。在订餐界面中，我们可以看到各个商家店铺的信息以及每个店铺中不同种类食品的图片展示，这些信息均以一定的标准进行排列，如按照距离的远近、价格的高低等顺序，呈现在用户的面前，用户只需按照一定的流程进行选择、填写，便可完成整个订餐的过程。

在使用网络外卖平台的过程中，人们主要会对以下几个方面的信息进行关注：地理信息、时间信息、饮食信息、商家信息等。在网上订餐过程中，地理信息是一个非常重要的考虑要素，用户首先要关注自己所处的地理位置，进行“自我定位”，其次要考虑所选定的商家位置与自己的相对距离，一般情况下商家的配送范围都在一定的距离之内；由于用户与商家之间所存在的相对距离，以及受到交通状况、交通工具等不同的影响，各个商家进行送餐时所需的时间会有所不同，同时用户还可以根据自己的需要自由地选择送餐的时间。

在网络外卖平台中，人们可以浏览到不同餐厅中的各种饮食信息，也可以对同类的餐饮进行更方便的对比、比较，能够对食品的种类以及价格信息等进行更全面的了解、掌握，使人们在用餐时可以做出更多的选择，而且也可以在同一时间品尝到不同餐厅的菜肴；同时人们在平台上可以获得关于商家的各种信息介绍，可以了解到商家的类别、销量、好评度、送餐速度等信息，也可以了解到不同商家的起送价、配送费的具体标准，同时能够非常方便快捷地获得各种店家优惠活动的信息。

网络外卖的线上展示提供了各种商家进行信息发布和信息传播的平台，拓展了消费者用餐选择的空间，但是真正能够使订餐者实现“足不出户”即可遍尝各种美食的，还是网络外卖的线下配送功能，它帮助人们实现在时间和空间上的跨越。网络外卖的线下过程是从商家接收到顾客的线上订餐请求开始的，对应着平台用户的订餐界面，平台上的商家使用的是外卖平台的商家客户端，当有用户在特定的商家下单点餐时，对应的商家客户端会有相应的提示，商家需将订单中所点的菜单进行打印；在接到一笔订单后，商家会根据用户要求的配送时间来决定何时开始进行订单中的菜品的烹制，在烹制完成后还需要对订制的餐饮使用相应的容器进行包装，以便能够进行派送；当将打包好的餐饮交给外卖配送人员时，需要使配送人员清楚了解送餐的时间、地点以及客户的联系方式等信息，配送人员在配送的途中需要充分考虑到不同送餐地点之间的先后顺序安排、配送路线的合理选择以及交通状况的影响等要素，以确保各单外卖能够按时送达，并尽可能地节约外卖配送过程所需的时间；当外卖送达时，订餐者进行订单核对签收，享用美食并进行网上评价，以此完成网上订餐的全部流程。

（三）网络外卖的“互联网+”效应

网络外卖既是饭店通过配送员把饭菜送到广大消费者面前、实现向外销售的“走出”过程，也是散居四面八方的消费者通过互联网了解饭店饭菜品种、价格和配送时间的“请入”过程，这种走出与请入的双向统一压缩了销售与消费的时间过程与空间间隔，节省了销售与消费的时空成本，提高了经营与生活的效率。网络外卖是“互联网+”效应在餐饮业中的重要表现，也是餐饮业突破传统经营模式，在一定程度上摆脱时空限制的困境，获得新的发展空间的重要途径。

如前所述，对于餐饮经营和餐饮消费而言都存在的一个共同限制，是时间过程和空间位置问题。一方面，餐饮经营者会因为餐饮消费时间集中和空间位置有限而遇到扩大销量、提高效益等方面的困难，并且，传统餐饮经营得越好，越受到消费者的欢迎，遇到的消费时间集中和空间位置有限的困难越大。一个顾客较多的饭店，顾客通常是在午饭时间和晚饭时间集中聚来，又大致在同一个时间段同时散去。特别在顾客盈门之时，不仅座位紧张、空间拥挤，而且前台和后厨的服务也变得十分繁忙，有限空间中的时间节奏骤然加快。

另一方面，消费者的饮食时间是视其作息时间和生理需求而定的，因为工作或其他原因必须去饭店吃饭的人们，一定会在相对集中的时间来到空间有限的饭店。并且出于性价比的考虑，人们又往往愿意到比较火爆的饭店消费，这就进一步强化了消费时间和消费空间的限制与困难。在中心城市、繁华地段，尤其在旅游景点或旅游旺季，消费者在饭店门前排队等待，不仅感到空间环境的拥挤不堪，而且对时间消耗在令人心烦的等待中而感到焦急不安。

网络外卖改变了这种餐饮困境，不仅北、上、广、深这些超大城市中有很多网络饭店蜂拥而起，甚至一些传统饭店也开始提供网络外卖，而且一些中小城市的网络外卖也很热闹。每到午饭和晚饭时间，配送员们骑着电动车走街串巷，把一盒盒饭菜送到了在不同位置中的消费者手里。看着穿梭往来的配送员及其电动车后面驮着的饭菜箱，似乎看到了一种新型的饭店，一种行走在大街上、带着饭菜走进千楼百巷的“互联网＋饭店”。

配送员把饭盒送到消费者面前，这是突破饭店的空间限制而实现的空间扩展，但仍然是在实地空间中的营销行为或在场空间的扩展经营。而把消费者吸引到饭店的网页上，引起消费者对网络配送饭菜的兴趣和消费欲望，却是经营者和消费者都不在场的缺场活动。进一步说，饭店的网络展示和消费者的网络搜寻、网络选择，都是一种身体不在场、面目不呈现出来的缺场行为，是“虚拟空间”中的网络交流和信息沟通行为。

网络经营和网络消费的实现是通过在场行为完成的，但一定是以网络展示和网络搜寻为前提的。因此，网络外卖是网络化发展和信息化提升的结果。网络外卖的走出与请入，实现了线下与线上、现实与虚拟、在场与缺场的结合。

网络外卖具有十分明显的时空效应。虽然同希尔顿、万豪、香格里拉等高耸入云的大酒店相比，网络外卖的配送员就像匍匐在地面上的蚂蚁。然而，正是这些被大酒店不屑一顾的配送员们，撼动了传统饭店经营乃至各种商业经营的根基，因为他们实现了传统经营无法实现的时间加速和空间扩展。

从时间加速看，经营者和消费者在网络外卖中都赢得了这个效应。开展网络外卖的饭店可以根据网络订餐情况，预先准备好消费者需要的餐饮，在午餐或晚餐时间段迅速送给消费者，不仅避免了消费者集中到饭店就餐造成的无法应对的困难，而且增加了单位时间的交易量和获利额度，进而提高了时间效率。至于消费者接受网络外卖的时间加速就更加明显，配送员按预约时间送餐上门，免去了消费者从家里或办公场所去饭店的往返路程时间，节省了到饭店的排队候餐时间，仅这些就已经使消费者在时间效率上明显获益。

网络外卖使经营者和消费者的时间效率提高，是哈维论述的时空压缩现象的表现之一。哈维所论述的时空压缩，主要表现为时间加速和空间密集，而网络外卖不仅加速了经营者和消费者的时间利用、提高了时间效率，而且还提高了饭店有限的单位空间的产值效益，也可以看作是一种空间密集效应。并且，从餐饮食物的准备与送递看，空间密集效应就更加明显。从事网络外卖的饭店可以在有限的空间中准备成百上千份餐饮，并在较短时间内发给配送员，这是传统饭店无法做到的事情。

网络外卖还实现了餐饮业的大规模时空扩展。网络外卖是在在场空间和缺场空间中同时展开的，这本身就是一种只有通过互联网才能有效实现的时空扩展。一方面，消费者通过互联网实现了网络选择、网络预约和网络交易，在有限的时间中展开了广阔的餐饮空间视野和空间选择；另一方面，经营者超出了传统餐馆的有限就餐空间，他们把饭店的经营空间扩大到了数百米甚至数千米的空间范围，这是规模再大的传统饭店也无法与之相比的经营空间。特别是，网络展示、网络预约和网络交易，这些缺场空间中的经营活动，更是传统饭店从未进入的一片崭新天地。

网络外卖的蓬勃兴起也带来了一些新的问题，它不仅对那些还没有网络意识、固守传统经营模式的饭店来说是一个日益强烈的挑战，而且也为本来就拥挤不堪的城市交通带来了更大的压力。2016 年深圳市禁限摩托车和电动车的举措，可能与网络外卖的快速兴起、成千上万的外卖电动车涌上街头给城市交通增加新的压力有关。但是，无论网络外卖遇到什么样的问题，在信息化、网络化和城市化加快的新形势下，它一定是具有强大生命力的经营形式，并且不仅仅是网络饭店，而且其他网络商店也开始了网络外卖。而京东商城、亚马逊、天猫等大型网络公司或电子商务公司，早就通过网络外卖取得了辉煌业绩。

事实上，在餐饮业之外，其他领域的网络外卖也大规模地展开了。例如，近年来网络教育开始引人注目，央广网北京 2016 年 3 月 27 日消息，据中国之声《新闻纵横》报道，“一小时收入 18 842 元，在线辅导教师收入超网红?”在微信朋友圈里，有人晒出了一张在线辅导老师王羽的课程清单，2 617名学生购买了一节单价 9 元的高中物理在线直播课，扣除 20%的在线平台分成后，王羽老师一小时的实际收入高达 18 842 元，这个薪资甚至超过当下火热的网络女主播。有微信说，王羽开设的 7 节课，听课总人数达到 9 479 人，在线教育平台扣除 20%分成，课程收入约 8.4 万元。王羽的课程网络外卖效益，几乎是一个普通学校教师一年的收入。

受餐饮网络外卖和教育网络外卖的刺激，最近已经有很多人开始思考如何大力推进医疗、养老、旅游甚至办理出国手续的网络外卖，并且，已经有很多敏感者在行动了。从眼下的趋势看，凡是社会需求大，受经营时空限制较强，可以送货上门、服务上门的经营，都可以开展网络外卖。这不仅是因为互联网已经走进亿万城市居民的家中，掌握在他们随时使用的手机中，而且还因为扩展势头不见衰减的大规模城市化，日益严重地加剧城市时空的紧张程度。面临这种新形势，经营者和消费者都需要展开时空压缩与时空扩展的双向转变，只有这样才能获得稳定的效益和方便的生活。

网络外卖必将迎来在更多领域以更多形式的更大规模发展。网络外卖是互联网时代或信息化时代的新生事物，根据辩证法原理，新生事物诞生之初不仅会表现出旺盛的活力，而且还常常存在一些需要不断调整的问题。活力与发展是新生事物的本质特点，而某些问题则是前进和发展中的不足，应当在看到网络外卖大规模发展成为必然趋势的前提下，支持和保护新生事物，既要对网络外卖实行有效监管，促进形形色色的网络外卖实现规范化，也要为它们的健康发展创造必要的条件。

二、网络化的股市交易行为

2007 年和 2015 年，中国股市发生了两次剧烈震荡，很多学者从制度安排和宏观经济形势对股市的影响等方面，对这两场后果严重的股灾做了深入反思，其中不乏真知灼见。然而，学界对股市交易网络化在这两场股灾中的特殊影响，却没有予以足够的重视，关于这方面的研究成果也不多见。在笔者看来，股市交易网络化，是这两场股灾比以前几次股市动荡表现得更为严重的首要因素。因为股市交易网络化直接表现为广大股民交易行为的广泛变化，不仅是交易行为和交易场所的变化，而且还涉及交易队伍、信息传播、经验传递和交易风险的变化，进而导致了股票市场交易秩序的网络化变迁。

（一）交易行为的网络化转变

股票交易网络化的最明显表现是：股民交易行为发生了从股票大厅交易到个人微机交易和手机交易的变化。《钱江晚报》有一篇文章，比较清楚地反映了股票市场网络化的变化。这篇文章介绍了一位“骨灰级”股民李伟的亲身经历。

> 我曾经挤两天两夜的火车，赶去深圳买认购证；杭州能买卖股票了，我天天去平海路那里的营业部填单子，排队交易，追得慢了买不到，逃不及时就得套牢；后来，散户大厅里有了股票交易机，打个电话能委托交易，炒股终于不必东奔西走；再往后，网上交易出现了，在家也能炒股，连营业部都不必去了；如今，手机也能炒股，出差在外也不怕错过行情，你说神奇不神奇？[①]

李伟叙述的股票交易方式变化的经历，是大部分股民很熟悉的变化过程。深沪股市在20世纪90年代初期建立之时，股民们都是在证券营业部买卖股票的。每个证券营业部都有面积较大的股票大厅，少则几十人，多则几百甚至上千的股民们，在股票大厅中仰望着悬挂在

① 赵路．股民炒股八年四大变 手机炒股或将成主流．钱江晚报，2009－12－30．

高处的显示着股市行情的屏幕，填写交易单，然后由交易员下单买卖股票。开市前、午休和闭市后，股民们聚集成群地交流一天的交易心得。几乎每天都有一些战绩显著的大户发表引人围观的演讲，有获利兴奋者，也有赔钱沮丧者，形形色色、熙熙攘攘，十分热闹。

后来，随着微机、互联网和移动通信技术的快速发展，越来越多的股民开始在家里或工作间里用微机买卖股票。智能手机流行开来后，很多股民利用手机随时随地在各种场所中买卖股票。越来越多的股民不再去股票大厅了，就连条件较好的大户室、中户室也很少有人光顾了，股票大厅乃至整个证券营业部都逐渐冷清了下来。但这并不意味着股市由此走向了萧条，相反是凭借互联网和移动通信技术，以网络化的形式在更加广阔的空间中走向了新的繁荣。

“排队填单—营业部炒股—网上交易—手机炒股”，大部分像李伟这样的老股民，都经历过这种从在场交易到缺场交易的网络化转变。虽然股市交易一开始就是一种符号化的交易行为，即股民面对的不是实际的上市公司，而是由各种信息呈现出来的上市公司符号，特别是当股价脱离上市公司业绩而上下大幅波动时，股票的符号性就更加突出，从这个意义上说，股市交易从来就有上市公司的缺场性。但从交易行为来看，通过个人微机特别是智能手机开展的股票交易，同在证券营业部的股票交易相比，却发生了一个交易者从在场向缺场的变化。

个人用微机和手机关注股市行情、进行股票交易，虽然也是在特定场所中进行的，但不是在专业化场所和群体关系中进行的。在证券营业部里，无论是大户室、中户室，还是散户大厅，都是股票交易的专业场所，不仅证券营业部有一些指导性、程序性和约束性的规则，而且股民之间也会因为共同的目标在共同的情境中发生直接的互动。身处证券营业部之中的股民们，虽然也会因为股市行情变化受到某种刺激而产生心理和行动上的波动，但证券营业部的专业场所和股民们的群体互动，会对复杂变化的心理和行动起到一些平衡作用。不仅证券营业部能发出一些指导建议，而且股民之间心理和行动的互动也会产生一种急切与迟缓、激进与保守之间的平衡，对稳定交易秩序能起到一定的作用。

而当股民用自己的电脑和手机独自观看股市行情和买卖股票时，专业场所和群体互动的影响没有了，同时出现的是凸显个性的分散化交易。虽然股民也可以利用电脑和手机开展交流沟通，但当股市行情发生快速变化时，股民通常来不及同不在身边的其他股民开展交流沟通后再做买卖股票的决定，更多的情况是为了在迅速变化的股市行情中抓住获利时机，股民们会当机立断地独自做出选择。由于个体交易预期、心理素质、周围环境和行为方式的差异性，这种独立交易行为会给股市带来更多的偶然性和更大的不确定性。

尤其应当看到，利用个体电脑和移动通信开展股市交易，使一大批在各种岗位上的从业人员能够方便地开展股票交易。2007 年是智能手机广泛流行的一年，这一年深沪股市新增股民 3 829.37 万户，比上一年增幅提高 12.29 倍，A 股个人账户由 2006 年的 7 466.75 万户上升为 11 214.76 万户。[①] 也正是 2007 年，深沪股市开始大幅起

① 中国证券登记结算有限责任公司．中国证券登记结算统计年鉴 2014.（2015－05－15）［2019－03－22］. http：//www. chinaclear. cn.

落，上证指数从年初的2 728点急速飙升至历史最高点6 124点，然后又一路下跌，至2008年12月31日跌至1 820点收盘。如果不是智能手机在股市交易上的广泛应用，不可能在很短的时间内A股个人账户能够急剧上升，3 748万新增股民不仅给股市带来了大量增量资金，而且也借助智能手机给股市增加了更大的不确定性。

以职业群体为主的新股民，很少有时间到证券营业部去进行股票交易，同时还有大部分老股民也加入了撤离证券营业部利用手机炒股的队伍。几千万通过智能手机观看股市行情、进行股票交易的股民们，分散在不同的工作岗位上或各自的家庭中，他们无法接受证券专业人士的现场指导，也无法形成同其他股民的直接互动。他们只能通过手机浏览证券市场传来的不断变化且往往相互矛盾的信息，进行根据不够充分的行情判断和交易操作。灵活便捷的手机操作，助长了随意性很强的股票交易，股市的风险在股民的不确定性操作中成倍地增长放大。

（二）网络化中的交易风险

像其他交易行为一样，股市交易也要依赖于对信息的获得与分析。在中国股市大规模网络化之前，或者说在智能手机被应用于股市交易之前，中国股市素有消息市之称。无论是大户室或中户室，还是人满为患的交易大厅，也无论是开市之前还是交易之中以及收市之后，股民们最关心的是证券消息的获得。股民们每天不仅关心三大证券报发布的各种公开的消息，而且还焦渴地四处打听各种小道消息。证券咨询业变得异常兴旺，名目繁多的证券咨询机构雨后春笋般地冒了出来，以有偿服务兜售各种号称来自特殊通道的但真假难辨的消息。

在股市交易大规模网络化之后，股民对消息的焦渴性依赖逐渐发生了变化。股民可以通过移动通信十分便捷地获得各种股市信息，既可以看到官方机构或官方媒体发布的各种正道消息，也可以通过QQ、微博、微信接收各种小道消息，并且通过结成QQ群、微博群、微信群，接收和传递来自不同途径的消息，形成十分活跃的群体互动。这种变化改变了股民只有从消息灵通人士那里才能获得有效信息的状况，几乎每一个善于浏览网上信息的股民都成了消息灵通人士。

概而言之，个体计算机、智能手机和互联网在股市中的广泛应用，改变了股民证券信息的信息来源、接收通道和传播途径。这些新媒体技术把海量信息传送给广大股民，股民不再如饥似渴地收集各种股市信息，而是考虑如何对扑面而来、目不暇接的股市信息做出分析判断。于是，股民面对的不是紧缺信息的获得匮乏，而是对海量信息的判断匮乏。铺天盖地的信息往往互相排斥地呈现在网络媒体中，没等对已获信息做出真伪是非的清楚分析，又有一些可能对股市行情产生影响的信息接踵而来。莫说分散在各种角落中的个体股民，就是专门从事股市资讯经营的团体或机构，也难以做出准确无误的判断。

自2007年以来，不仅一个又一个曾经呼风唤雨的“股神”被股民们抛弃，而且还有很多风光一时的咨询机构也走向了衰落。这不是以前的信息获得匮乏所导致的结果，而是信息供给过度对那些凭借信息紧缺而获胜者的淹没。这或许是网络化的去中心、平面化效应在股市中的表现，而其对股市交易秩序的影响则具有双刃剑的作用。一方面，股神引领和权威咨询遭到冲击和淡化，使一部分股民从对意见领袖的迷信中摆脱出来，逐渐形成独立从网络中获取信息、独自判断股市行情和开展交易的习惯，股民的理性化程度开始提高，与此同时，股市的整合能力开始减弱；另一方面，在股民交易活动趋向分散化的条件下，海量信息在持股成本、预期目标、知识结构、心理素质、经济实力和计算能力等方面都有很大差异的个体股民面前，形成的刺激与反应是千差万别的，引起的交易行为也是差别很大的。这两方面的影响都会增加股市交易的不确定性和风险性。

股市海量信息供应与个体选择差异性和盲目性的矛盾，可以从哈耶克的知识论中得到一些启发。哈耶克认为，不能过高估计通过理性设计而形成市场稳定秩序的效应。在他看来，市场交易者都是在特定环境中存在的，文化传统、生活经历、心理结构、知识基础和价值取向的差异性，都从不同方面对个体的认识能力、认识过程和认识结果产生限制，通过理性规划而形成共识的可能性是很小的，能持续下去的市场秩序是在人们感性认识支配下的试错行为中自发地扩展而成的。“智力不是文化进化的向导而是它的产物，它主要是以模仿而不是以见识和理性为基础。”① 模仿是感性的学习或认识活动，是介于本能与理性之间的感性能力。② 可以说，哈耶克的这些观点在网络化条件下的股市交易中有更充分的解释力。

传统经济学通常假定，市场交易者在信息充分的条件下，可以根据对信息的明确判断，然后通过理性推论与计算而做出有效的理性选

① 哈耶克．致命的自负．冯克利，胡晋华，等译．北京：中国社会科学出版社，2000：19.

② 同①.

择。事实上，特别是在网络化条件下，信息可以充分供给市场交易者，但有效的理性选择却更加难以实现。产生这种矛盾的首要原因是个体认识能力的限制。“个人或组织在适应未知事物时可以利用的信息，肯定是不完整的，它们是由一些信号（譬如价格）经过环环相扣的众多个人来传播的，每个人都以不同的组合方式，传递着抽象的市场信号流。”① 哈耶克认为，人们的认识活动因为主观能力和客观条件的差异性而表现出丰富多样的个别性。个体认识的个别性规定了个体知识的分立性。而分立性知识一方面表现为个体知识的感性特点，即通常不是进入理性计算和逻辑推论过程，而是处于感性的试错行为和模仿从众过程；另一方面表现为个体对理性逻辑和理性规划的无知，但不是纯粹的不认识，而是难以上升到理论层面去认识。

网络化条件下的信息海量供应，也是个体理性选择难以实现的主要原因之一。在信息供应相对不足甚至匮乏的条件下，个体或许能够对得到的信息在有限的时间里做出比较明确的鉴别与分析。实际上，传统经济学关于以信息充分供应为基础的理性选择的假定，是在信息供应相对不足或匮乏的条件下提出的，这个假定已经不适应海量信息供应的新形势了。在海量信息像洪水般地涌出，而且大量信息是相互对立、相互否定的，同时急迫地需要交易者对这些一时找不到来源和根据并处于不断更新变化中的信息做出是非判断时，这是难以做到的，而以之为基础的理性选择也就更无法实现了。

特别重要的是，海量信息在网络运行中获得了自在、自立、自我

---

① 哈耶克．致命的自负．冯克利，胡晋华，等译．北京：中国社会科学出版社，2000：85.

膨胀的需求与机制。虽然从归根结底的意义上说，信息无论海量到什么程度，其生成与演变的根据都在于现实生活，但在网络化条件下，信息的制造、复制、编辑、传递、更新与覆盖，具有了并非必须依靠事实才能进行的要求和空间。信息本身不仅就是事实，而且还是资源与权力，并且在信息社会或知识经济时代，信息已经成为增值能力最强的资源和制约幅度最广的权力，为了掌控信息资源与信息权力，信息的制造者、占有者和传递者，都在千方百计地编制、占有和利用信息。面对这个瞬息万变的信息空间，分散的个体不仅难以找到理性选择的根据，而且常常被引入无所适从的困境之中。

于是，处于海量信息之中的个体交易者，特别是几经股市波动还想扭亏为盈的失利者，在逐利欲望与选择无助的双重压力下，可能长期处于迷惘、焦虑、警惕、惶恐的心理状态，他们必须时刻保持高度紧张的精神状态，随时出击去应对突如其来的股市风险。稍有风吹草动，手握智能手机的股民必须毫不犹豫地采取即时行动，否则，稍加迟疑，就会像在两次股灾中损失惨重的几十万甚至上百万的股民一样，被淹没在浩瀚的信息海洋或摧毁于残酷的股市交易之中。

（三）传递经验中的蝴蝶效应

网络化条件下的股民，虽然因为个体交易行为的分散性而失去了在证券营业部的在场经验和群体互动，但却通过微机、手机或互联网而获得了更有影响力的传递经验和更具广泛性的网络互动。吉登斯曾依据电视、录像和传真等电子媒体的迅速发展论述了传递经验（mediated experience)。在吉登斯看来，这些不同于传统印刷技术的电子媒体，可以迅速地向人们传送大量的具有影像性的生动信息，在人们的观念中形成印象深刻的丰富体验，并通过电子媒体而连接成动态的可以迅速传递的新经验。[1] 吉登斯在20世纪90年代初期论述的这种传递经验，在21世纪全球性的网络化时代已经获得了大幅扩展，它已经不仅仅是令人们感到新鲜的信息传递经验，而且是在网络社会或信息社会具有基础地位的普遍经验。

与人们在特定场所、身临其境形成的直接经验不同，传递经验是人们通过信息的接收、沟通和传播而形成的间接经验。在以印刷媒体为主要信息接收与传播工具的时代，通过阅读或学习而形成的间接经验，也具有一定的传递性，但在传递速度、扩展幅度和影响力度等方面都与网络化时代的间接经验不可同日而语。网络化时代通过互联网形成的传递经验，虽然就其本质而言是一种间接经验，但由于其光速般的传播、无处不在的辐射、生动形象的影视作用，特别是对现实生活的直接表达，其间接性已经转化为迅速传递、广泛辐射的直接性。

传递经验的直接作用在股市交易中表现得尤为明显。实际上，股民的交易行为同网络中的传递经验经历的都是相同的事物——信息。从这个意义上说，股市交易比实物交易更容易接受传递经验的影响。如果说在实物交易过程中接收到某种传递性经验，交易者可能把间接性的传递经验同自己所面对的实际交易物和交易环境进行对比之后才能做出选择，因为信息同实物毕竟是不同的。但股市交易则不同，无论是股票、股价还是影响股价走势的各种消息，都是信息，股市交易是信息接收、信息分析和信息处理的过程，当交易者接受某种传递经

---

① 吉登斯．现代性与自我认同．赵旭东，方文，译．北京：三联书店，1998：25-29.

验的影响时，无须再经过转换，就直接可以同股市交易紧密联系起来。

正因如此，在日益增多的股民开始用微机和手机进行股票交易后，股市暴涨暴跌也爆发得愈加频繁。尤其在2015年夏季的股灾中，甚至接连发生深沪股市全盘跌停，其中传递经验的负面作用表现得更加明显。尽管导致2015年夏季股灾的因素还有很多，甚至有些因素是更为严重的，但是试想如果没有计算机、智能手机和互联网的便捷途径，股市在瞬间发生暴跌甚至深沪两市同时全盘跌停，这是难以做到的。在论述互联网行为的扩散与传递效应时，人们通常将之比喻为蝴蝶效应，而在2015年股灾中传递经验的蝴蝶效应达到了登峰造极的地步。

在詹姆士和杜威等实用主义者那里，"'经验'是一个詹姆士所谓具有两套意义的字眼。好像它的同类语'生活'和'历史'一样，它不仅包括人们做些什么和遭遇些什么，他们追求什么、爱什么、相信和坚持什么，而且也包括人们是怎样活动和怎样受到反响的，他们怎样操作和遭遇，他们怎样渴望和享受，以及他们观看、信仰和想象的方式——简言之，能经验的过程"①。因此，经验是身体经历和心理体验的统一。但在互联网中生成和扩散的传递经验，则主要是心理过程，是属于感受、信念、渴望和想象等形式的体验，而不是身体的行动。传递经验是身体不在场的脱域性经验，它超越了具体场域的限制，并且超越的不仅是作为地理空间或物理空间的限制，而且还超越

① 杜威．经验与自然．傅统先，译．北京：商务印书馆，1960：8.

了由经济条件、制度体系、文化传统和群体关系等因素所构成的社会空间的限制，它在没有边界的网络空间快速地流动，可以对亿万网民或股民的心理活动产生广泛的影响，并通过对心理体验的传递而产生对身体行动的导引。

笔者曾撰文论述了传递经验在网络化时代的地位提升[①]，而在股市交易中，这种地位提升还伴随着社会风险的加剧。及时监控股市风险，是证券监管机构责无旁贷的责任，监管者也确实为之做了很多努力。然而，由于新兴股票市场存在大量需要严加规范的问题，以至于尽管监管机构制定了很多制度规则，但仍然存在很多监管的薄弱环节。对网络化条件下传递经验的分析监控，就是一个十分明显的薄弱环节。在有1亿多股民参与的中国股票市场，当大部分股民难以对股市信息和股市行情做出正确分析，而常常被某种传递经验煽动或助燃而形成股市的剧烈动荡时，及时澄清事实、疏导心理、抚慰情绪，则成为维护股市交易秩序的重要任务。

还应进一步注意的问题是，股市之中的传递经验同股市之外的传递经验的联动性。不难理解，网络化是触及社会生活各个层面、影响各种领域的社会发展，股市中通过互联网行为而形成的传递经验，完全可以通过便捷的网络途径传递到经济、政治、文化和社会生活的其他领域，形成整个社会系统的传递互动。特别是具有严重风险的传递经验，一旦没有得到及时疏导，大规模地传递到社会其他领域，将会导致社会整体系统的巨大风险。

---

① 刘少杰．网络化时代的社会结构变迁．学术月刊，2012（10）．

同时，社会生活其他领域中形成的实地经验，也可以通过互联网行为转化为传递经验，并传递到股市交易行为中，形成股市外部传递经验同内部传递经验的互动，进而把股市的外部风险转化为股市内部的传递风险。因此，对股市风险的监控，不能单纯注意股市本身的传递经验和传递风险。那种把股市看成股民投机的赌场，对其中的风险蔓延掉以轻心的做法，在网络化时代到来之前，还可以被看作是偏重实体经济而轻视虚拟经济的表现，而在网络社会大规模崛起的今天，还持这种态度对待股市风险，不仅是落后时代的错误认识，而且还有可能导致巨大的社会风险。

三、面对海量信息的预期与选择

人类社会已经进入由互联网和移动通信等新媒体技术支持的信息时代，而这个时代最明显的变化之一是信息的海量供应。海量信息供应不仅改变了传统经济生活的基本前提——信息资源匮乏，而且还彻底挑战了传统经济学的核心理论——理性选择理论。西蒙和卡尼曼等人依据信息的有限性和不确定性批判了完全理性选择理论，阐述了有限理性论和不确定状态下的预期理论，在一定程度上缩短了选择行为研究与生活实际的距离。但是，信息时代的海量信息供应既超越了信息有限性，也导致了更加严重的信息不确定性，西蒙的有限理性论和卡尼曼的直觉预期理论也因此遭遇了严峻挑战。与此同时，与西蒙、卡尼曼的研究以及知觉现象学和感性秩序论有深刻联系的感性选择论凸显了它的重要性。本书提出这些值得深入思考的问题，以期学界开展更深入的探讨。

（一）有限理性论遭遇的挑战

在信息供应不足甚至信息匮乏的状态下，新古典经济学却信心十足地论证了以信息充分获得为前提的理性选择理论。西蒙对此做了明确的概括："传统经济理论假设有'经济人'，'经济人'在'经济'的过程中也是'理性'的，他被假设为具有关于其环境相关方面的知识，这种知识如果不是绝对完全的话，也至少是令人难忘地清晰和丰富；他也被假设为具有良好组织和稳定的偏好系统，以及计算上的技能使他能够在可用的替代性行动过程中，计算其中的哪一个会允许他在偏好大小上达到可获得的高点。"①

新古典经济学之所以能够在信息供应不充分的条件下做出信息供应清晰丰富、行动者可以依据充分信息做出效益最大化选择的假定，其关键在于信息有限供应的限制。正是因为信息供应不充分，有限信息才在行动者面前表现为信息的相对确定性。甚至还有可能因为难以发现更多的其他信息，进而误认为所获信息就是应获信息的全部。新古典经济学或许就是在轻狂的基础上，认为行动者可以依据有限的且相对确定的信息做出比较明确的判断和计算，效益最大化的目标也就被误认为可以达到。

西蒙批判了传统经济学理性选择或理性预期理论的前提，即假定"经济人"掌握了清晰而充分的信息，并且通过理性计算而做出选择、实现效益最大化。西蒙对传统经济学知识论或信息论的前提的批判包含两个方面：一是客观方面，即知识或信息的供应是有限的，但传统

---

① 西蒙．西蒙选集．黄涛，译．北京：首都经贸大学出版社，2002：205.

经济学却认为行动者可以具有“令人难忘地清晰和丰富”的知识；二是主观方面，即行动者处理知识或信息的能力是有限的，但传统经济学却认为行动者能够以稳定的价值倾向去精确地计算和处理不确定的知识和信息，并实现效益最大化追求。

正是基于知识或信息供应的客观有限性和处理知识和信息的主观有限性两个方面的根据，西蒙阐述了有限理性理论。在西蒙看来，被新古典经济学普遍坚持的完全知识或完备信息假定，是脱离实际而应当被替代的。“广义来说，当前面临的任务是将经济人的全局理性替换为另一种理性，这种理性行为和组织（包括人）在其所存在的环境类型中与实际所拥有的对信息的掌握和计算能力相容。”① 在特定环境中掌握的信息和计算信息的能力都是有限的，因此，西蒙把他所主张的理性原则称为有限理性。

西蒙认为自己提出的有限理性源于心理学的过程理性，也就是在行为者的认识活动过程中考察人们的选择行为。在西蒙看来，新古典经济学的完全理性是实质理性。“当行为在给定条件和约束所施加的限制内适于达成给定目标时，行为是实质上理性的。注意，根据这一定义，行为的理性只在一方面取决于行为者，或者说他的目标。给定这些目标，理性行为就完全由行为发生时所处的环境的特征决定。”② 简言之，新古典经济学是根据行为者是否实现了他的选择目标来判断他是否是理性的，即只问结果而不问过程的理性。

与新古典经济学“事后诸葛”的实质理性论不同，源于心理学的

① 西蒙．西蒙选集．黄涛，译．北京：首都经贸大学出版社，2002：206.
② 同①247.

过程理性或有限理性论，从选择行为的起点就关注其形成、发展与变化，并由此而揭示了人类选择行为的有限性。在西蒙从过程理性角度开展的选择行为研究中，可以发现他不仅关注支配人们选择行为的认识过程怎样从注意开始，通过经验观察和信息处理而展开了追求比较满意目标的选择行为，而且还揭示了选择者心理基础和知识结构的限制，分析了认识能力、信息供应和信息处理的有限性，并且论述了选择行为的不确定性。

进一步说，西蒙在其有限理性论中首先强调了行动者接收信息或处理信息的局限性，亦即主要是从行动者的主观局限性的角度分析了理性选择的有限性，进而突破了新古典经济学把行动者看成是全智全能的假定。西蒙也曾提到在选择过程中，可以被行动者有效利用的经济信息是稀缺的，他这样批评完全理性选择理论："在信息非常不完全的复杂局势（也就是，实质上所有现实世界局势）中，行为理论否认没有任何效率会产生，即便是近似的利润或效用的客观最大化。"① 这就意味着，西蒙已经论及信息供应的客观有限性问题。

然而，需要指出的是，西蒙没有明确地分析信息有限或不完全的客观原因。这一点对于本书而言十分重要，因为在信息化或网络化的新形势下，信息有限性或不完全性的状态乃至这个问题的性质都已发生了根本意义上的变化。一般说来，在 20 世纪 70 年代，信息有限性和不完全性的客观原因主要表现在以下几个方面：其一，信息媒介和

① 西蒙．西蒙选集．黄涛，译．北京：首都经贸大学出版社，2002：354.

信息量的有限性；其二，信息传播途径的局限性；其三，信息传播速度的滞后性。时至今日，信息供应和信息传播都已经发生了深刻而广泛的变化，西蒙据以批判新古典经济学的信息有限性和不完全性状态及其产生的原因都应当被重新审视。

信息化和网络化时代，又被称为新媒体时代，不仅出现了移动通信、互联网等新媒体技术，而且还出现了以这些技术为支撑的微信、微博、QQ、短信、网站、网络信息公司等难以列举的媒体形式或媒体机构，媒体中介呈现了多元化、多样化和数字化、网络化的变化。多种多样、灵活轻便的媒体中介把无限丰富的信息源源不断地制造和传播开来，数字化的海量信息在移动通信和互联网中飞速传递着，不仅改变了前信息化时代的信息有限甚至信息匮乏状态，而且光速般的信息传递使信息供应的相对确定性变成了难以把握的信息供应的不确定性。

（二）海量信息供应下的不确定性

长期与西蒙合作的卡尼曼等人对信息供应不确定状态下的预期行为开展了深入研究，卡尼曼因其阐述的“不确定性状况下的预期理论”而获得了2002年度诺贝尔经济学奖。不过，卡尼曼所论述的信息不确定状况，实质是有限信息供应条件下的有限不确定性，它与本书讨论的海量信息供应下的无限不确定性是不同的。这个判断可以从卡尼曼和特沃斯基等人的论述中得出。

在《不确定状况下的判断：启发式和偏差》一书中，卡尼曼和特沃斯基论述了行动者在有限信息的不确定状态下是怎样形成判断或信念的，“许多决策基于不确定事件的可能性的信念……这些信念的决定因素是什么？人们如何估计不确定事件的概率或者不确定量值的数值？”[①] 这就是说，在他们看来，人们在不确定状态下的决策并非都像新古典经济学认为的那样是精致的理性选择，而是依据某种未经计算而形成的信念，这些信念是以不确定事件或不确定信息为根据的，卡尼曼和特沃斯基要揭示这些信念形成的根据和过程。

根据大量的经验研究，卡尼曼和特沃斯基给出的答案是：“这些判断，都基于效度有限的数据或资料，其加工依据启发式规则。”[②] 启发式（heuristics）规则是未经计算和逻辑分析而做出判断的认识规则或感知过程，卡尼曼和特沃斯基论述了三种启发式：代表性（representativeness）、便利性（availability）和调适（adjustments）与初始化（anchoring）。这些启发式“被用于在不确定状况下进行判断……这些启发式，是高度经济的，也常常是有效的，但它们也会导致系统的和可预测的错误”[③]。

在2011年出版的《思考，快与慢》中，卡尼曼把面对不确定状态的启发式研究同关于直觉的研究统一了起来，他说：“阿莫斯和我没有对直觉下准确的定义，只简单说明了判断启发法‘很有用，但有时也会导致严重的系统性误差’。……我们没有自问在面对不确定因素时所有的直觉性判断是否都是通过我们研究的启发法而产生的。不过现在我们知道事实并非如此。专家们的直觉往往很准确，这种准确

① 卡尼曼，斯洛维奇，特沃斯基．不确定状况下的判断：启发式和偏差．方文，吴新利，张擘，等译．北京：中国人民大学出版社，2008：2.

② 同①.

③ 同①.

性与其说是启发法在起作用，还不如说是长期实践的结果。”[①] 这就说明，卡尼曼认为启发法是面对不确定状态的直觉形成的一种途径，而实践则是形成直觉更重要的依据。

卡尼曼指出，具有实践经验并且面对基本有序状态的专家可以凭借直觉做出比较准确的判断。“医生、护士、运动员以及消防员面对的都是复杂但却基本有序的情境。”[②] 因此，他们的直觉判断通常是准确的。同时，卡尼曼还指出，当预测者面对无序性情景时，其直觉判断通常是错误的。“相反，做长期预测的股票投资者以及政治学者是在有效性为零的环境中进行的。他们的失败反映了他们尝试预测的事物基本是不可预见的。”[③] 卡尼曼甚至嘲讽股票市场和政治领域依靠直觉做出预测的专家们，他们“作出的预测还不如扔飞盘的猴子预测得准确”[④]。

以上考察说明，卡尼曼认为，不确定条件下的启发式判断和直觉判断，都是在一定量的有限信息和有序状态的条件下才是有效的。而本书提出的问题是，在海量信息供应条件下，有限信息供应条件下的有序状态已经发生了深刻变化。保守地说，如果行动者在直接面对个别事物时或处于直接接触到的具体场所中，还可以比较清楚地获得关于行动对象相对确定的有限信息，而当行动者面对宏观层面和中观层面的事物时，诸如股票市场的走势、经济形势的变化、政治格局的演

① 卡尼曼，斯洛维奇，特沃斯基．不确定状况下的判断：启发式和偏差．方文，吴新利，张擘，等译．北京：中国人民大学出版社，2008：XX．

② 卡尼曼．思考，快与慢．胡晓娇，李爱民，何梦莹，译．北京：中信出版社，2012：216．

③ 同②217．

④ 同②198．

变以及较大规模的群体事件等，变化莫测的海量信息则把行动者带入一个变动不居的严重不确定状态之中。

特别是进入 21 世纪以来，在互联网和移动通信技术支持下的社会生活大规模地信息化和网络化，信息供应的来源、流量、速度、形式、途径和变化等方面都发生了日新月异的变化，人类社会进入了一个信息供应空前复杂、空前不确定的状态。卡斯特对社会生活的快速而广泛的信息化和网络化变迁，做出了令人深思的概括："我们对横越人类诸活动与经验领域而浮现之社会结构的探察，得出一个综合性的结论：作为一种历史趋势，信息时代的支配性功能与过程日益以网络组织起来。网络建构了我们社会的新社会形态，而网络化逻辑的扩散实质性地改变了生产、经验、权力与文化过程中的操作和结果。"①

正如卡斯特所概括的那样，迅速崛起的网络社会是人类社会的新形态，无论人们怎样称谓这个新社会形态，诸如网络社会、信息社会、后工业社会、高风险社会和不确定社会等，我们都明确地认识到这个社会是一个以海量信息供应引起了快速流动的社会。鲍曼更为激进地指出："这个星球的每一片土地，除了鲜有的几个例外，都在顺应一场现今被称为'现代化'的急切的、强迫性的、不可阻挡的变迁，并被迫接受与之俱来的一切事物，包括持续扩大的人口过剩和它必须导致的社会紧张。……现代生活方式可能会在很多方面有所不同——但是，把它们联合在一起的恰恰是脆弱性、暂时性、易伤性以

---

① 卡斯特．网络社会的崛起．夏铸九，王志弘，等译．北京：社会科学文献出版社，2006：434.

及持续变化的倾向。”[①]

海量信息供应下的社会流动，与工业社会以机器运转为根据的流动不同，它是一个不断更新自己、重构自己的流动，并因此而给社会生活注入了种种难以回避的社会风险的广泛社会流动。机器要求固定的位置，厂房是不能随意移动的场所，工业生产线是按照严格规定运转的程序，工业产品是有明确标准的制造物，操作这些过程的技术人员和工人都必须在有严明纪律的组织中行动，凡此种种，都表明工业社会是一个相对确定的社会。

网络化、信息化的社会则不同，它是一个在其深层本质上就一定要不断变化、不断更新的不确定的社会。在网络信息社会中，最重要的资源是信息，信息不仅是互联网和移动通信传递的主要内容，亦即信息生产的对象，而且还是增值能力最强的资源，并且是渗透到社会生活各种层面的支配力量。在网络信息社会具有根本地位的信息，其本质特点是更新与变动。信息只有不断地更新和变动才能获得旺盛的活力，而当信息不能更新和变动时，它就失去了信息的品质，变成了人人厌恶的噪声。

正是因为信息的生命与活力在于不断更新与变化，网络信息社会才从根本上是一个充满了流动性、变动性，亦即不确定性的社会。并且，网络社会的不确定性远远超越了卡尼曼所论述的有限信息供应下的有限不确定性，而是在海量信息供应下变化莫测的无限不确定性。于是，我们必须面对一个西蒙和卡尼曼都没有提出的问题：在海量信

① 鲍曼．流动的现代性．欧阳景根，译．北京：中国人民大学出版社，2018：4.

息供应下，行动者面对严重不确定状态时将怎样形成预期判断并做出选择？

（三）海量信息供应下的预期判断

面对信息有限性和有限信息的不确定性，西蒙阐述了有限理性理论，卡尼曼和特沃斯基等人则论述了以直觉判断为主要内容的不确定状况下的预期理论。而当进入21世纪，人类社会面对海量信息供应的严重不确定时，人们的预期行为会出现什么样的变化呢？应当做出何种理论概括呢？联系2015年中国股市爆发的大规模股灾，可以对这些问题做些初步的回答。

经历了2015年股灾的人们，至今想起这场股市震荡，也许仍旧记忆犹新。自2015年6月12日至7月9日，四周的时间，上证指数从5 178点暴跌至3 373点，跌幅达35%！暴跌以迅雷不及掩耳之势，在人们还不清楚原因来自何处的剧烈动荡之中，蒸发了20多万亿市值，1亿多股民受损，甚至有人估算至少有60万中产阶级在这场暴跌中变为贫民！仅就财富损失看，恐怕两次世界大战期间也不能在四周内就将20万亿财富化为泡影！

很多学者从不同角度反思了2015年股灾的成因，有人揭示了操纵股市涨跌的幕后罪恶黑手，有人分析了杠杆资金给股市造成的疯狂投机，还有人批评了频繁的政策调整或制度安排给股市造成的剧烈波动。诸多分析，各有见地，但有一点却未见有人探讨，即海量信息供应导致人们预期行为的变化。虽然同资金、权力和制度等因素相比，信息供应和预期行为似乎不是2015年股灾的首要原因，但应当说这是值得深入分析的深层原因。

笔者曾撰文讨论了网络信息化对股市交易行为和交易秩序的影响①，与互联网和移动通信大规模发展之前相比，中国股市的一个非常明显的变化是，由信息供应匮乏转变为信息供应过度。通过互联网和移动通信，股民们面对的难题不再是难以获得信息，而是海潮般的信息随时汹涌而至，刚刚接收到的信息还没来得及理解清楚就又被新的信息覆盖。于是，股市里铺天盖地的各种信息旋风般地飘来飘去，直接影响交易决策的各种信息把股民们折磨得心神不宁，股民在股市交易中的信息匮乏变成了对海量信息的理解匮乏。

海量信息的高度不确定性供应，对股民的交易行为具有双刃剑的作用。股民通过互联网和移动通信便捷地获得大量信息，其中各种利好消息不断鼓励股民买入股票、博取交易收益，同时又有很多不期而至的利空消息刺激股民抛出股票、规避风险。并且，无论是利好消息还是利空消息，股民都难以在较短时间里做出真伪的明确判断。如果信以为真，股民则可以根据接收到的消息做出获利或规避风险的理性选择；如果无法判断其真假，股民则可能难以做出交易决策。

事实上，通过互联网和移动通信接收到的大量消息，通常是利好消息与利空消息同时涌来，进而导致股民的交易心理发生复杂的不确定的变化。特别是在股价涨跌不定的快速波动中，股民在急速变化的信息旋涡中如同惊弓之鸟，不仅无法进行新古典经济学的完全理性选择，而且西蒙论述的有限理性选择也难以进行。因为，海量信息供应虽然具有充分性，但它充分到“信息爆炸”的程度，股民无法依靠海

① 刘少杰．网络化中的股市交易行为与交易秩序变迁．社会科学研究，2017（1）．

量信息做出清楚计算和效益最大化选择；同时，海量信息又是高度甚至是极端不确定的信息，而这与西蒙有限理性论的成立前提也不相符，因为有限理性是以对相对确定的有限信息的分析判断为前提的。

进一步需要回答的问题是，股民是否可以在股票交易中像卡尼曼论述的不确定状态下的预期判断那样开展选择呢？如前所述，卡尼曼论述的不确定状态，对于行动者来说，首先是信息的不确定性。从卡尼曼开展的经验研究，或者他据之为根据的不确定的信息来看，大部分信息属于有限的不确定信息。在阐述了大量经验研究的《思考，快与慢》这部著作中，卡尼曼通常是给出两个以上的可能性选项，分析行动者在不确定状态下的预期判断。例如：

你愿意选择哪一项？

1. 抛硬币决定。如果是正面，你会得到100美元；如果是背面，你就什么也得不到。

2. 肯定会得到43美元。[①]

大量类似上述的问题，虽然使回答者面对了两种以上的不确定性，但终究是有限信息的有限不确定性，或者可以说，是有限信息表现的相对确定性。因为无论两个还是多个选项，毕竟都是有限的可能性，回答者可以比较清楚地了解这些信息，然后再习惯性地不做计算或不加推论地形成直觉判断。并且，卡尼曼认为，只有那些基于有序状态的直觉判断才可能是符合实际的。因此，卡尼曼关于直觉判断论

---

① 卡尼曼．思考，快与慢．胡晓娇，李爱民，何梦莹，译．北京：中信出版社，2012：245.

述的两个前提是：有限信息的相对确定性和直觉判断对象的有序性，而这两个前提在海量信息供应下的股票市场中都是不存在的。当今的股票市场已经处于海量信息供应下的严重不确定性状态，所以卡尼曼论述的直觉预期，不仅在2015年的股灾中无法准确形成，而且在平时的股票市场交易中也难以有效实现。

需要进一步讨论的是，在关于直觉（intuition）的考察中，卡尼曼通常是把直觉与感觉和印象等感性意识活动统一起来论述的。卡尼曼指出："生活中，我们往往跟着印象和感觉走，凭直觉引导行事，而且我们觉得这种直觉和偏好很可靠，这种自信通常也是正当合理的。"① 卡尼曼把直觉同印象、感觉和意向等心理活动一起归结为系统1，而把计算和推论等逻辑思维或理性思维归结为系统2。"系统1不断为系统2提供印象、直觉、意向和感觉等信息。如果系统2接受了这些信息，则会将意向、直觉等转变为信念，将冲动转化为自主行动。"②

卡尼曼论述的系统1和系统2，相当于传统认识论中的感性认识和理性认识。不过，也应看到系统1和系统2的划分同感性认识和理性认识的划分还有一些不同。主要区别在于，感性认识是感觉、知觉和表象等形式构成的直接性、形象性和具体性的认识，是认识主体能够自觉的认识活动，而系统1中包含的直觉既有植根于感性的心理过程，也有源于本能和逻辑思维的心理过程，实质上是具有感

① 卡尼曼．思考，快与慢．胡晓娇，李爱民，何梦莹，译．北京：中信出版社，2012：XIV．

② 同①8.

性、理性和本能的多种意识活动综合而成的认识形式。直觉的本质特点是形成过程被紧密压缩为形成判断的直接性和非逻辑性。卡尼曼把直觉同感性认识归为一类，其根据正是在于直觉判断的直接性和非逻辑性。

卡尼曼充分地论述了知觉在不确定性状态下的认知功能及其局限性，揭示了直觉思维的直接性、便捷性和普遍性，这对于突破传统认识论和传统经济学、社会学等学科单纯强调理性认识的局限，无疑具有重要的学术价值。但是，卡尼曼在把直觉同感性认识归为同一个系统1之中时，却过多地强调了直觉的地位与作用，轻视了感觉、知觉和表象等感性认识形式。卡尼曼十分坦白地承认了自己的偏重："我的主要目标是，在认知心理学最新发展的基础上展示大脑的工作机制，在这些发展中有一些内容比较重要，其中一项就是我们认为瑕瑜互见的直觉思维。"①

作为卡尼曼的合作者，特沃斯基也把直觉与感性认识归为同类思维过程，但他没有忽略形象性的感性认识对选择行为的作用。在一篇题为《理性选择与感性选择的原理比较》的文章中，特沃斯基在批评理性选择的局限性中阐述了感性认识在选择决策中的作用。"描述不变性、程序不变性以及前后关系的独立性，在理性模型的应用中被常规假定。尽管这些假设区别于规范性基准，它们并不是被有效描述的。证据表明，人们通常难以将优先权完美地排序，其选择序列实际上是在估价过程中构建而成，而不仅仅是描述。甚而，人们的选择依

---

① 卡尼曼．思考，快与慢．胡晓娇，李爱民，何梦莹，译．北京：中信出版社，2012：XX．

赖于对问题的描述、援引方式和上下文的关系。”①

特沃斯基所指的描述、援引方式和上下文关系，强调了人们是从感性事物的外在形象、整体联系和前后影响开展观察与判断的，意在批评新古典经济学过高估计注重抽象推论和数学计算作用的理性选择假设，肯定非逻辑、非计算的感性认识在形成判断、支配选择中的作用。遗憾的是，虽然特沃斯基提出了感性选择问题并使用了感性选择概念，但他对感性选择的本质特点、表现形式与形成机制没有做出充分论述。

（四）海量信息供应下的感性选择

关于感性选择问题，我们可以从梅洛-庞蒂的知觉现象学和哈耶克的感性秩序理论中得到更多的有益启发。梅洛-庞蒂所论的“知觉”（perception）也可以翻译为“感性”，而特沃斯基所论的“感性选择”（perceptual choice）也可以翻译为“知觉选择”。从心理学和认识论角度看，感觉、知觉和表象是感性认识或感性意识的三种形式，其中知觉是具有整体性和综合性的形象性认识，形成了对某个事物的知觉，就意味着在感性层面形成了对某个事物的整体性和综合性的认识。

知觉现象学正是从知觉的这种整体性、综合性以及对事物感性认识的整体形象出发，认为知觉是第一性的，在人的认识活动中具有根本地位。梅洛-庞蒂说：“被知觉的世界是所有理性、所有价值及所有存在总要预先设定的前提。这样的构想并非是对理性的破坏，而是使

① 特沃斯基．理性选择与感性选择的原理比较//济科豪瑟，基尼，萨本缪斯．决策、博弈与谈判．詹正茂，译．北京：机械工业出版社，2004：3.

他们降至地面的尝试。”[①] 很明确，梅洛-庞蒂不仅认为知觉是理性认识和价值判断的前提，而且认为知觉到的事物还是最具体的存在，是所有存在的基础。承认知觉的根本地位，并不是对理性的否定，而是使人们的认识活动脚踏实地地立足于现实世界。

尤为重要的是，梅洛-庞蒂还认为，承认知觉的第一性不仅可以使人的认识脚踏实地，而且还能使人们友善地同他人诚恳相处，形成立足于道德基础之上的人际关系。“正如对某物的知觉向我打开通向存在之门、实现着感觉的无穷方面的矛盾综合一样，对他人的知觉也奠定着道德的基础，通过将我、我的视点及我那不可交流的孤独置放到一个他人及所有他人视野之中，实现了另一个我与共性存在的悖论。”[②] 可见，知觉还被认为是社会生存、社会交往和社会整合的基础。

哈耶克关于经济社会生活的感性秩序的论述，在更深入的层面涉及了感性选择问题。在哈耶克看来，理性主义者过高地估计了人类逻辑思维或理性推论的地位与作用，认为可以通过理性设计为经济社会生活建立不可改变的必然秩序，这种从逻辑而不是从实际出发的理性狂妄，是一种必须克服的致命的理性自负。哈耶克认为，真正能持续存在的人类社会秩序，是在长期的社会实践中经过人们的自发行为、逐渐形成和扩展的秩序，稳定而有效支配人们社会实践的智力，是在文化进化中的产物，是通过模仿逐渐积习而成的。[③]

---

① 梅洛-庞蒂．知觉的首要地位及其哲学结论．王东亮，译．北京：三联书店，2002：5.

② 同①34.

③ 哈耶克．致命的自负．冯克利，胡晋华，等译．北京：中国社会科学出版社，2000：19.

哈耶克认为，通过模仿积习而成、有效支配实践、形成稳定秩序的智力，是介于理性和本能之间的认识活动，也就是感性认识。“正像本能比习俗和传统更久远一样，习俗和传统也比理性更久远：习俗和传统是处在本能和理性之间，无论从逻辑上、心理上还是时间顺序上说都是如此。它们不是出自有时称为无意识的因素，不是出自直觉，也不是出自理性的理解力。”[①] 智力介于本能和理性之间，而不是无意识、直觉和非理性的活动，从生活实践上看是习俗和模仿，而从认识或意识的活动层次上看就是感性认识。

虽然梅洛-庞蒂和哈耶克关于知觉和感性的论述不是在海量信息供应的背景下展开的，但是他们的观点同我们今天面对的问题具有根本的深层联系。他们都不仅反对了理性主义的专断，而且还强调从最广泛的生活实践出发，根据广大社会成员的行为方式肯定了感性认识和感性活动的根本地位与重要意义。在海量信息供应和严重不确定性状态下，人类处理信息的理性能力和依据理性计算、逻辑推论支配行为的能力，都显得更加弱小。尤其是遇到了 2015 年那样的股市剧烈动荡，处于不同角落的个体在瞬息万变的海量信息面前，信息分析和理性计算都已无能为力，唯一可行的是依据自己的知觉，在模仿从众中跟风操作，呈现出大规模的羊群效应。

海量信息供应还从另一个方面强化了行动者对感性认识和感性选择的依赖。在互联网和移动通信中飞速传播的海量信息，为当代社会创造了一种新的经验基础——传递经验。传递经验是广大社会成员在

① 哈耶克．致命的自负．冯克利，胡晋华，等译．北京：中国社会科学出版社，2000：21.

互联网和移动通信的信息交流中形成的心理体验，虽然它是人们的身体不在其中的缺场经验，但因其形成的便捷性和传递的广泛性，这种经验在网络化或信息化的当代社会已经具有了十分重要的基础地位。不仅在2015年中国股市动荡中传递经验起到了推波助澜的作用，而且在2016年的英国脱欧和美国大选中，这种在互联网和移动通信中迅速传递的缺场经验，使英美的政治生活发生了传统理性思维难以预料的变化。

传递经验既是无法依靠新古典经济学理性选择论做出清楚判断的经验，也是难以凭借西蒙的有限理性论和卡尼曼等人的直觉预期论进行把握的经验。传递经验是在互联网和移动通信被广泛运用的历史条件下才广泛生成的新型经验，其生成速度和波及广度达到了空前的程度，并且，传递经验不受地理边界的限制，可以跨时空地穿越各种屏障，在难以预料的广阔层面中发生影响、实现社会动员。传递经验不仅是难以计算、不易推论的经验，而且还是促进广大社会成员互动、模仿、形成广泛群体效应或社会联动的经验，因而也是助推人们开展感性选择的经验基础。

笔者并非褒扬感性选择而贬低理性选择，而是认为感性选择是一种普遍存在的选择方式，在传统理性主义者面前，甚至在一些对传统理性主义做出了批判的学者面前，感性选择被轻视甚至忽略了。在当代社会生活网络化和信息化的背景下，快速变化的海量信息供应和传递经验，不仅搅乱了传统理性选择理论的前提，而且也对有限理性论和直觉预期论提出了尖锐挑战。在信息供应有限性和选择对象相对确定性条件下形成的种种选择理论已经无能为力时，同认知心理学、知觉现象学和感性秩序论有深刻联系的感性选择研究，应当引起大家更多的关注。

参考文献

1. 哈维．后现代的状况：对文化变迁之缘起的探究．阎嘉，译．北京：商务印书馆，2013.

2. 哈维．叛逆的城市：从城市权利到城市革命．叶齐茂，倪晓晖，译. 北京：商务印书馆，2014.

3. 卡斯特．网络社会的崛起．夏铸九，王志弘，等译．北京：社会科学文献出版社，2006.

4. 赵路．股民炒股八年四大变 手机炒股或将成主流．钱江晚报，2009－12－30.

5. 中国证券登记结算有限责任公司．中国证券登记结算统计年鉴2014.（2015－05－15）［2019－03－22］．http：//www. chinaclear. cn.

6. 哈耶克．致命的自负．冯克利，胡晋华，等译．北京：中国社会科学出版社，2000.

7. 吉登斯．现代性与自我认同．赵旭东，方文，译．北京：三联书店，1998.

8. 杜威．经验与自然．傅统先，译．北京：商务印书馆，1960.

9. 刘少杰．网络化时代的社会结构变迁．学术月刊，2012（10）.

10. 西蒙．西蒙选集．黄涛，译．北京：首都经贸大学出版社，2002.

11. 卡尼曼，斯洛维奇，特沃斯基．不确定状况下的判断：启发式和偏差．方文，吴新利，张擘，等译．北京：中国人民大学出版社，2008.

12. 卡尼曼．思考，快与慢．胡晓娇，李爱民，何梦莹，译．北京：中信出版社，2012.

13. 刘少杰．网络化中的股市交易行为与交易秩序变迁．社会科学研究，2017（1）．

14. 特沃斯基．理性选择与感性选择的原理比较//济科豪瑟，基尼，萨本缪斯．决策、博弈与谈判．詹正茂，译．北京：机械工业出版社，2004.

15. 梅洛-庞蒂．知觉的首要地位及其哲学结论．王东亮，译．北京：三联书店，2002.

第八章　网络社会的现实基础

通过微信、微博开展信息交流和话语沟通而形成的网络社会，不是脱离实际的虚拟空间，而是广大社会成员立足日常生活世界、利用信息技术和新媒体工具开展交往实践的现实社会空间。网络社会不仅具有明显的现实性和实践性，而且还形成了灵活多样的群体形式，人类社会由此而展开了新的空间层面。清楚认识网络空间现实性、实践性和群体性的特点，既是明确认识网络社会的现实基础的基本视角，也是研究当代中国社会结构变迁，特别是研究中国网络社会结构变迁不可回避的重要课题。

一、网络社会的现实性与实践性

在人文社会科学的传统话语中，由人们的思想意识和感觉表象所构成的观念空间，通常被看成是现实社会之外的空间，或被称为表象空间，或被称为虚拟空间，总之是一个非现实的彼岸空间。在网络社会大规模崛起的历史条件下，通过微信、微博交往而展开的网络社会，虽然在本质上是观念空间，但它已经具备了非常明显的现实性品质，不能再被看作非现实的彼岸空间，而是具有数亿人参与、展开着无限丰富内容和多样群体形式的此岸的现实空间。并且这个有广大社会成员结成各种群体形式并积极参与的观念空间，是一个没有边界、迅速扩展、持续传递着人们的网络经验的社会空间。明确认识网络社会或网络空间的现实性和实践性，对于认识当代社会的结构变迁和运行发展，都具有十分重要的学术价值和实践意义。

观念空间自古有之，最具普遍性的观念空间，是发生于原始社会且一直延续至今的由宗教神学展开的表象空间。很多社会学家把宗教神学的表象空间看作远离现实的虚幻空间加以批判。在社会学的创立者孔德看来，在人类连简单的科学问题都不能回答的历史条件下，宗教神学承诺了探究世界本原、万物本质的追求，并创造了一个在现实生活中找不到根据的表象空间。“我们的一切思辨的第一次飞跃必然是神学的。在此阶段中，我们全部思辨都本能地对那些最不可解决的问题、对那些最无法进行根本探索的问题，表现出特殊的偏爱。”[①]孔德还认为，宗教神学通过玄想构造出来的表象空间，只有到了直面现实的科学的实证主义时代才被超越，而在神学和实证科学之间的形而上学或传统哲学，通过概念推演建立起来的抽象世界，不过是神学的虚幻世界的变相。

在孔德等早期实证社会学家的影响下，大部分社会学研究都坚持从经验事实出发，直面在各种具体环境中的社会生活，在对可见事物的观察思考中形成有事实根据的科学知识，而把对思想观念的思考看作可能重蹈神学表象和哲学思辨覆辙的追求。直到社会生活大规模网络化的 21 世纪，这种把思想观念同经验事实对立起来的原则，仍然规定着大部分社会学研究，观念领域依旧被看成非现实空间而隔岸驻足。这种原则一个最明显的表现是，直到今天，还有很多社会学研究仍然坚持把人们通过微信、微博交流沟通而形成的网络空间看成虚拟的观念空间。然而，具有观念性的网络空间与神学的表象空间和思辨哲学的抽象空间已经大不相同。网络空间是具有广大社会成员普遍参与的信息交流和交往联络的社会空间，它已经不是对神的表象和对世界的抽象，而是人们对自己的社会意愿和社会追求的实际表达。

并且，更为重要的是，网络空间中展现的不仅是表达的意识，而且还有为了表达意识而通过新媒体技术采取的行动。每时每刻都有几亿人进行的网络微信活动，不仅展开了一个充满生机、十分活跃的观念空间，而且这个空间中还流动着瞬息万变的符码传递、信息交流和

① 孔德．论实证精神．黄建华，译．北京：商务印书馆，2001：2.

话语沟通，这里不仅有思想观念的呈现，而且还有电子信息的流动和传递观念的行动。因此，人们在网络空间的活动不仅仅是心理活动，而且也是通过网络技术施展和联络的社会行动；不仅是个体的主观性表达，而且是社会的客观性活动。借助网络技术展开的具有客观性、普遍性的网络空间，具备了现实性的品质，因此可以称之为现实的社会空间，它是信息化或网络化条件下人类社会的崭新形式。

可以在同宗教表象空间的比较中揭示网络空间的本质特点。宗教表象空间展开的是信徒同被崇拜者之间的关系，是多和一的关系，是世俗和崇高的单向垂直的人神关系，其中表达的是信徒的超现实理想，信徒们只有把自己的灵魂与信念指向不可触及的天国，才有可能在表象中实现自己的超现实理想；而网络空间中展开的是网络参与者（网民）之间的横向交流关系，是多和多的关系，是自为媒体、互为主体的多向平面的社会关系，其中传递的是川流不息的生活信息，是网民立足日常生活世界对现实空间的关注、追求与表达。因此，前者是远离现实的，而后者是在现实之中的。

网络空间同思辨哲学的观念空间有更加明显的区别。思辨哲学的观念空间是只有少数哲学家才能进入其中的精英空间，而网络空间是数以亿计的网民参与的大众空间。虽然思辨哲学也要关注现实问题，表达对现实生活的哲学关怀，但思辨哲学一定要把具体的经验事实概括为抽象，用抽象的概念体系展开一个远离现实的逻辑王国；而在网络空间中，处于各种社会层次的网民们，不仅可以通过灵活多样的形式表达自己，而且大部分网民表达的是生活世界具体层面的直接感受和信念追求。因此，网络空间不是远离现实，而是贴近现实、深入现实，它就是社会现实本身。就其基本内容而言，思辨哲学的观念空间是理性推论的逻辑世界，而网络空间是感性表达的生活世界。

进而言之，与传统社会的观念空间相比，网络空间实现了从现实生活的反映到本身就是现实生活重要内容的转变。宗教神学的观念空间，或者像基督教那样把信徒引向外在的天国，或者像佛教那样把信徒引向内在的虚无（其实是远离个体的虚无本体），其实质都是远离现实生活；而网络空间，则把网民们引向更加活跃、更加广阔的现实生活世界，并且，网络空间本身就是现实生活的基本构成。一个无须多论的道理是，网络社会是信息社会的形式，信息社会是网络社会的内容，而无论怎样称谓这个我们身处其中的社会，也无论从形式还是从内容上看这个崭新的社会，它都与工业的或农业的传统社会不同，其中最重要的活动和最重要的资源，都是信息生产和信息交流。也正是在这个基本前提下，以信息生产和信息交流为基本内容的网络空间，是现实社会的基本构成，并且是最重要的构成。

更为重要的是，网络空间具备了实践的品质，并由此而表现了更加明确、更加真实、更加积极的现实性。马克思把是否从实践的立场观察事物，以及事物是否具有实践性，看成鉴别是否具有现实性的原则或尺度。马克思批评费尔巴哈直观唯物主义的片面性和抽象性，认为其根本缺欠在于不懂得实践的立场。马克思指出：“从前的一切唯物主义（包括费尔巴哈的唯物主义）的主要缺点是：对对象、现实、感性，只是从**客体**的**或者直观**的形式去理解，而不是把它们当做**感性**

的人的活动，当做**实践**去理解，不是从主体方面去理解。”① 在马克思看来，“全部社会生活在本质上是**实践的**。”② 具备了实践性也就从本质上具备了社会生活的现实性。

网络空间的实践性首先表现为，它是广大网民通过自己的信息交流活动展开的。如前所述，网络空间不仅是思想观念的空间，而且还是为了表达思想观念，需要利用各种信息技术和使用各种媒体工具的行动空间，手指的动作、新媒体技术的利用、各种信息的收集与发布，尤其是能利用智能手机直接把身体所处其中的各种场景瞬间上传到网络之中的行动，都充分说明网络空间已经不是一个单纯的玄想和思辨的非现实的观念空间。并且，网络空间具有广大社会成员的广泛参与性，这更充分地表明了它的实践性。因为实践一定是社会实践，而不是单独个体的孤立行动，是社会成员结成各种社会关系的交往行动。在中国有半数以上人口，在全球有三分之一以上人口参与其中的网络空间，无可辩驳地表现了它的社会实践性。

网络空间的实践性还在于，它的内容和形式都是在不断的创新和变化之中。实践是行动，实践是发展变化的过程，进入实践过程中的事物一定要不断地转变自己的内容和形式，只有如此实践才能获得永不止息的发展动力。在网络空间中，人们能清楚地感受到信息内容在瞬息万变地更新，信息交流在光速般地飞快流转，表达信息的形式也在不断地推陈出新。这些都不仅表现了网络空间朝气蓬勃的活力，也显示了网络空间中蕴含的持续创新、蒸蒸日上的勃勃生机。

---

① 马克思恩格斯文集：第 1 卷．中央编译局，编译．北京：人民出版社，2009：499.
② 同①501.

网络空间的实践性还在于它的巨大能量或实际作用。因为有几亿甚至十几亿网民的热烈参与，因为有观念表达和信息交流无限活跃的行动，网络空间具备了任何思想观念领域都无法具备的巨大能量，并且由于它不在现实社会之外，而在现实社会之中，是现实社会的基本构成部分，所以它的运行与波动都会直接引起社会生活的变化。特别是在近些年不断爆发的此起彼伏的网络群体事件中，网络空间同群体事件爆发的实地空间发生了融合，充分发挥了动员社会、导引社会和组织社会的话语权力或信息权力的作用。

实践具有感性的品质，网络空间的实践性也明显地表现了感性特征。在网络空间中，虽然也能看到一些理性说教和概念推论，但同微信、微博的感性表达相比，实在是微乎其微。论及微信、微博的感性表达，人们通常予以碎片化和表象化的评价，甚至认为这是人类思维走向浅薄的表现。① 然而，碎片化和表象化恰恰使微信、微博获得了旺盛活力。一句戏谑、几句调侃、一段小故事，甚或一个笑脸、一张图片，这些碎片化、形象化的微信、微博表达，不仅恰恰显示了微信、微博轻巧灵便、生机盎然的活力，而且还以其鲜明、形象、具体的特性，充满个性地表现了感性具体的真实。

实践是人们在具体环境中以自己的身体行动而展开的具体过程。广大网民根据设身处地的感受真实地表达着自己指向具体生活目标的意愿与追求，特别是面对千变万化、目不暇接的网络信息和社会场景转换，人们得心应手地选择了简短而快速的感性表达，既充分利用了

① 刘少杰．网络社会的感性化趋势．福建论坛，2015（12）．

网络微信的便捷性，又提高了立足日常生活世界的沟通效率。并且，这些貌似浅薄的碎片化表达，向人文社会科学呈现了生活与内心的真实，积极吸纳其中的要求与意义，才能阐发切近生活的理性思考。马克思说："**感性**（见费尔巴哈）必须是一切科学的基础。科学只有从**感性**意识和**感性**需要这两种形式的感性出发，因而，科学只有从自然界出发，才是**现实的**科学。"①

网络空间的信息交流实践，相当于哈贝马斯论述的在日常生活世界中开展的交往实践。虽然哈贝马斯论述的交往实践不是网络空间中发生的交往，而是在各种实际场所中的社会交往，但其交往的主要内容也是信息交流或话语沟通。在哈贝马斯看来，马克思关于社会发展动力的观点并不仅限于生产力的提高，还包括对交往实践的重视，"我坚持这样的观点，历史唯物主义把生产力发展和社会交往形式的成熟性作为社会进步的标尺"②。进一步说，生产与交往是实践的两个基本方面，二者共同支持了社会发展。在丹尼尔·贝尔所论述的后工业社会来临，交往言路趋于断裂的新形势下，哈贝马斯认为，以信息交流和话语沟通为基本内容的交往实践，是时代赋予的重大研究课题。

网络空间的信息交流和话语沟通，比在各种实际场所中发生的更为复杂。尤其在网络化大规模快速推进的形势下，像哈贝马斯那样把网络空间的信息交流和话语沟通当作社会实践的基本形式去对待，而不是当作捕风捉影的虚拟行为予以轻视，揭示其发生条件、依据资

① 马克思恩格斯文集：第1卷．中央编译局，编译．北京：人民出版社，2009：194.
② 哈贝马斯．交往与社会进化．张博树，译．重庆：重庆出版社，1989：146.

质、交流形式、运行机制、行为规则和社会价值，是人文社会科学不可回避的历史责任。

二、网络空间的群体性

网络空间的实践性使它形成了灵活多样的群体形式。因为实践是在交往关系中展开的，人们在实践中一定会结成各种群体关系，网络空间中的交往实践也一定如此，这是其具有社会现实性的另一个有力证明。卡斯特对网络社会的群体或组织变迁做了极为广泛的论述，在他看来，网络社会是一种新社会形态，并且，作为一种同工业社会不同的新社会形态，首先是其社会组织或群体形式发生了广泛转变。在其“信息时代三部曲”的第一部《网络社会的崛起》中，卡斯特以充分的事实为根据，揭示了企业和市场的组织形式发生了深刻转变，他明确指出：“我的论题是：信息化全球经济崛起的特征，乃是某种新组织逻辑的发展”①。所谓新组织逻辑，就是指网络化、信息化的企业或市场运行发展的逻辑。

在卡斯特看来，网络信息技术是新经济组织形成与发展的基础，但新经济组织的运行与发展又不仅仅受制于网络信息技术，还应当看到具有差异性的文化观念和制度体系对新组织运行发展的影响。“此一新组织逻辑与近来的科技变革过程有关，但不受制于科技变革。新技术范式和新组织逻辑之间的汇聚与互动，构成了信息化经济的历史

① 卡斯特．网络社会的崛起．夏铸九，王志弘，等译．北京：社会科学文献出版社，2006：147.

基础。然而这个组织逻辑在各种文化及制度脉络中会以不同的形式来呈现自身。”[①] 既承认网络信息技术对新经济组织的基础作用，又认为新经济组织的运行逻辑不受制于网络技术，形成这种判断的根据在于强调了思想观念或文化在新经济组织运行发展中的作用。

虽然卡斯特不赞成仅用文化因素来解释当代经济组织的运行逻辑，但他认为思想文化在网络信息经济组织中的作用是具有根本性的，他指出：“在网络企业的多样化运作下，确实有一种共通的文化符码。它由许多文化、许多价值、许多计划所组成，穿越了参与网络的各种成员的心灵，影响了其策略，随着网络成员的步调而变化，并且随着网络单位的组织与文化的转变而转变。”[②] 这是卡斯特与传统经济学的观点的不同之处，他在网络化的新形势下，揭示了以经济利益为追求目标的网络信息化的经济组织的思想文化特点。

在揭示了网络经济组织的思想文化特点的基础之上，卡斯特在其“信息时代三部曲”的第二部《认同的力量》中，考察和论述了网络社会群体形式的变迁。他另辟蹊径地从社会认同开始论述社会群体形式的转变，表明他认为网络社会的群体在根本上是以社会认同为核心的，进一步说，网络社会的群体在本质上是由某种价值观念凝聚而成的。坚持这种基本原则，卡斯特评述了大量在宗教激进主义、女性主义、生态主义、民族主义、地方主义和反全球化旗帜下聚集起来的各种社会群体，并揭示了把这些社会群体凝聚起来的核心——坚持各种

① 卡斯特．网络社会的崛起．夏铸九，王志弘，等译．北京：社会科学文献出版社，2006：147.

② 同①190.

价值原则或思想信念的社会认同。卡斯特进一步指出：新的权力存在于信息的符码中，存在于再现的影像中；围绕着这种新的权力，社会组织起了它的制度，人们建立起了自己的生活，并决定着自己的所作所为。这种权力的部位是人们的心灵。这就是为什么信息时代的权力既是可以辨认的又是扩散的原因。我们知道它是什么，但又抓不住它，因为权力是一种围绕社会的文化符码展开无休止战斗的能力。不管是谁，也不管是什么，赢得了人心就能统治。①

概而言之，卡斯特关于网络社会的群体形式的论述主要有三点值得重视：其一，网络化的经济组织具有了显著的文化特点；其二，社会认同在网络群体中起到了核心凝聚的作用；其三，以社会认同为核心的网络群体，使社会获得了新的权力，即价值共识和理想信念的精神力量，谁能赢得人心，谁就能获得统治社会的权力。基于这些基本观点，卡斯特认为传统的政治体制或行政系统，单纯强调经济和政治权力，而轻视在网络媒体基础上生成的信息权力和社会认同，固守不合时宜的社会控制方式，因此失去了合法性，丧失了有效统治社会的能力。

卡斯特论述的这些社会变迁，在中国社会有更加丰富的表现。不仅具有悠久历史的中国传统文化影响着企业和市场的发展与运行，而且人们在网络空间中的群体活动也更加充分地展现了中国传统文化根深蒂固的作用。看看广大社会成员热烈参与的微信群、朋友圈活动，就可以知道中国社会注重在亲情熟悉关系中开展社会交往、结成社会

① 卡斯特．认同的力量．2版．曹荣湘，译．北京：社会科学文献出版社，2006：416.

群体的传统仍然在延续。在已经有8亿多网民参与的网络空间中，我们很难统计出究竟形成了多少微信群。几乎每个入网的中国人，都会加入10个以上的微信群，甚至有些人加入了几十个微信群。

网络空间中十分活跃的这些大小不一、形式多样、内容各异的微信群，虽然开展的主要是情感沟通、生活体验、价值评价、信念表达和戏谑调侃等感性意识交流，但它已经成为人们在日常生活中喜闻乐见、积极参与的群体形式。这种为人熟知的社会群体的大量产生，意味着当代社会出现了新的群体形式。因此不能再用传统眼光和手段看待和对待当代社会。因为，这不仅表明观念空间有了自己的群体形式，观念空间可以被组织起来，而且还说明群体也可以表现为观念形式。传统社会的群体形式主要是通过实体行为组建起来的，无论是传统群体管理模式还是传统群体社会学研究，但凡提到群体总是想到各种实体机构、实体群体，因此，在传统的群体行为或组织行为的研究与管理中，人们很少提及观念群体。

网络空间中的群体不限于以各种熟悉关系为纽带而结成的具有亲情性的群体，诸如网民对某一事件共同关注而形成的网络围观，通过网络沟通、信息传递和是非评价而形成的网络群聚等，都归属于网络空间的社会群体。尽管这些群体通常没有明确目标，没有正式制度，更没有领袖、纲领和行动路线，但他们所形成的力量和影响不可轻视。网络空间中的社会群体，可以通过信息交流沟通形成影响不断放大的力量，并进而转化为改变社会秩序的强大动力。“正如我们将会看到的那样，想法的流动对于理解社会至关重要。这不仅因为及时的信息传播对高效的系统来说非常关键，而且更为重要的是，新想法的传播和结合是行为改变和创新的推动力。”① 2011年爆发的席卷全美乃至波及全球的占领运动，十分充分地证明了彭特兰的这个论断。

人们在网络空间中结成海量新型社会群体，对于人口众多的中国而言具有更加重要的意义。普特南曾经因为美国人在家看电视或独自打保龄球，不愿参加集体活动而担忧，认为这种不愿参与集体或群体活动的情况蔓延下去，会导致美国社会资本整体减少甚至衰落，他呼吁人们要积极参加集体活动，增强社会资本，保持美国社会的发展能量。普特南的担忧在中国没有发生，相反，半数以上的中国人通过微信、微博参与了难以计数的网络群体，这对于促进社会交往，形成社会资源叠加效应，增强社会资本存量，提升社会活力和发展能量，都具有不可低估的社会意义。

三、网络社会的感性秩序

与数字化联系在一起的网络社会的发展，扩大了人们的交往空间，为难以直面相逢的人们提供了便利的交往条件，不同阶层或相距遥远的陌生人之间可以开展快捷的缺场交往，新闻媒体和学术界都已注意到了这个明显的变化。有文章指出：“新技术不但让原有的社会关系延续到网络环境下，还提供了陌生人之间交往的机会。Web 2.0，也即以用户制造和分享内容为特征的互联网交互技术的发展，与中国的城市化进程合流。对社会学家来说，陌生人的联结有重要的社会和

① 彭特兰．智慧社会．汪小帆，汪容，译．杭州：浙江人民出版社，2015：8.

政治意义。由此生成的社交网络，不但改变了舆论的形态，也影响行动的逻辑。”① 这也反映了很多社会成员包括一些网络社会研究者的看法——网络化发展扩展了陌生人社会。甚至还有学者认为，网络社会的快速发展，将使中国的熟人社会加快被陌生人社会取代：“中国社会人口、资源与信息的流动，使中国由一个相对封闭的‘熟人社会’转变为一个高度开放的‘陌生人社会’，建立在利益基础之上的契约关系逐渐地取代了建立在血缘基础上的身份关系。”②

但事实并非如此简单。在网络化扩展了陌生人交往空间的同时，原来具有熟悉关系的人们也在网络空间中形成了大量的网络群体，一个积极参与网络活动的网民可以同时参与几个甚至十几个网络群体，同学群、老乡群、职业群、物业群……种类繁多，不胜枚举。这些首先有了熟悉关系，然后才大量建立的网络群体，说明中国传统社会不仅没有在网络化中萎缩，而且相反，在陌生空间中得到了延续与扩大。

笔者认为网络化发展不仅没有促成中国传统社会向陌生人社会的转变，而且“熟人社会”这个概念本身就值得商榷。在笔者看来，“熟人社会”概念同费孝通在《乡土中国》中论述的“熟悉社会”相比，前者仅仅注意到社会生活表面的变化，而费孝通的“熟悉社会”概念才真正揭示了中国传统社会的本质。在《乡土中国》中，费孝通着力论述的是以个人为中心、以血缘亲情关系为纽带而形成的差序格

---

① 澎湃新闻．互联网三论之三：全世界陌生人，联合起来．(2014-11-19)[2019-03-22]. https://www.thepaper.cn/newsDetail_forward_1279346.

② 殷冬水．中国民主前景海外研究述评．国外理论动态，2011 (5)．

局的社会结构，深入分析的是感性象征认可的礼治秩序，重点揭示的是轻视普遍原则（法）而畏惧或崇尚中心权势的行为方式和思维方式，这些恰恰都是反映社会本质特点的制度现象。[①] 简言之，费孝通论述的“熟悉社会”，是一个在几千年的感性教化下，注重感性思维和感性行动，形成了稳定的感性秩序的传统社会。

哈耶克曾论述了感性秩序的稳定性。他认为理性主义者过高地估计了理性思维的设计能力和选择能力，理性主义者在经济和政治等领域自以为是地设计出来的很多规划或体制，通常都不切合实际而被历史遗弃。只有那些通过人们的不断试错行为而形成的感性秩序才是稳定可靠的。“在自发秩序中，为了让人们各得其所，不需要任何人对应当追求的一切目标以及采用的一切手段了解得一清二楚。这种秩序是自己形成的。在调整中产生出秩序的各种规则，它们的出现并不是因为人对其作用有了更好的了解，而是因为那些繁荣兴旺的群体恰好以一种增强了他们适应力的方式对规则进行了改进。这个进化过程并不是直线式的，而是在包含着不同秩序的领域不断试错、不断‘试验’的结果。”[②] 哈耶克的上述观点对于理解中国社会的历史演化与现实秩序，具有十分重要的启发意义。

金观涛曾从系统论和控制论的角度论述了中国社会结构的超常稳定性。在金观涛看来，“中国封建社会的长期延续，不是说中国封建社会是一个没有发展变化、一切都停滞的社会，而只是说，虽然它的

① 费孝通．乡土中国．北京：北京出版社，2009：7，98-100.

② 哈耶克．致命的自负．冯克利，胡晋华，等译．北京：中国社会科学出版社，2000：18.

社会结构处于不断的瓦解和重建之中，但从整体上看没有发展到一个新的结构中去”[1]。但中国传统社会为什么超常稳定，还不能仅从社会结构的运行机制去解释，而应做进一步的探讨。在笔者看来，深层原因是自殷商周的巫史文化、以孔孟思想为代表的春秋文化到秦汉以降直至宋元明清历代王朝的文化教化，都是以突显象征、典型、符号、仪式等感性形象为特征的感性教化。正是轻于计算和推论的感性教化，使中华民族形成了注重模仿、从众、延续和重复的心理结构和行为方式，并由此保持了中国社会结构的长期稳定性。

中国社会结构的长期稳定性至今仍在延续。尽管市场经济发展，效益最大化追求，组织化、程序化和法治化建设等从不同方面影响或冲击了中国社会结构，但中国社会的感性秩序并没有从根本上被动摇。三十年来，中国学术界似乎形成了一个共识，中国社会已经发生了深刻转型，而笔者认为这个结论难以成立。[2] 如果直面中国社会的经验事实，可以清楚地看到，不仅农村社会仍然延续着传统的社会结构和制度关系，而且城市社会也没有真正实现行为方式和思维方式的质变。私己中心、伦理本位、亲情纽带、圈子关系、轻视原则、崇尚权势，这些传统社会或熟悉社会的本质特征在各种层面的社会生活中仍普遍存在，正是这些感性的本质特征表现了中国社会的制度结构，具有超常稳定性的中国社会的制度结构不会在二三十年的历史变迁中

---

① 金观涛．在历史的表象背后：对中国封建社会超稳定结构的探索．成都：四川人民出版社，1984：6.

② 刘少杰．当代中国社会转型的实质与缺失．学习与探索，2014（9）．

彻底改变。[1]

不仅是感性秩序，对于感性意识、感性行为的稳定性，很多学者也都有过论述。马尔库塞关于感觉解放和塑造新感受力的深层作用的论述[2]，布迪厄关于惯习稳定性[3]和场域构型作用[4]的论述，都触及了感性稳定性的深层根据问题。处于本能和理性之间的就是感性。哈耶克在这方面的论述尤为深刻，他从逻辑关系、心理结构和历史演化的多重角度，阐明了植根于经验事实的感性意识、感性行为和感性结构的稳定性。他指出："习俗和传统处在本能和理性之间，无论从逻辑上、心理学上还是时间顺序上说都是如此。它们不是出自有时称为无意识的因素，不是出自直觉，也不是出自理性的理解力。虽然从一定意义上说它们是建立在人类经验的基础上，它们是从这种经验中，通过文化进化的过程而形成的，但是它们并不是通过从有关的某些事实或对事物之特定运行方式的理解中得出了合理的结论而形成的。"[5]

感性意识、感性行为和感性秩序不仅是稳定的，而且其本身也具有能动性，这一点在中国传统文化和传统社会结构中也有充分的表现。同时，中国传统文化又具有强大的融合外来文化的能力，今天它也以强大的惯性融合了网络文化。梁漱溟、费孝通等人论述的伦理本位、差序格局、习惯熟悉、排斥陌生的本质特征在广阔的网络社会空

① 刘少杰．中国市场交易秩序的社会基础——兼评中国社会是陌生社会还是熟悉社会．社会学评论，2014（2）．

② 马尔库塞，等．现代美学析疑．绿原，译．北京：文化艺术出版社，1987：53.

③ 布迪厄，华康德．实践与反思．李猛，李康，译．北京：中央编译出版社，1998：171.

④ 布迪厄．实践感．蒋梓骅，等译．南京：译林出版社，2003：103.

⑤ 哈耶克．致命的自负．冯克利，胡晋华，等译．北京：中国社会科学出版社，2000：21-22.

间中也得到丰富多彩的表现。广大社会成员得心应手地把便捷的网络设置同具有浓厚传统色彩的各种交往方式结合起来，形成了更多的费孝通当年论述的水波纹似的网络圈子，亦即网络群体。区别不过在于费孝通论述的水波纹圈子是在场社会中的社会圈子，而网络社会中的圈子是超越了具体场所而进入缺场空间的社会圈子。虽然两种社会圈子的存在空间不同，但它们的展开形式、生成基础和凝结纽带都是相同的。

同根据某种理性原则、制度构架建立起来的理性组织不同，网络群体是一种由广大社会成员自发联结而成的感性群体。大部分网民同时参加了很多网络群体，有的网民甚至仅同学微信群就参加了四五个，小学同学群、初中同学群、高中同学群、大学同学群、研究生同学群，以及参加各种短期培训班而结成的学员群。名目繁多的网络群体，大多是以熟悉关系在先而利用网络交往建立起来的感性群体。通过QQ、微信和微博等网络设置建立起来的网络群体，没有组织制度，没有行动纲领，没有领导负责，但有群体边界、约定俗成和意见领袖。因此，不能简单地把网络群体都一概看成一盘散沙似的乌合之众。

当然，通过互联网聚集起来的网络群体，有时也表现为瞬间快速生成，不久又烟消云散。例如对高潮迭起的郭美美网络炫富事件的网络群聚①，对轰动全国的温州动车事故的网络围观②，坚持不懈地对

---

① 刘少杰．中国网络社会研究报告2011—2012．北京：中国人民大学出版社，2013：44-65．

② 同①66-91．

陕西“表哥”杨达才的网络搜索[1]，表现网络社会认同力量的什邡事件[2]等等，这些网络事件中都有数以百万计的网民积极参与，他们结成了十分活跃的网络群体。而这种大型网络事件中的网络群体，同上述QQ群、微信群、微博群不一样，前者是由大量素不相识的陌生人卷入的网络群体，而后者则是以原先就存在的熟悉关系为基础而形成的网络群体。前者没有边界，规模较大，持续时间较短；后者边界清楚，规模较小，持续稳定。但二者无论有多少区别，他们都不是根据某种理性计划和制度原则建立起来的，都具有行动目标具体化、意见表达表象化和模仿从众等感性特点。

明确网络事件中群体聚集的感性特点，是正确认识网络群体事件发生与演化的前提。近些年关于网络群体事件特别是大型网络群体事件的研究中，很多学者利用理性选择的方法原则对其进行分析、解释，表现出很大的局限性，甚至流于形式而脱离实际。理性选择的方法原则，最基本的是通过量化计算和逻辑推论实现手段与目的的统一，以及实现效益的优化甚至最大化。这种被经济学构建出很多精致模型的理性选择，在逻辑形式上具有严密性，但其解释却难以符合实际。

很多学者也意识到用严格的理性选择模式去解释网络群体事件不太恰当，于是退而求其次，一些学者试图用“生活理性”“生存理性”“权益理性”等相对模糊的概念，去解释网络群体事件的生成根据和

① 刘少杰．中国网络社会研究报告2011—2012．北京：中国人民大学出版社，2013：159-177．

② 刘少杰．中国网络社会研究报告2014．北京：中国人民大学出版社，2014：174-200．

行动原则。这与运用理性选择进行的研究有很大不同。可以用韦伯关于实质理性与形式理性的界定来说明二者的区别。在计量经济学和量化社会学研究中，理性选择更多是指形式理性，即以数学计算、量化分析和逻辑推论等表现出来的理性形式或理性模式；而“生活理性”“生存理性”和“权益理性”等是实质理性概念，强调的是具有明确利益要求或价值原则的合理性。

需要说明的是，尽管一些学者用实质理性概念去说明网络群体事件的理性选择，但这种理性选择同感性选择在形式上已经没有明确的区别了。这里所论述的感性选择，是同形式理性相区别的选择行为，是由感性意识活动（感觉、知觉、表象）支配的选择行为，缺乏计算、分析和逻辑推论。一方面，从形式理性的角度看，感性意识、感性选择和感性群体都是缺乏理性形式的，实际上可以称之为非理性的。但这里需要辨析的是，非理性不一定是反理性的，非理性包括感性和本能，本能是反理性的，而感性则是可以作为理性基础并能上升到理性的意识与活动。另一方面，从实质理性的角度看，感性意识、感性选择和感性群体也具有自身的理性，但这种理性不是数学计算、量化分析和逻辑推论的形式理性，而是通过价值评价、道德规范和利益要求表现出来的实质理性。因此，当人们论述网络群体事件中的“生活理性”“生存理性”和“权益理性”时，并不是从形式上说网络群体是理性化群体，而是在阐述其实质的合理性。并且，网络群体事件中被看作生活理性、生存理性和权益理性的那些现象，其表现形式或表达形式通常都处于缺乏计算、分析和推论的感性层面，因此，关于这些理性现象的论述，实质上也就是在论述网络群体事件的感性意识与感性选择。

总之，群体是社会最基本的构成单位和表现形式之一，如果网络社会的群体并非都是用数字计算和理性原则建构起来的，而是存在着大量的延续感性传统、展开感性行为、呈现感性秩序的感性群体，那么我们说网络社会具有感性化趋势也就有了不可否认的根据。

笔者论述网络社会的感性化趋势，并非否认网络社会的理性化趋势。本书的基本观点是，与工业社会侧重追求或展开的理性化趋势不同，网络社会在感性化与理性化两种趋势上同时扩展了自己的存在空间。这是网络社会同工业社会不同的一个显著特点，应当明确地认识这两种背道而驰却又相互勾连的发展趋势，以避免陷入对网络社会这个人类社会新形态的片面性认识。

网络社会大规模地扩展了工业社会展开的空间，这是一种多种层面和多种维度的扩展，感性化趋势和理性化趋势不过是众多扩展层面和扩展维度中的两个基本方面。时下很多学者论述了网络社会的理性化趋势，并以数字技术和大数据为基础构建分析模型，甚至建立了对社会生活进行全面计算的新学科。事实上，社会生活有些内容确实是可以计算的，但同时还有大量内容是不可计算的。面对不可计算的社会现象，应当对之进行感性分析，特别是对网络社会的感性化趋势，应当符合实际地做出理论概括，而不是简单地套用理性模式。

网络社会的感性化趋势与理性化趋势同时并存，这种矛盾关系将长期存在并持续发展，其引起的直接变化是社会生活的复杂程度空前提高。形式理性的分析是从逻辑、程序和模式上简化事物的复杂性，努力给出一个可以普遍化的解释。但在网络社会中的感性化趋势不可阻挡地延展下去的新形势下，仅凭形式理性的分析方式去研究网络社会的发展变迁，必然会捉襟见肘。因此，应当积极探寻感性分析与理性分析的综合，以克服理性分析的简单化和片面性。

中国社会是一个经由几千年的感性教化形成了稳定传统的社会，人们在长期文化积淀中形成了具有突出感性特征的思维方式、行为方式和生活方式，当下它不仅面临各种新文化特别是网络文化的影响和冲击，而且还以其强大的惯性维持自身，并吸收、利用、融合新文化和网络文化。因此，在中国研究网络社会的发展和演化，要格外重视感性的传统文化，特别是重视感性的思维方式、行为方式和生活方式的深层而稳定的作用。

四、网络社会的感性思维

在网络社会通过大数据和云计算等数字技术而表现出理性化趋势的同时，还应当看到其中蕴含着另一种数字技术无法分析的感性思维。中国传统社会是一个在几千年的感性教化下，形成了稳定的感性秩序的熟悉社会。传统社会的感性思维方式、行为方式和生活方式，以其稳定的惯性和广阔的包容性，在网络社会中发生了扩展和融合。相关研究应当注意对网络社会发展变化的感性分析，以避免单纯理性分析的片面性。

面对网络社会的快速发展，越来越多的学者为随之而来的大数据和云计算等数字技术的广泛应用而倍感振奋，一批以网络社会的统计数据或信息流量为分析对象的新方法乃至新学科应运而生，如大数据分析和计算社会学等。在人们试图运用大数据去计算社会生活的各种层面之际，笔者认为网络社会同时也扩展出日益丰富的难以计算的方面，如表象化思维、符号化追求、感性化群聚等。如果说大数据分析和计算社会学是学术研究的理性化提升，那么这些难以计算的网络社会现象则是一种不可避免的感性化趋势。因此，笔者在人们广泛地为网络化时代的数字化和计算化而感到兴奋之时，提出网络社会的感性化趋势问题，目的在于避免陷入对网络化时代抽象性的片面关注，提倡在抽象与具体、理性与感性、数字与影像的统一中看待网络社会的发展。

尼古拉斯·卡尔的著作 *The Shallows*：*What the Internet Is Doing to Our Brains*，中文译者把此书名翻译为《浅薄：互联网如何毒化了我们的大脑》[①]。从中文译名看，似乎卡尔在指责互联网把人们的思维转向了浅薄化，而实际上如姜奇平在该书的“推荐序言一”中指出的那样，“浅薄，在汉语中带有贬义，但在本书中却不是贬义”[②]，“用我的话解释就是：工业化思维方式是透过现象看本质，由浅入深；信息化思维方式是透过本质看现象，由深入浅。后者达到的就是浅薄，而浅薄比深刻境界更高”[③]。

这种看似浅薄的“信息化思维方式”，在社会生活的各个领域都已经展现，但最活跃、最典型的还是在日常生活领域。互联网为人们展开了广阔的生活空间，人们通过微信和微博等便捷的网络工具，异常活跃地开展轻松、快速的日常交往活动。虽然偶尔也会发表一些较

---

① 卡尔．浅薄：互联网如何毒化了我们的大脑．刘纯毅，译．北京：中信出版社，2010.

② 同①Ⅺ.

③ 同①Ⅹ.

长的微信或微博，但在绝大多数情况下，通过智能手机和计算机发出的都是一些十分简短的信息，并且常常是一个表情或一张图片。在这些简短的信息表达中，很难看到抽象的概念和严谨的推论，大部分是直接指向或呈现具体事物的明确意愿与简短陈述。

柏拉图把人们的认识活动划分为两种类型四个等级：一种类型是面对可知世界（绝对理念及事物的本质和规律）的理性和知性，可以形成哲学和科学知识；另一种类型是面对可见世界（实际事物及其表象）的信念和想象，形成的是常识或意见。[①] 人们在日常生活领域通过互联网形成或表达的认识活动，相当于柏拉图所说的面对可见世界的认识活动，这是通过阐述常识或意见而表达自己信念和想象的认识活动，也相当于康德所论的感性认识活动，是胡塞尔论述的在生活世界中的非专业化的直接而具体的认识活动。

从哲学和科学的角度看，直接面对日常生活现象的常识、表象、信念和意见，一定会被判断为表层的浅薄性知识。然而，从生活世界的角度看，这种直接面对生活现象的感性认识并非浅薄，而是另一种深刻，并且，它的深刻性就在其浅薄性之中。在每日每时发表的海量微信和微博中，人们用简洁而明快的语言表达对日常生活的直接感受，尽管这些表达是即时的、零散的，甚至有时是逻辑不清的，但它立足于一切专业领域和抽象玄思的母体——生活世界，植根于未分化但给人以真实体验的原初世界，没有遮掩地表达了人的真实本性、表象、信念和意见。

---

① 北京大学哲学系外国哲学史教研室．西方哲学原著选读：上卷．北京：商务印书馆，1981：91－93.

某些哲学和科学的认识与知识，通常以超越了常识而自以为深刻，它们不仅以其阐述的不可见的世界本原、万物本质和必然规律令处于日常生活领域的人们感到遥远和深刻，而且还精心编制了一套远离生活世界的概念体系和逻辑框架，让非专业的社会成员望而生畏甚至顶礼膜拜。然而，这种“深刻”依靠的是与生活世界分化与间隔的距离，是把人类本性分析开来并专注于某个方面而加以扩大的观念。诸如关于世界的本原究竟是精神的还是物质的哲学争论，追求市场效益最大化的精致的数学计量模型，通常都存在形式上“深刻”而实质上“浅薄”的问题。可谓之表现形式上的“深刻”而植根基础的“浅薄”，甚至是脱离实际的空虚。

在笔者看来，信息化思维或互联网思维的“透过本质看现象”，并不是在抽象的本质关系中去寻找现象，而是超越对事物本质的抽象推论直面现象本身。这种变化最突出的表现是互联网思维活动的表象化。表象思维亦可称为感性思维、具象思维、图像思维或影像思维，在网络交往活动中，表象思维不仅表现为图像表达和图像关注，而且还表现为语词和陈述的感性化，亦即网络语言的具体性、生动性和直接性。

网络思维的表象化并非网络活动的特有现象，而是当代文化影像化的网络反映。丹尼尔·贝尔在《资本主义文化矛盾》中就已经论述了当代文化的视觉化变迁，他敏感地预见到：“我们的技术文明不仅是一场生产（含通讯联络）革命，而且是一场感觉的革命。”[①]感觉革命表现为视觉文化的诞生，“当代文化正在变成一种视

① 贝尔．资本主义文化矛盾．赵一凡，蒲隆，任晓晋，等译．北京：三联书店，1989：135.

觉文化，而不是一种印刷文化，这是千真万确的事实。这一变革的根源与其说是作为大众传播媒介的电影和电视，不如说是人们在十九世纪中叶开始经历的那种地理和社会的流动以及应运而生的一种新美学”①。

《资本主义文化矛盾》出版于1978年，虽然当时丹尼尔·贝尔已经看到了信息技术革命给美国社会带来的深刻变化，但与时下在互联网和移动通信中展开的感觉革命和视觉文化相比，那仅仅是一个开端。进入21世纪以来，人们越来越清楚地感受到了视觉文化、影视文化或感性文化掀起的新文化浪潮，这种以视觉影像为主要表现形式的影视文化或感性文化，已不可阻挡地替代了文字文化的统治地位，凭借互联网和移动通信的快捷形式，铺天盖地地展现在社会生活的各种层面。印刷文化或文字文化依靠概念思维，只有形成明确的概念和恰当的判断，才能清楚地书写语句和成文印刷；而视觉文化或影像文化则要求表象思维，只有呈现出生动而具体的形象，才能吸引广大社会成员的视觉注意。印刷文化或文字文化统治了几千年的农业社会和几百年的工业社会，而到了信息社会或网络社会，文字印刷文化的统治地位已经被视觉文化和影视文化所替代，这是一种形象对抽象的替代，是感性对理性的颠覆，是人类文化史上一场最广泛、最深刻的革命。

这场从抽象转向形象、从理性转向感性的革命，恰恰是理性追求抽象的结果。数字化是理性思维的最抽象的形式，而正是因为抽象到了极端，才为形象的影视化提供了技术支持。因此，没有抽象的数字化也就没有形象的影视化，抽象和形象实现了相互转化，正所谓两极

---

① 贝尔．资本主义文化矛盾．赵一凡，蒲隆，任晓晋，等译．北京：三联书店，1989：156.

相通，相反相成。就此而言，当人们依据数字化而进行抽象的大数据运算时，不要忘记抽象的数字计算已经支持了形象的感性表象。

应当进一步指出的是，表象思维在网络社会中地位的提高，还在于网络社会的快速变化。概念思维需要抽象，而抽象则是舍项、超越、间接，进而由现象深入本质、由个别转向一般、由具体上升为抽象，这些思维过程需要时间，甚至是漫长的时间。然而，这种需要在漫长时间中冥思苦想的概念化思维，已经无法应对网络信息的飞速流转，只有不断地滑动鼠标、变换网页甚至跳跃网站，才能浏览到铺天盖地的海量信息的某些片段。

这是人们在生活世界中的网络思维，而不是各种专业领域的思维活动也都发生了从抽象到形象的变化。哲学、数学、经济学乃至计量社会学等专业领域，虽然也不能回避网络社会的这种变化，但当专家们沉浸在具有传统延续性的专业领域时，他们仍然要按照在工业社会生成的各专业领域的规则去展开自己的概念化思维。这不意味着他们落后于时代了，因为网络社会虽然取代了工业社会的主导地位，但是并没有取代工业社会甚至农业社会的存在。从传统社会延续而来的各种专业活动，不仅要继续面对工农业生产中的问题或任务，而且还要延续传统专业领域的概念思维。

这里不是要在生活世界和专业领域之间划出一道明确的界线，而是将两者进行比较而言。或者说，在延续传统社会的专业领域，人们主要展开的是追求“深刻的”概念思维，而在网络化的生活世界，人们展开的主要是“浅薄的”表象思维。于是，我们又面临一个问题：为什么工业社会要求概念思维，而网络社会要求表象思维？除了网络社会信息快速转换使人们难以沉下心来进行抽象思考之外，另一个更重要的原因在于工业机器和计算机的功能区别。工业机器的功能在于改变物质状态、创造物质财富，而计算机的功能则在于处理信息、延伸人类思维。在工业生产中，人们只有在掌握物质材料和物质生产的本质与规律的基础上才能有效控制机器、进行生产；而在利用计算机处理信息的工作中，计算机的运行就是人类思维活动的展开，大量抽象而艰难的计算、统计甚至推论则由计算机更高效地承担了。当计算机、人工智能接替了那些抽象繁琐的数字计算和逻辑推论时，人们就得以腾出时间去开展生动的形象思维了。

参考文献

1. 孔德．论实证精神．黄建华，译．北京：商务印书馆，2001.

2. 马克思恩格斯文集：第1卷．中央编译局，编译．北京：人民出版社，2009.

3. 刘少杰．网络社会的感性化趋势．福建论坛，2015（12）．

4. 哈贝马斯．交往与社会进化．张博树，译．重庆：重庆出版社，1989.

5. 卡斯特．网络社会的崛起．夏铸九，王志弘，等译．北京：社会科学文献出版社，2006.

6. 卡斯特．认同的力量．2版．曹荣湘，译．北京：社会科学文献出版社，2006.

7. 彭特兰．智慧社会．汪小帆，汪容，译．杭州：浙江人民出版社，2015.

8. 费孝通．乡土中国．北京：北京出版社，2009.

9. 哈耶克．致命的自负．冯克利，胡晋华，等译．北京：中国社会科学出版社，2000.

10. 金观涛．在历史的表象背后：对中国封建社会超稳定结构的探索．成都：四川人民出版社，1984.

11. 刘少杰．当代中国社会转型的实质与缺失．学习与探索，2014（9）.

12. 刘少杰．中国市场交易秩序的社会基础——兼评中国社会是陌生社会还是熟悉社会．社会学评论，2014（2）.

13. 马尔库塞，等．现代美学析疑．绿原，译．北京：文化艺术出版社，1987.

14. 布迪厄，华康德．实践与反思．李猛，李康，译．北京：中央编译出版社，1998.

15. 布迪厄．实践感．蒋梓骅，等译．南京：译林出版社，2003.

16. 刘少杰．中国网络社会研究报告 2011—2012. 北京：中国人民大学出版社，2013.

17. 刘少杰．中国网络社会研究报告 2014. 北京：中国人民大学出版社，2014.

18. 卡尔．浅薄：互联网如何毒化了我们的大脑．刘纯毅，译．北京：中信出版社，2010.

19. 北京大学哲学系外国哲学史教研室．西方哲学原著选读：上卷．北京：商务印书馆，1981.

20. 贝尔．资本主义文化矛盾．赵一凡，蒲隆，任晓晋，等译．北京：三联书店，1989.

第九章　网络社会的治理创新

社会生活网络化的快速发展，引起了越来越广泛、越来越深刻的变化，这些变化已经充分表明，网络化的信息社会是活生生地呈现在人们面前的新社会形态，因而继续对社会实行垂直行政管控的网格化管理方式已经不能适应这种变化，应当以新社会形态为基础，实现网格化管理向网络化治理的转变。

一、网络化变迁对社会治理的挑战

网络化推进的社会生活的总体性变迁，其力度远远超过了机器的发明给社会带来的影响。在我们看来，在遍及社会生活每一个角落、每一个层面的网络化引起的社会变迁中，最明显、最重要的变化是缺场交往的快速发展、传递经验的地位提升、社会认同的力量彰显和社会权力的结构转变。[①]

交往是社会的基本形式，经验是社会存在的基础，认同是社会的精神指向，权力是社会的支配力量，当这些社会结构的基本因素都已经发生了变化，那就没有理由认为网络化引起的变化仅仅是局部的或枝节的变化，而应当明确承认网络化引起的变化是社会结构的总体转变，是一种新社会形态的诞生。卡斯特十分明确地指出，网络社会崛起不是一般意义上的社会发展变迁，而是人类社会在工业社会的基础上进入了一种新社会形态。在卡斯特看来："信息技术革命和资本主义的重构，已经诱发了一种新的社会形式——网络社会。"[②]"这个新社会的组织形式以其普遍的全球性，扩散到了全世界，一如工业资本主义及其孪生敌人——工业国家主义在20世纪所做的那样，它撼动

① 刘少杰．中国网络社会研究报告2014．北京：中国人民大学出版社，2014：导论．

② 卡斯特．认同的力量．2版．曹荣湘，译．北京：社会科学文献出版社，2006：1.

了各种制度，转变了各种文化，创造了财富又引发了贫穷，激发了贪婪、创新和希望，同时又输入了绝望。不管你是否有勇气面对，它的确是一个新世界。”①

应当指出，卡斯特关于网络社会是一种新社会形态的论断，实际上是受到了马克思社会形态变迁思想理论的影响。马克思说：“手推磨产生的是封建主的社会，蒸汽磨产生的是工业资本家的社会。”②在马克思看来，社会形态变迁的根本动力来自生产力，而生产工具则是生产力发展变化的标志或尺度，因此，必须依据生产工具的发展变化来判断新社会形态的诞生。卡斯特的论断的根据是，计算机和移动通信技术是当代人类社会最先进的生产工具，它们的广泛使用必将引起生产力的变革，并推进生产关系直至上层建筑的变迁，进而实现整个社会结构的变迁，迎来一种崭新的社会形态。

如果承认网络社会是一种有其真实根据和崭新结构的新社会形态，并且网络社会的各种因素已经促使社会各个层面发生了复杂而深刻的变化，那么当前作为党和政府以及社会相关机构高度重视的社会治理，就应当把这个不可轻视的重大社会变迁作为开展这项工作的现实基础或重要背景。然而，事实却并非这样简单。自 2006 年中央做出《中共中央关于构建社会主义和谐社会若干重大问题的决定》以来，虽然社会建设、社会管理或社会治理成为中央和地方的中心任务之一，近十多年来各级党委和政府积极努力实践，但并未明确地把网络社会的崛起作为实现这项战略任务的基础和背景，而往往是将之作

① 卡斯特．认同的力量．2 版．曹荣湘，译．北京：社会科学文献出版社，2006：1－2.
② 马克思恩格斯文集：第 1 卷．中央编译局，编译．北京：人民出版社，2009：602.

为开展社会管理或社会治理的一个难题去对待。

怎样看待网络社会是社会治理的一个难题？回答这个问题比较复杂。一方面，网络社会作为一种新社会形态，在中国大规模的发展只有十多年的时间，人们对这个迅速进入社会生活各种层面的崭新变化，尽管有身临其境的直接感受，但对这种变化的复杂性和深刻性的认识还十分有限，对网络社会出现的大量新社会现象难以做出符合实际的正确认识和评价。另一方面，也正因为对网络社会发展变迁认识的局限，一些政府机构或某些官员往往还是沿用管理工业社会甚至农业社会的模式开展社会治理工作，通常不是把网络社会作为社会治理的新背景或新基础，而是仅用技术手段来应对网络社会的快速发展，甚至过高估计网络化发展对社会秩序形成冲击的消极性，把社会成员的网络信息交流和网络群体行动作为严加监控的对象。

如同经济、政治和文化等方面的管理必须适应其管理对象的发展变化一样，社会治理也必须根据社会的发展变迁做出相应的调整，特别是当网络社会作为一种新社会形态已经崛起之时，更应当别无选择地调整原来在工业社会或农业社会基础上形成的社会管理方式。虽然工业社会和农业社会并没有因为新形态的网络社会的崛起而退场，工农业生产以及以之为基础的社会生活仍将持续地发展与存在下去，但正如工业社会崛起并没有消除农业社会却不可否认地获得了社会支配地位一样，网络社会也在同工业社会、农业社会的并存中获得了不可阻挡的支配地位。不仅网络社会本身的崛起与扩展要求社会治理做出调整，而且从网络社会对工业社会和农业社会的支配作用来看，社会治理也应当做出与时俱进的变化。

社会学对社会治理应当根据社会变迁而发生变化的问题做出了很多论述。面对工业社会快速发展引起传统社会向现代社会的转型，涂尔干论述了依靠宗教信仰或道德教化而实现的机械社会团结，向依靠社会分工而导致社会成员功能依赖的有机社会团结的转变，其实质也可以看成是对社会治理方式转变的论述。韦伯关于传统权威、感召权威、合法性权威以及科层制的论述，更明确地揭示了伴随着农业社会向工业社会的转型，社会统治方式和管理模式发生了性质与形式上的变化。

在当代社会学中，社会学家对社会治理应当根据社会发展而做出相应转变的问题做了更加深入的思考。福柯论述了欧洲古希腊、中世纪到近现代不同历史时期，社会治理的宗旨或目标发生了从城邦安全、君主安全、领土安全到人口安全的变化，西方社会治理方式也发生了多次重要转型。福柯推崇以人的自由为基础的社会治理，他称为生命政治或生命治理。福柯指出：在自由主义治理技艺下，“自由主义是每时每刻制造自由、激起自由并生产自由，当然还伴随着（一整套）约束和制造成本问题”①。生命治理是注重人口安全的治理，它在依靠人的自由意愿、自由行为的基础上，维护个体与集体的利益，追求人口的生命安全和社会秩序的稳定协调。

吉登斯依据当代社会已经从匮乏转向富裕、工业社会转向后工业社会的变化，论述了解放政治向生活政治转变的思想观点。在吉登斯看来，物质生活资料短缺匮乏问题的解决，不仅导致了统治者对被统

---

① 福柯．生命政治的诞生．莫伟民，赵伟，译．上海：上海人民出版社，2011：54.

治者武装镇压的收敛，化解了被统治者对统治者的暴力反抗，而且也要求社会治理方式随之发生变化。吉登斯提倡用生活政治替代解放政治，解放政治所关心的是消除剥削、不平等和压迫，把人从被压迫和被奴役的状态中解放出来，因而它是一种“脱离”的政治；而生活政治则是对“我们怎样生活”的问题进行反思的政治，是在高度现代性条件下重建人类自由和有道德的生活的政治，因而是一种个体获得自主性的政治。不难看出，吉登斯的所谓生活政治也就是我们所论的社会治理。①

总之，社会学中有大量关于社会治理应根据社会变迁做出相应调整的思想理论，十分值得中国社会治理研究与社会治理实践认真借鉴。然而，令人遗憾的是，在当前大规模开展的中国社会治理研究与实践中，人们不是借鉴社会学已有的研究成果，因时制宜地根据当代中国社会变迁探寻社会治理的新理念、新模式，而是因循守旧地重复一些旧的社会管理方式，导致耗费了巨大人力和物力的社会治理走向表面化和形式化。

二、网格化社会管理的进取与滞后

在各级政府和社会组织不断努力推进下的中国社会治理实践中，得到大力推广的网格化社会管理，被认为是一种取得了重要创新进展的社会管理模式。然而，随着网格化管理在全国各地的推广，这种社

① 吉登斯．超越左与右：激进政治的未来．李惠斌，杨雪冬，译．北京：社会科学文献出版社，2000：14－15.

会管理模式的局限性受到了越来越多的批评，很多学者指出，网格化管理并没有跟上社会发展变迁的步伐，而是流于形式地细化了传统的行政管理模式。

信息化时代发生的一系列新变化，使社会生活呈现了很多新问题、新矛盾，社会治理也面临了许多新挑战。十多年来，为了化解社会矛盾、稳定社会秩序、激发社会活力，中央和地方各级政府都为推进和创新社会治理做出了积极努力，以社区为主要对象的社会管理或社会治理取得了很多成绩，也积累了一些工作经验。其中被认为比较成功的经验，是在全国很多省市得到广泛推广的网格化社会管理模式。

网格化管理是利用网络技术对社会实行的全面的精细化管理，其实质是对社会开展行政管理的技术化。网格化管理的基本运作模式是，在城区、街道和社区的基础上，把城市基层社会划分为若干个网格，对网格内的社区服务、社会治安、计划生育、文化体育、党团工作等实行全方位管理。这种精细化的社区管理已经推行了十多年，在社区服务、社会治安等方面取得了一定的成绩。网格化管理被看成是具有重要创新性的社会管理模式，但相对于广泛的信息化和网络化的社会变迁而言，网格化管理的创新性实在有限。

网格化管理难以应对网络信息海量供应、思想观念和社会活动都十分活跃的社会变迁。网格化管理强调利用网络信息技术开展社会管理，但网络信息技术只是被用作对社会实行精细化管理的手段，寻求的是社会生活的稳定状态。可是，网络信息技术及网络信息的海量供应，引起的直接变化之一是思想观念和社会行动活跃程度的大幅提升，单纯追求精细化管理的网格化管理无力面对多元化的思想观念与差异化的社会行动。思想观念和社会行动活跃程度的大幅增加，有网络信息技术和海量信息资源的强大支持，它代表了信息化时代不可逆转的发展趋势。如果网格化管理不能适应社会活跃程度大幅增加这一发展趋势，就意味着它落后于社会生活信息化和网络化的时代进步。

网格化管理实质上把社会单纯作为客观对象加以管理，忽视了社会的主体地位与主体作用。信息化时代社会活跃程度的大幅提高，是社会主体能动性增强的重要表现。社会治理本应积极利用信息化条件下大幅增强的主体能动性，不仅应当启发社会成员在信息交流和社会交往中自主、自强和自律，主动为优化社会秩序做出自己的贡献，而且还应该欢迎社会成员对社会治理的主动参与，倾听和支持广大社会成员对社会不良风气和不端行为的批评与抵制，真正实现社会多元主体的共治与互治。

事实上，社会主体成员不在网格化管理范围之中。网格化管理的主要目光聚集在社区之中，而在社区中活动的主要成员是离退休的老年人和未成年的儿童。虽然对老年人和儿童提供社会服务是政府和社区的责任，但社会治理如果仅仅面对这些社会成员，那就意味着没有把在各种职业岗位上工作学习的职业群体作为社会治理的对象。占总人口 70%以上的职业群体是社会的主体群体，他们不仅具有推进社会发展进步的活力，而且也可能在他们开展的大量社会活动中发生各种社会矛盾。不面对职业群体的社会治理，就无法完成最大限度地激发社会活力和最大限度地化解社会矛盾的战略任务。

网格化管理另一个明显的局限是无法接触广阔的网络空间。如前所述，网络空间是内容丰富、变化多端、没有边界、范围广阔的社会空间，而网格化管理却仅仅定位于有清晰地理边界的城市社区，网络空间不在网格化管理的范围之内。因此，无论网格编织得多么细密，也只能对社区地方空间中的事物起作用。但是，网络空间是信息化时代生成的广阔的新型社会空间，是当代社会空间的重要组成部分，不能面对网络空间的社会管理或社会治理一定是不完整的。虽然网络监管面对了网络空间，这似乎弥补了网格化管理的空缺，但现有的网络监管与网格化管理有相同之处，其主要作用不是去激发网络交往的活力，而是通过某些监管技术去监督控制网络活动。

存在这些局限的网格化管理能够作为典型经验在全国推广，说明社会治理还不能适应甚至落后于信息化时代社会生活已经发生深刻变迁的新形势。网格化管理同以工业社会为基础的企业管理制度——福特制有很多相似之处。福特制通过垂直一体化的组织结构对企业生产实行精细化管理，其主要目标是用一套严密的组织纪律和规章制度对生产过程实行严格的控制，使生产能保持确定的流程和稳定的秩序，以此保证实现效益最大化的经济追求。福特制曾在企业管理中收到了预期效果，而其能发挥作用的基本前提是：厂房、车间、机器、操作技术、生产流程、企业组织和企业产品等，都是具有确定性的客观因素。概言之，追求确定性的福特制是植根于工业生产的确定性之上的，但它忽视了企业员工的主体能动性。

与福特制不同的是，网格化管理以及其他形式的社会治理，面对的是经过信息化时代已经大幅提高主体能动性的广大社会成员，他们不是只能等待管理的确定性较强的客体，而是活动程度已经大幅提高并因而具有很大不确定性的主体。虽然社区生活中也存在一些诸如户籍、房产、社区公共物品和社区服务需求等相对确定的因素，追求确定性的社会管理或社会治理具有一定程度的作用空间，但在信息化时代，蕴含社会活力、发生社会矛盾甚至冲击社会秩序的可能性主要不在这些相对确定的因素之中，而在于海量信息供应、网络空间崛起、网络交往和网络群体活跃、社会主体成员的社会活动脱域等新社会变迁之中。如果不能有效面对和治理信息化时代的不确定性因素，那么，以最大限度地激发社会活力和最大限度地化解社会矛盾为战略目标的社会治理就不可能完成任务。

刘安对网格化社会管理的利与弊做了比较全面的分析。刘安根据对某城市社区网格化管理的深入考察，一方面肯定了网格化管理取得的一些进步："网格化管理是近年来我国基层政府自上而下主导推动的城市社会治理变革。它延长了治理链条、下沉并整合了治理资源，加强了基层政府与市场、社会组织的互动合作，构建了服务与管理并重的治理体系。一些地方还引入数字信息技术，提升了社会治理的精细化水平。"另一方面，刘安也指出了网格化管理存在的一些弊端，在他看来，网格化是一种行政管理的技术细化："'科层化'的组织结构增加了治理的复杂程度；治理的'行政化'制约了社区社会资本生成；'选择性执行'行为导致了治理目标的不完全实现；'目标导向'下存有治理手段运用不当的风险；'网格泛化'则模糊了多元治理主体间的边界、致其权责不清。"[①]

① 刘安．网格化社会管理及其非预期后果．江苏社会科学，2014（3）．

由刘安的调查分析可见，网格化管理并非在新形势下的社会治理创新，它不过是由上至下的行政管理的细化，是试图利用网络技术对社会实行全面的精细化管理。网格化管理动用大量人力试图对社会实行包漏无遗的全方位管理，不仅给政府及其延伸机构增添了无尽负担，而且更重要的是把广大社会成员看成等待监控和服务的被动对象，其结果不仅使政府及其延伸的社会管理机构背上了沉重的包袱，无法完成自己对社会开展“心连心服务”的承诺，而且还抑制了社会成员参与社会治理的积极性，起不到“最大限度地激发社会活力”的作用。

王颖对网格化社会管理的弊端做了更加深入的分析。在王颖看来，当代中国社会已经形成了“以共同房产利益、生存环境和共同志趣为纽带，自主连接而成的社会生活共同体。它既有明确的地域性，又有着很强的超越地域的特性。网络技术赋予新社区超越地域限制的能力，赋予社区居民根据各自的爱好自主选择参与社群的权利和能力。而社区、基础社群间的连接度也因网络而变得更加牢固”①。王颖称这种变化为社会扁平化，而扁平化的社会要求与之相适应的扁平化治理。可是，与之相反的却是垂直性的科层制管理——网格化管理的加强。加强传统科层体制垂直管理的网格化管理，相对于网络化变迁导致的社会扁平化而言，不仅不是推进，反而是一种退缩。

王颖所论的可贵之处首先在于，她把社会治理实践放到社会生活网络化的现实基础上加以考察，在快速网络化的社会历史条件和延续

---

① 王颖．扁平化社会治理：社区自治组织与社会协同服务．河北学刊，2014（5）．

传统行政管理方式的矛盾关系中，揭示问题存在的症结和探寻解决问题的出路。虽然王颖论述的是社区层面的扁平化，但社区是社会最基本的存在，从社区的变化中能够清晰地看到网络社会新形态的具体表现。正如王颖所论，网络技术既使广大社会成员在共同兴趣、共同利益和共同环境基础上便捷地联系成为新的社会共同体，又使人们超越社区地域的空间局限，脱离社区的物理空间而进入更加广阔的社会空间，形成了脱域性的网络交往与网络联系，并因此而使基于传统社会的垂直性的行政管理力不能及。

概言之，网格化社会管理的展开形式和运作路径不符合已经快速网络化的新社会形势。网格化管理的努力目标同朝向网络社会新形态的发展趋势相比，虽然不能说二者完全背道而驰，但也可称之方向不一致。网络化展开的是横向的平面扩展，而网格化追求的是自上而下的垂直管理，尽管垂直和横向有交叉之点，但因展开方向不同，网格化的垂直管理对横向展开的网络社会来说接触层面太小了。前面论及的网络社会中大规模展开的缺场交往、传递经验、认同力量、信息权力等，是在更广阔层面上表现出来的社会生活扁平化，是社会成员脱离社区物理空间展开的具有旺盛活力的新社会行为，这些都是指向局部物理空间的网格化管理无能为力的更广阔的社会空间，是网格编织得再精细也无法囊括的脱域空间。

网格化管理之所以能够得到北京、上海、浙江等地政府机构和社会组织的积极推广和努力实践，表明它有一定程度的存在基础，不过，这个基础首先是对社会生活网络化缺乏明确认识的心理基础。如前所述，网络化在很短的时间内实现了大规模扩展，不仅广大社会成员对网络社会新形态缺乏明确认识，而且从事社会管理的官员甚至学者也未必清楚了解网络社会的本质特点和它对传统社会生活的深刻影响。因此，以工业社会甚至以农业社会为基础的传统社会观念和管理理念，仍然是进行网格化社会管理研究与管理实践的心理基础，也就合乎情理了。

然而，网格化管理的这种心理基础是未能及时反映网络化快速发展的思想观念，无论这种思想观念还在多少人的头脑中存在，它都不是网格化管理运行的稳定的心理基础，因为网络化快速发展引起的社会生活深刻变迁，迟早要引起人们在思想观念方面的转变，人们终究要认识到这种与当代社会发展趋势不相适应的管理方式的落后性与无效性。

同时还应看到，网格化管理还存在不可否认的现实基础。一方面，承担社会管理主要任务的民政系统和公安系统，对社会的管理都是一种垂直性管理，网格化管理实质上是这种垂直性管理的延伸和扩展。另外，政府其他方面的行政体系也都是以垂直性管理方式运行，庞大的政府行政体系需要更加细化的管理模式，这些都构成了网格化管理的行政基础。另一方面，网格化管理能够有效面对的是社区中的离退休人员和社会闲散人员，他们的活动范围较小，有大量时间在社区有限空间中开展各种日常活动，网格化的社区管理对这些人具有比较有效的作用。

应当指出，无论现有的行政体系有多么庞大、多么发达，其管理效力都必须以适应当代社会的网络化变迁为前提。如果政府行政管理不顾网络社会的深刻变迁，因循守旧地坚持纵向垂直管理，那么即便细化出再多的网格，也难以对大规模扁平化的社会生活实现有效管理。至于社区中的离退休人员和社会闲散人员，虽然他们应当得到必要的社区服务，这也是社会治理的重要任务，但如果城市社会治理仅仅面对这些人员，那就意味着城市社会治理无论开展到何种程度，都不过是一种边缘化行为。

三、从网格化管理转向网络化治理

所谓社会治理边缘化问题，是相对于社会治理的主要目标或战略任务而言的。社会治理任务千头万绪，但主要目标和要实现的战略任务是激发社会成员更大的活力，在和谐的社会关系中保持社会健康发展和持续稳定的协调秩序。而要达到这个目标或实现社会发展的战略任务，一定要把社会主体成员纳入社会治理的范围，因为不仅社会发展活力要通过社会主体成员焕发出来，而且化解社会矛盾、保持社会稳定秩序也要通过社会主体成员来实现。如果偏离了这一点，而把社会治理的主要目光集中在社会非职业群体或离退休人员身上，就意味着放弃了中心目标而使社会治理趋向边缘化。

职业群体[①]是社会生活的主体群体。首先从数量上看，职业群体是社会成员的主体构成。北京市人口构成情况就可清楚地证明这个判断。根据《北京市统计年鉴 2017》的数据可知，截至 2016 年底，北京市常住人口为 2 172.9 万人，其中职业群体人数为 1 593.5 万（三

① 本书所谓职业群体，不仅包括在各种岗位上的从业人员，也包括在中小学和大专院校中学习的学生。

大产业从业人数1 220.1万，各类在校学生 373.4 万），职业群体人数占北京市常住人口总人数的 73.3%。[①] 如果考虑非常住流动人口，北京市职业群体人口的数量就更大。根据瞬间人口调查数据，2013 年北京市瞬间流动人口保守估计可达 1 600 万。短期在北京流动的人口，除了数量有限的老年人和学龄前儿童以外，大部分是职业群体，职业群体人口在流动人口中的比例不低于 70%。因此，无论是从北京市的常住人口还是流动人口看，职业群体都是北京市的主体群体。

从职业群体的社会活动能量和他们展开的社会空间上看，就更应当承认职业群体作为社会主体群体的地位。一般情况下，论及职业群体时，人们主要关注他们在任职单位中的职业活动，而很少谈及他们在职场之外的社会活动。实际上，职业群体在职场之外的社会活动能量和社会活动空间，要远远大于非职业群体。随着社会生活水平的提高，职业群体的业余活动无论从活动内容和展开形式上，还是从活动频率和扩展空间上，都已经呈现了难以计算的增长。

作为社会主体群体的职业群体，他们的社会活动不仅为社会增添了无限丰富的色彩和朝气蓬勃的活力，而且也会因为其活动范围的广大无边和进入层面的复杂无限，产生各种难以预见的社会问题或社会矛盾。特别是在社会贫富分化、社会不公问题突出和大量不确定性因素不断涌现的条件下，职业群体的社会活动越活跃，发生社会问题、形成社会矛盾甚至爆发社会冲突的可能性就越大。可以发现，近些年爆发的许多群体事件，都是职业群体在职场之外的社会活动所致，而

① 北京市统计局，国家统计局北京调查总队．北京市统计年鉴 2017. 北京：中国统计出版社，2017.

那些离退休人员则很少去参与这些对社会秩序有重要影响的群体事件。从这一点上看，以化解社会矛盾、促进社会和谐为主要任务的社会治理，就更应当把职业群体及其社会活动置于工作范围之内，否则就一定是舍本求末的边缘化行为。

把注意力限制在社区之中的网格化管理，还存在另一个严重问题，即无法应对城市中日益扩展的“社区脱域”问题。吉登斯面对20世纪80年代人类社会的发展状态，论述了城市社会的脱域问题，他说：“所谓脱域（disembeding），我指的是社会关系从彼此互动的地域关联中，从通过对不确定的时间的无限穿越而被重构的关联中‘脱离出来’。”[①] 时至今日，吉登斯当年所论述的社会脱域问题不知扩大了多少倍。在移动通信和互联网等新媒体技术快速发展的强力支持下，越来越多的社会成员能够便捷地脱离社区实体空间而进入网络“虚拟”空间，不仅开展瞬间即至的“光速交流”，而且还结成了各种形式的网络共同体或网络社区。进一步说，经由新媒体推动的社区脱域，已经在社区的物理场域之上又形成了一种信息网络之域。

信息网络之域是网格化管理使尽浑身解数也接触不上的新社会空间，并且，目光向下的网格化管理越精细，它的视野距离网络化的信息之域就越远，由此而产生一种相背而去的效应与趋势。网格化社会管理同网络化社会发展趋势相背而行是致命的错误，就像当年以机器为基础的工业化进程不可阻挡一样，今天以新媒体技术为基础的网络化发展也不可逆转。凡是把移动通信和互联网仅仅当作技术手段，同

① 吉登斯．现代性的后果．田禾，译．南京：译林出版社，2000：18.

时把这种由当代最先进的生产工具所引发的社会现象仅仅当作控制对象的思维方式、行为方式以及社会管理方式，都是逆历史趋势而动的迂腐之举，其后果不论而知。

摆脱这一困境的途径只有一条：顺应网络信息化发展的时代潮流，从网格化的社会管理向网络化的社会治理转变。而要实现这种转变，需要做的事情固然很多，但首先还是应当形成对社会生活网络化的正确认识，简单说，不应当把网络化发展看成只是一种新技术的应用，而应当明确承认网络新媒体技术已经促使了一种新社会形态的诞生，并且，这种新社会形态不是依附于工业社会和农业社会，而是在同后者的并存中占据了不可替代的主导地位。正如辩证法所示，解决矛盾要抓住矛盾的主要方面，在当今工业社会、农业社会和网络社会并存同时滋生了大量矛盾的新形势下，必须首先关注网络社会的崭新变化及其引发的各种新社会矛盾。

其次，改变把社会成员仅仅当作管控对象的社会管理模式。网络化也就是信息化，网络社会的核心是信息的创造与交流。因此，网络化时代的社会治理，不仅要注意社会成员的物质生活需求和物质生活问题，而且要注意社会成员在思想观念和价值信念方面存在的矛盾与问题，通过灵活的方式实现社会心理或精神价值上的启发与疏导，在人们的网络信息交流与实地社会交往的联系中及时发现和有效化解社会矛盾。在这个意义上，网络对话和网络交流应当是社会治理的基本形式。只有在广泛的网络对话沟通中，政府机构、社会组织和广大社会成员之间才能形成共治、互治的社会治理新局面。

最后，网络化的社会治理将是社会动员最广泛、最有效的社会治理。与网格化社会管理不同，网络化社会治理一定会有效地把职业群体纳入其中。作为网民主体的职业群体，不仅以其活跃的网络社会行为成为网络化治理的对象，更重要的是他们一定会名副其实地成为网络社会的治理主体。他们将积极地利用微信、微博等各种网络设置开展触及社会生活每一个角落的网络沟通、网络评价和网络行动。不仅各种在传统社会难以暴露和抵制的污泥浊水，都将在数以亿计的广大网民的网络狂欢中被展示于光天化日之下，而且凡是顺应历史潮流、符合群众根本利益的公平正义之举，也将在迅捷传递的网络交流中受到欢迎与传颂。

四、海量信息供应下的预期引导

信息化时代的社会生活发生了日益复杂的变迁，人们的信息交流、社会交往、社会空间以及群体形式等，都呈现了十分深刻的变化，这些变化引发了大量新社会问题和新社会矛盾。明确认识信息化时代复杂而深刻的社会变迁，有效化解限制社会活力和影响社会秩序的社会问题与社会矛盾，是新形势下开展社会治理不可回避的重大时代课题。

信息化时代最明显的变化是海量信息供应引起了社会活跃程度大幅提高。人们的思想观念和社会行动都是依靠某种信息接收和信息判断而进行的。当信息供应匮乏时，思想观念和社会行动都会处于相对迟缓甚至保守的状态；而当信息供应充分时，思想观念和社会行动都会发生由迟缓、保守向活跃和积极的变化。自 20 世纪后期社会生活信息化程度大幅提高以来，特别是借助互联网和移动通信等信息技术的快速发展，人类获得了海量的信息供应，思想观念和社会行动都呈现了空前积极的变化，社会的活跃程度实现了难以估量的提高。

在海量信息的支持下，社会活跃程度的大幅提高无疑能够增加社会能量和推进社会发展。无论古今中外，当社会处于积极向上的快速发展时期时，其都是思想观念活跃和社会行动积极的历史时期。中国改革开放后的思想解放、各阶层社会成员勇于实践和经济社会同步快速发展，十分充分地证明了社会活跃程度和社会发展之间的联动效应。不过，对于社会治理而言，海量信息供应引发的一个问题是社会整合难度加大。在前信息化时代，虽然因为信息供应有限，人们的思想观念和社会行动的活跃程度不高，但社会整合却比较容易实现；而在信息化时代，海量的信息供应可以支持人们依据多样化信息进行差别很大的不同选择，活跃的社会行动也会指向不同的目的，社会的差异化和分歧度会因此而大幅增加，社会整合的难度也随之加大。

海量信息是通过计算机和移动通信在互联网中向社会传播的，人们在互联网中接收信息、表达观念、开展交流，由此而形成了内容无限丰富、变化异常迅速的网络空间。注重人际关系、乐于社会交往，是中国社会最突出的文化传统。当互联网和移动通信在中国发展起来之后，广大社会成员得心应手地把这些信息技术应用于开展社会交往、联结社会关系之中。中国互联网络信息中心在2018年1月发布的《第41次中国互联网络发展状况统计报告》显示，截至2017年底，中国网民已达7.72亿，相当于欧洲人口总量，普及率达到

55.8%。并且，网络活动非常活跃，网民每周上网平均时长达 27 小时。[①] 网民在互联网中不仅表达、交流和传递各种信息，而且还结成了灵活多样的网络群体：微信群、QQ 群、博客群等。网络群体是网络社会的基本形式，形形色色的网络群体及其无限丰富的活动内容，说明网络空间是一种现实性很强的社会空间。

广大网民把本来在特定场所中存在的各种社会关系和社会交往上移到网络空间之中，社会生活由此实现了大规模脱域变化。人们不仅在互联网中接收信息、表达观念和开展评价，而且还开展网络购物、证券交易、网络艺术和网络教育等活动。便捷的网络信息交流和光速般的网络信息传递，张开了一个无限广阔的网络空间。网络空间是没有边界、流动扩展的空间，是超越了地方场所限制的信息空间，是人的面目不呈现出来、身体不在其中的缺场空间。因为超越了地方场所的限制，网络空间中生成了可以超时空传递的传递经验。经验是人们的经历和体验，网民在网络中形成的信息交流经历和体验，可以通过网络迅速传递开来，形成了网民共有互动的传递经验。传递经验已经成为网络社会发展变化的新型经验基础。

近几年创新社会治理的呼声较高，但创新社会治理的实际进展并不明显。影响创新社会治理的因素很多，但首要的是对社会生活信息化引起的深刻变迁认识不足，社会治理的观念和目标与社会变迁的状态和趋势不一致。作为一项重大战略实践，社会治理的思想观念和追求目标应当与治理对象相一致，否则，采取的手段与措施、选择的途

① 中国互联网络信息中心．第 41 次中国互联网络发展状况统计报告．(2018－01－31)［2018－12－03］．http：//www.cac.gov.cn/2018－01/31/c_1122347026.htm.

径和模式，都难以收到预期效果。

工业社会适应机器化生产的确定性要求，建立了各种依据确定性、排斥不确定性的企业管理制度和社会管理制度，以致工业社会在组织化、制度化、程序化、标准化等一系列确定性追求的支持下，实现了几百年的持续发展。现在，人类社会已经从工业社会迈向了信息社会或网络社会，植根于机器生产的客体确定性正在被以信息交流和网络传播为根据的主体不确定性所覆盖，社会运行和发展变化也随之呈现越来越大的不确定性。在这种深刻转变的新形势下，社会治理若继续坚持工业社会治理立足确定性、追求确定性和排斥不确定性的方法原则，就意味着时过境迁、不合时宜了。

从网格化管理能够在全国范围内广泛推广这一事实看，时下的社会治理主要是一种追求社会客体确定性的行政管理，它不仅在相对确定的社区空间中追求社会生活的确定性，而且还回避了已经在广阔的社会空间中发生的大量的主体不确定性。海量信息供应引起社会主体活跃程度增加和社会行动差异化增强，网络社会崛起引起社会空间分化，缺场交往引起社会活动与社会群体脱域变化，这些信息社会的重要变化及其引发的不确定性，都没能引起社会治理的高度重视，以致社会治理不能面对社会主体群体及其存在的社会矛盾和社会问题，形成一种边缘化困境。

改变社会治理的边缘化困境，涉及很多必须克服的障碍。首先必须清醒认识信息化时代发生的深刻社会变迁，不仅要明确了解海量信息供应、社会空间分化、社会活动脱域等社会变迁的现象，而且还要理解这些社会变迁中表现的社会运行的不确定趋势，知道社会生活不确定性增强和持续的必然性根据，而不是把它看成可以用某些措施就可以消除的偶然现象或偶发事件。

应当转变以工业社会为基础形成的单纯立足客体确定性的基本立场和追求确定性的基本目标。虽然现在还不能断言人类社会已经完全转变为信息社会，因为信息社会尚在发展之中，工业生产和工业社会生活仍然在很大层面上存在，但是，信息化和网络化已经无处不在地在社会生活的各种层面广泛发生，信息社会或网络社会已经大规模生成。信息社会或网络社会虽然没有替代工业社会乃至农业社会，但起码是与工业社会及农业社会并存的。并且，尤为重要的是，信息社会或网络社会同工业社会、农业社会不是简单的并存关系，信息社会或网络社会一定能够通过信息生产和网络传播，不可回避地引领工业社会与农业社会的发展变迁。所以，应当立足信息化或网络化的深刻变迁，正视信息化和网络化带来的主体不确定性变化，调整单纯追求社会客体确定性的社会治理目标。

排除社会生活的不确定性，一直是稳定社会秩序的基本目标。在工业社会和农业社会，可以依据社会的大量确定性因素去排斥不确定性，但在信息社会或网络社会，社会的基本运行方式已经向不确定性转变，主体不确定因素不仅不会被排除，而且会随着社会信息化和网络化程度的持续提高而不断增多，这已成为信息化时代社会发展变迁的一个不可逆转的必然趋势。如果不顾社会运行方式的变化，仍然坚持在已经成为必然趋势的不确定性中追求确定性，不仅是不能顺势应变的僵化保守行为，而且还可能把走向发展进步的社会拉向倒退。

在清楚承认和正确对待信息化时代社会不确定性的基础上，应当转变对海量信息供应条件下社会活跃程度提升的态度。在看到社会活跃程度提升有可能给社会带来不确定因素的同时，还应当看到思想观念和社会行动的活跃程度提高，是社会发展进步的必要条件。不仅应当大力支持社会成员积极接收和传播网络信息，而且在社会治理上还应当把网络信息作为推进社会进步发展的资源、能量或基础，不再把网络信息和网络信息技术单纯作为管理或监控社会成员的手段。

应当高度重视网络社会崛起引起社会空间分化的重要意义，在对社区等地方空间或实体空间开展社会治理的同时，还应当把网络空间作为社会空间的一部分去治理，并且要在线下地方空间与线上网络空间的统一中开展治理。要在网络空间作为人的身体不在场的缺场空间中，看到人们信息交流的踊跃性和交流方式的群体性，承认网络交往和网络社群是信息化或网络化社会的表现形式。

应当懂得网民队伍已经达到中国人口一半以上的重要社会意义。明确认识网民队伍主要由职业群体构成，作为社会主体成员，他们的社会交往活动已经在很大程度上实现了信息化和网络化，并由此而发生了社会主体群体与社会活动脱域的变化。社会治理应当把职业群体特别是他们的网络信息活动纳入治理范围，改变目前社会治理非主体化或边缘化的困境。

互联网时代最重要的变化是线上网络空间的形成。线上网络空间是人们的身体不在其中的缺场空间，是脱离了具体地理场所和社区环境的信息空间，因此很多人称之为虚拟空间。然而，网络空间与宗教崇拜所形成的脱离现实的虚拟表象空间不同，它是以海量信息反映社会、表达生活的现实社会空间。日益增多的社会成员通过各种信息工具进入了这个快速流动、没有边界的网络空间，从中接收着无限丰富的社会信息，形成了对社会发展前景的展望、对社会演化趋势的判断和对社会生活目标的追求，亦即形成了空前广阔的社会预期。

社会预期在互联网的作用下呈现复杂分化的趋势。在互联网技术和互联网行为大规模发展的推进下，中国社会空间发生了线上网络空间、线下网络化空间和线下非网络化空间的多重分化。线上的网络空间是8亿多网民身体不在其中的缺场空间，是通过网民的观念表达、话语交流和信息沟通而展开的信息空间。线下空间分为两种情况，一种是网络化的社会空间，亦即通过网络技术的应用实现了“互联网+”的经济、政治、文化与社会行动的空间，可以简称为“互联网+”空间；另一种是还没有同互联网发生直接联系的非网络化空间，是由尚未入网的社会成员进行社会活动而形成的社会空间。

线上网络空间是脱离了地理边界、物理条件和地方规定性等限制的空间，因此，线上网络空间具有高度灵活性、流动性、传递性和不确定性。人们十分便捷地在网上表达观点、开展信息交流，瞬息万变的社会信息轻而易举地得以在网上发布和传递，创造了一个有史以来最灵活、最易变的网上社会空间。并且，因为线上网络空间的脱域性和无边界性，它还具备了迅捷传递和快速扩展的功能，这些都导致了网上空间的不确定性和风险性。

网民们的社会预期不仅受到互联网上各种信息的直接影响，而且还可能直接以网络空间中快速流转的传递经验作为自己形成和改变社会预期的基础。于是，网民的社会预期就会从根基上形成与网上空间的性质相同的特点。网上空间的脱域性、无边界性以及高度灵活性、流动性、传递性和不确定性等特殊属性，都直接影响或规定了广大网民的社会预期，进而使社会预期呈现复杂、分化的态势。

人们在网络空间中的信息交流活动，是互联网条件下广泛而大量发生的社会交往实践，并且是广大社会主体成员参与的空间广阔、内容丰富、形式多样、互动活跃、变化迅速的交往实践。在社会生活大规模信息化或网络化的新形势下，网络空间中的交往实践获得了与生产实践同样重要的地位，因为网络空间中的交往实践，不仅是情感沟通、意愿表达，而且还同生产、消费、交易、参政、议政、欣赏与评价等经济、政治和文化生活紧密联系在一起。因此，网上空间的交往实践影响或规定人们的社会预期，不能仅从网络信息对人们心理活动产生影响的角度去理解，更应当把网络交往实践作为信息化时代的新型社会实践，从它对人们思想观念的决定作用的角度去理解。

中国还有 6 亿多人口没有在互联网上注册，其中大约 1 亿人口是没有社会活动能力的幼儿，因此至少有 4 亿多人口的社会活动主要在网络空间之外展开。这部分社会成员由于不能主动地在网络中浏览、发布和传递信息，他们对网络空间的认识十分有限，甚至还有许多远离互联网的社会成员，对网络社会现象感到陌生、奇怪和排斥。相比而言，线下的非网络化空间，是一个灵活性、流动性和传递性都较弱的空间，因而也是一个相对稳定的社会空间。

在线下非网络化空间中活动的社会成员，虽然他们不能完全回避互联网对他们的影响，但他们的信息沟通、交往行为和经验基础，主要发生和存在于有明确界限的地理环境或地方空间之中，他们的思想观念和社会预期也主要依据在实体空间中形成的在场经验或局部经验而形成的。依据在场的局部经验形成的社会预期，具有脚踏实地、相对稳定的品质，然而，在社会生活已经大规模网络化的条件下，这种社会预期、思想观念也有与新事物发展不相适应的地方。

依据网络经验和实地经验形成的不同社会预期，同处一个时代，相互之间发生着十分复杂的矛盾关系。那些每日每时都能从互联网上接收大量崭新信息的网民，在没有边界限制的网络空间中表达着快速转变的社会预期，以敏感的心理反应调整着自己的预期目标和预期要求；而那些对互联网还有陌生感或疏离感的社会成员，往往对与互联网相关的社会现象产生担忧或怀疑，他们恪守眼见为实的观念，容易把那些依据网络经验形成的观念和采取的行动，视为虚幻的、不可靠的。

相较而言，那些不仅能进入网上空间开展信息交流，而且还能把网下的经济、政治、文化和社会活动同互联网行为紧密结合起来的实践“互联网＋”的人们，形成了上可入网、下可落地的“互联网＋”经验。这种“互联网＋”经验，不仅处于网上缺场空间和网下在场空间的中间地带，而且还同时进入了两种空间，起到把两种空间有效联系起来的中介作用。以这种经验为基础形成的社会预期，兼具两种空间、两种经验的共同特点——既具有网络空间的时代性，又具有地方空间的实在性，还具有网上与网下、快速流动与相对静止、不确定的风险与相对确定的稳定等多维度相统一的特点。

我们应当高度重视那些积极开展“互联网＋”实践的人们的社会预期，了解这些往来于线上和线下两种社会空间的人们的网络体验与“互联网＋”经历，理解他们以“互联网＋”实践为基础对社会发展前景的展望、对社会演化趋势的判断和对社会生活目标的追求，并据此概括出既符合信息化与网络化的时代潮流，又植根于生活实际的合理的社会预期，进而有效引导专注于线上网络空间和滞留于线下地方空间的两种分化与隔膜的社会预期，使社会预期能够保持积极向上、多样协调的健康状态。

五、网络化条件下的社会治理创新

近几年来，全国各级城市开展了大量社会治理工作，积累了很多经验，也取得了许多成绩。然而，从目前城市社会治理展开的主要领域和面对的主要对象上看，还难以完成中央提出的社会治理战略任务。中央很多文件都明确强调：社会治理的战略任务是最大限度增加社会和谐因素和最大限度激发社会活力。城市中的社会和谐因素与社会活力，无疑主要存在于城市社会的主体群体——职业群体之中，然而在日常城市生活中，职业群体却往往在目前开展的城市社会治理范围与对象之外。因此，如何清醒地认识这个社会治理战略任务同社会治理实践之间的矛盾问题，已成为完成社会治理战略任务不可回避的重大课题。

（一）社会治理实践与社会治理任务的矛盾

现实中我们看到，目前的城市社会治理主要是在城市社区中展开的，即城市社区开展的社会治理工作主要是为社区居民提供各种服务。2013 年 11 月至 2014 年 2 月，我们在北京 6 个城区的 18 个社区中开展了城市社会治理的实地调查，同时对海淀、西城和朝阳等城区和一些街道办事处的负责人开展了社会治理有关问题的专访。从实地调查的情况可知，社区开展了大量工作，诸如便民服务、公共卫生、社区治安、文体活动、安老助残、流动人口及计划生育管理等，都是社区积极开展的治理工作，这些治理工作对于稳定社区秩序、促进社区和谐起到了重要作用。然而，社区工作人员普遍反映的一个情况是，社区的这些治理工作的主要作用对象是离退休人员和没有稳定职业的社会闲散人员。如果不改变社区治理工作的这种局限，则很难完成中央提出的创新社会治理的战略任务。

党的十八届三中全会提出创新社会治理的重大战略任务是，“最大限度增加和谐因素，增强社会发展活力，提高社会治理水平”（《中共中央关于全面深化改革若干重大问题的决定》）。根据中央明确提出的创新社会治理的战略任务，城市社会治理的工作范围不应当局限于离退休人员和社会闲散人员。因为社会发展的活力和促进社会和谐的主要因素都不在离退休人员和社会闲散人员之中，而在从事各种职业的职业群体之中，所以，难以接触职业群体而仅仅面对非职业群体的社区治理，就无法完成中央提出的创新社会治理的战略任务。

那么本书所说的职业群体是什么？它不仅包括在各种岗位上的从业人员，也包括在中小学和大专院校中学习的学生。无论是从数量上看，还是从社会能量上看，职业群体都是城市社会的主体群体。并且，职业群体作为北京市的主体群体，这还不仅是从人口数量上做出的判断，更重要的是从职业群体在活动能量及其展开的社会空间上得出的明确结论。通常论及职业群体时，主要重视其在职场中的职业活动，而轻视其在职场之外的社会活动。事实上，职业群体的社会活动能量和社会活动空间都远远超过非职业群体。不仅在双休日和节假日，职业群体可以通过亲朋聚会、外出旅游、休闲购物等开展大量社会活动，而且在工作日的8小时工作之后，他们每天也能以各种灵活多样的形式进行大量社会交往。相比之下，非职业群体的社会活动时间和活动空间却十分有限，特别是年纪较大的离退休人员，虽然也能参加一些公共场所的文体休闲活动，但主要的社会活动还是在社区之中开展。所以，城市社会活动的内容和空间，主要是由职业群体展开的。

由于社会生活的活力与增进社会和谐的因素是通过人们的社会活动呈现出来的，其主要的社会活动是由职业群体展开，因此，当增强社会活力和增加和谐因素成为社会治理的主要任务时，社会治理的主要对象就应当是职业群体，而不应当是非职业群体。然而，事实却与之相反，时下以社区治理为主要内容的城市社会治理，其主要作用对象却是非职业群体。于是，一个不容忽视的矛盾就摆在人们的面前：社会治理实践与社会治理主要任务之间存在明显的矛盾。这是一种具有普遍性的社会治理矛盾，不仅在全国各地的社会治理中普遍存在，而且在北京、上海、广州和深圳等一些人口剧增、城市空间大规模扩展的超大城市中，表现得更为严重。

这种社会治理实践与社会治理任务不对应的矛盾，引起的一个难以回避的问题是：社区治理的边缘化。职业群体不仅在城市人口数量和社会活动空间上占主要份额，而且城市社会的财富由他们创造，城市社会的资源由他们支配，城市社会的权力由他们掌握，城市社会的矛盾和冲突也主要在他们之中发生。因此我们认为，只有以城市职业群体为主要对象的社会治理才能面对社会的主体群体，才能把社会治理实践引向社会的中心地带。相反，仅仅面对离退休人员和社会闲散人员的社区治理，不可否认地处于社会治理的边缘地带。因为，不仅非职业群体不是城市社会的主体群体，而且城市的主要社会矛盾和社会冲突也不在他们中间产生，所以，以化解社会矛盾、增强社会活力和促进社会和谐为主要任务的社会治理实践，就不应当仅仅以他们为对象。从近年在全国各地发生的群体事件（如 2012 年爆发的江苏启东事件、四川什邡事件以及北京和全国各地都发生的保钓反日大游行等）中，都可以清楚看到，参与者大部分是在各种岗位上的职业群体。相反，社区中的离退休人员则很少参与其中。

（二）社区治理边缘化的历史原因和观念基础

城市社区治理边缘化问题并不是一个新问题。调查显示，从事社区管理或社区建设的社区工作人员对此有非常普遍的认识。自 2006 年，中央提出构建和谐社会的战略任务以来，笔者在北京、长春、杭州、长沙和深圳等地谈及社区管理或社区治理边缘化问题时，很多社区负责人、街道办事处领导或民政部门负责人都认为这是一个长期存在且找不到有效解决办法的问题。通过对北京 6 城区的社会调查可知，北京市很多社区为推进职业群体参与社区建设活动做了积极努力，但“年轻人生存压力大，时间也少，对他们参加社区活动构成了限制。这些人平时与居委会接触、联系较少，居委会组织活动他们也没热情参与，只有社区组织亲子活动时他们有可能参加”[①]。因此，吸

① 北京朝阳区 dty 社区负责人访谈录。

引职业群体参与社区建设与社区治理的努力成效不明显。

还有一些社区负责人认为，没有必要把职业群体纳入社区治理范围。一个社区负责人谈及吸收职业群体参与社区活动时说：“没有必要将中青年职业群体纳入社区管理之中。原因是中青年职业群体白天上班，晚上回来就是休息，没有时间参加社区活动。就算是节假日，也不愿意参加社区组织的活动。原因是街道办、社区组织的活动对他们来说，不具有吸引力，参加活动没有多大意义。”① 因此，结果就像一个社区反映的那样：“社区中退休的居多，在职年轻的比较少。中青年比较少参加社区活动，只有社区举办特大型活动，比如中秋晚会的时候邀请他们来参加。其实不光我们这，所有其他社区都存在这个问题，主要服务对象基本是老年人。”②

从社区反映的情况看，一方面，职业群体不仅对社区开展的各项活动没有兴趣，而且因为实际情况也确实难以参加社区开展的各项活动；另一方面，还有一些社区管理人员认为，针对离退休人员和社会闲散人员开展社区服务，就应当是社区管理或社区治理的主要任务，职业群体没必要被纳入社区工作范围。因此，从客观和主观两个方面都存在职业群体成为社区治理对象的障碍。不过，在我看来，虽然社区反映的情况都是十分现实的问题，但问题的关键还不仅在于此，应当对社会体制变迁的历史和关于社会生活的思想观念做出更进一步的思考。

从社会体制变迁的历史看，虽然改革开放前的社会体制——单位

① 北京西城区 ssh 社区负责人访谈录。

② 北京海淀区 sjc 社区负责人访谈录。

制已经发生了很大变化，但并不像很多学者所论述的那样，单位制已经解体，中国社会已经进入后单位时代。事实上，原来由国有企业和机关事业单位包揽职工社会生活一切方面的情况有了很大变化，不仅有一大批国有企业实现了民营化改革，而民营企业不像原来国有企业那样把职工群众的社会生活都揽在怀抱里，而且机关事业单位的很多为职工服务的活动也转向了社会化，但单位制对于社会生活的影响并没有因为这些变化而销声匿迹，它仍然在观念和行动上持续地影响着现在的社会治理实践。

单位制像其他社会制度一样，其不仅能通过一些明文规定的管理规则和体制安排而支配企业和职工的行为，而且它还能作为一种意识形态，更稳定、更广泛地影响人们的思想与行动。虽然单位制改革已经使很多单位功能弱化，但不仅企事业单位的职业群体没有清楚认识到自己在职场之外的大量社会活动已经进入社会空间，这些社会活动属于社会治理的对象，而且社会管理体制中的管理人员也没有明确认识到职业群体在职场之外的行为是社会现象，是社会管理或社会治理不可忽视的工作对象。单位制的这种意识形态作用导致的一个直接的后果是，出现了一个企事业单位不管，社会管理机构也管不着的社会治理盲区。并且，不像汽车驾驶员受驾驶座位限制而形成的视野中较小范围的盲区，社会治理盲区是由社会主体群体的社会活动展开的范围广阔的社会空间。

社会治理盲区的存在，还与作为社会治理理论基础的某些社会学观念直接相关。长期以来，很多社会学研究在讨论社会建设或社会治理时，总是在一种静态的视角中面对社会现象和思考社会问题，其结果是把注意力仅仅聚焦在具有清楚地理边界的社区或具有明确组织形式的群体之上。虽然不可否认社区和群体都是社会的存在形式，社会治理不能将之排除在视野之外，但社会交往是更重要的社会展开形式，社会学研究和社会治理实践应当把社会交往作为更重要的对象。正如马克思、齐美尔、韦伯和哈贝马斯等人所论，社会交往是社会最基本的展开形式，它不仅形成了各种社会关系，而且生成了各种社会矛盾。社会交往是人们的社会实践，创造了社会财富，推进了社会发展。社会交往是动态的现实的社会形式，只有把社会交往作为社会学研究和社会治理的主要对象，才能抓住事物的根本。

对社会建设和社会治理高度关注并投入大量研究的中国社会学，本应及早指出和明确分析社会治理盲区或边缘化的困境，但因为过度追求操作化研究，往往像某些社会管理机构一样，只顾回答眼前的社会问题，忙于帮助政府机构制定政策和参与社会治理实践，缺乏把历史与现实紧密结合起来的理论思维，以致只能随声附和地局限于操作层面的表层化研究，不仅局限了自身，也误导了实践。

（三）面向职业群体开展社会治理的复杂性

面向职业群体开展社会治理，其任务要比面对非职业群体繁重得多。首先在于职业群体的社会活动空间具有非职业群体无法与之相比的多样性和广阔性。无论是离开职业单位的 8 小时工作之余，还是双休日和节假日，职业群体都可能离开住所而在饭店、商场、娱乐休闲场所或郊外旅游景点开展形式多样的社会活动。借助城市便利的交通设施，精力旺盛的职业群体可以将其社会活动空间展开到城市社会治理能力难以触及的范围。在社区之外的广阔社会空间中，职业群体的社会活动既给城市生活增添了活力，也会滋生一些预料不到的社会矛盾。在城市很多公共场所发生的社会矛盾，大部分是在职业群体之中发生的。

特别是考虑到社会生活的网络化发展，面向职业群体开展社会治理的任务就更加复杂。北京市的社会生活网络化程度居全国之首，2016 年 12 月，全市网民 1 690 万人，互联网普及率达 77.8%。[①] 网络化的大规模快速发展，使城市社会治理的传统方式面临了严峻挑战。而最严峻的挑战是，传统社会治理主要是在城市社区这种特定的空间范围内展开的，可称之为在场空间的社会治理，而社会生活网络化的快速发展在城市生活中又展开了一个新的空间——缺场空间。这是一种人的身体不在其中、面目不呈现出来的新形式社会空间，是一个在全国有近半数人口参与，而在北京则有 77%以上人口参与的异常活跃的空间。并且，进入网络缺场空间的网民 90%以上是职业群体成员[②]，他们是社会生活中最活跃、对社会问题最关心、最有参与能力的社会中坚力量，由他们通过信息交流、观点沟通、社会评价等活动而展开的网络交往，是当代社会生活的崭新表现形式，是工业社会基础上的新社会形态——信息社会或网络社会的直接表现。

缺场空间在城市生活中的大规模展开，使原本就存在的职业群体的社区脱域现象呈现了空前放大的新形势。在社会生活网络化大规模发展之前，职业群体的社会活动就很少限于社区范围，因此也存在脱

① 中国互联网络信息中心．第 39 次中国互联网络发展状况统计报告．（2017－01－22）[2018－03－21]．http：//www.cac.gov.cn/2017－01/22/c_1120352022.htm.

② 中国互联网络信息中心．第 41 次中国互联网络发展状况统计报告．（2018－01－31）[2018－04－20]．http：//www.cac.gov.cn/2018－01/31/c_1122346138.htm.

离特定社区而展开各种社会活动以及社会交往的群体，但这些脱离社区的活动与群体，仍然是在场空间中的社会活动和社会群体。而当北京有77%以上人口（主要是职业群体）以每周27小时在网络空间活动时，社区脱域现象就展开在一个更广阔的空间之中，从居住社区的脱域转变为对整个城市在场空间的脱域。并且，在脱域的缺场空间中，人们的网络交往变成了信息沟通或语言交流的间接性交往，同在场空间中的直接交往相比，缺场交往的交往形式、交往能力、交往环境、交往内容和交往矛盾都已发生了变化，这些都是社会治理面对的崭新现象。

脱离在场区域的网络空间，不仅流动着信息社会中最重要的资源——信息，而且还传递着支配人们社会行为的信念，信息与信念在网络空间中的快速流动，既能为社会生活增添活力、增进和谐，也能提升人们思想观念和社会行动转变的频率，并因此而大幅提高社会生活的不确定性。难以预测和应对的不确定性导致当代社会风险不断生成，也正是在这个意义上，吉登斯和贝克都把不确定性同风险社会紧密联系起来论述。并且网络空间引发的不确定性还要引发在场空间的不确定性和社会风险，进而形成在场空间社会风险的网络助燃，这为社会治理特别是特大和超大城市的社会治理增加了极大难度。

社会生活网络化还引起了城市社会权力结构的变化。传统社会的权力基本上都掌握在政党、政府和一些社会组织的各种实体机构手中，可称之为实体权力，而网络化快速发展催生并壮大了一种新型的社会权力——网络信息权力。这是来自民间、由基层社会成员通过微信、微博等网络设置表达的言谈话语的权力，是在网络中快速流动并能实现横向连接且快速传递的权力。网络信息权力是不受地理边界和局部环境限制的流动权力，美国社会学家卡斯特说，“流动的权力优先于权力的流动”[①]。其意在指明，网络信息权力是与传统实体机构握有的实体权力不同的新型社会权力，如果实体权力不改变原来的运行方式，则难以应对网络信息权力的挑战。

社会生活网络化还引起了一个传统社会治理十分陌生的社会现象——传递经验。从事社会治理研究和社会治理实践的人们都很重视从经验事实出发，这被认为是开展有效社会治理的一个基本原则。然而，一个不容忽视的事实是，人们通常看重的经验事实是在特定场所中发生的在场经验，是受特定环境关系限制的局部经验或局地经验。而在网络化快速展开的新形势下，一种在网络交往中发生的新经验迅速而大规模地生成，即传递经验。这是一种间接性经验，虽然没有身体的经历，但却能因为网络沟通而形成丰富且深刻的心理体验。这不是独处一隅的孤独的个体心理体验，而是在网络交往中快速传递的群体经验，甚至是超越具体空间限制的具有普遍性的社会经验。

流动于网络中的传递经验，也是一种十分现实的社会经验。尽管其中缺少人们的身体经历，但其传递的思想内容和社会信息，都是对社会生活十分真实而具体的反应与表达。与把人们的目光引向天国的宗教表象和引向遥远未来的抽象理想不同，它与现实生活息息相关，

① 卡斯特．网络社会的崛起．夏铸九，王志弘，等译．北京：社会科学文献出版社，2006：434.

不仅包含着对社会事实或社会问题的关注，而且还表达着推进现实生活发生变化的强烈要求。传递经验借助网络交流的便捷性，可以使不同环境中的网民心理形成一种共振，生成一种观念上的共识，并突破局部环境的限制，穿洋跨海地实现广阔范围的经验传递，引发不同经济、政治、文化和社会条件下相似的社会运动。2011年至2012年，在北部非洲爆发的社会运动传递到美国而引发的席卷全美的占领运动，就是对传递经验现实性的有力明证。

（四）面向职业群体的社会治理创新

同传统的社会管理相比，面向职业群体的社会治理，首先在治理对象上就是一种明显的创新。把职业群体的社会活动纳入社会治理的范围，突破了把社会治理的对象仅仅局限于社区中非职业群体的狭隘视野，不仅使社会治理面对了社会的主体群体，而且面对了社会活动的主要空间和主要内容，进而找到了进入社会中心地带、摆脱社会治理边缘化困境的途径。应当说，这是实现社会治理创新的基本前提。因为，是否实现真正意义上的社会治理创新，应当以这种创新能否完成社会治理的主要任务为根据，一种把目光移向远离社会中心地带的社会治理模式，即使形式再新颖也谈不上创新。

时下很多学者和社会管理机构津津乐道的社会网格化管理，就是一种在形式上有些新鲜感，而在实质上并不能为完成社会治理主要任务而起到有效作用的所谓“创新”。王颖深刻分析了网格化管理的局限性，在她看来，“以物业小区为形式的新社区大规模兴起，以共同利益、共同志趣重新聚集起来的基础社群，与传统的街居制组织几乎没有法定的隶属关系。这种在科层体制之外大规模自主性聚集而成的小区和社群，已经成为主流社会的基本构成形态”[①]。而推崇社会网格化管理的人们没有看到城市社会结构的这种重要变化，还在利用科层制管理社会的手段，追求一种僵硬的协同性和简单的全面性，其结果不过是，“即使雇请再多的‘格员’，也不过是科层制向下延伸的‘更多的脚和更细的网’”[②]，它完成不了对科层体制之外的新社会主体的治理任务。

在笔者看来，王颖所论的“主流社会的基本构成形态”“在科层体制之外大规模自主性聚集而成的小区和社群”，其成员主要是职业群体。他们可以通过互联网或新媒体串连起来，但却不能依靠“网格”被严密管控。在传统的科层体制已经难以奏效的新形势下，应当积极利用职业群体之间的网络联系，探寻“针对利益主体高度分散化、扁平化”的网络化治理。[③] 而这种网络化治理，寻求的是对社会主体群体（亦即职业群体）的积极治理。进一步说，社会职业群体不是在网格化管理中的管理对象，他们本身也是社会治理者。应当充分发挥职业群体的活动能量，在交往互动中维护自身、群体和社区的利益，并由此发展为一种体现社会多元主体、多元利益的众治与共治。

充分动员职业群体积极参与的社会治理，应当探寻治理的新形式。社会治理除了为社会成员提供物质生活上的服务外，还应当动员社会管理人员同职业群体主动对话与有效沟通，开展积极的思想观念交流和价值倾向沟通的精神治理。在城市生活的富裕程度有了较大提

① 王颖．扁平化社会治理：社区自治组织与社会协同服务．河北学刊，2014（5）．
② 同①.
③ 同①.

高、职业群体在精神生活方面的需求上升到较高地位并且变得较为复杂的新形势下，精神治理成为社会治理的重要任务。李强把精神层面的社会治理问题称为“人心管理”，并认为人心管理是社会管理的重中之重。在李强看来，所谓社会管理，从根本上讲是对人的管理，其中主要包含两个方面：一是对人的行为的管理；二是对人心的管理。行为管理主要依靠制度强制，人心管理主要依靠道德教化。不过，人心也并非完全受制于社会道德，同时还要受制于人的需求。人的需求可以说是一切社会管理的基础，它引导着人们“向善”或“向恶”。所以，人们的需求满足与否，将直接关系到人心能否凝聚，行为是否规范。因此，强化人心管理，除了需要进行道德教化之外，还必须优化社会资源配置，促进社会公平公正。

李强提出的人心管理，既是社会治理的一个十分重要的实际问题，也是一个具有深刻内涵的学术问题。目前社会治理工作主要在社区服务和社会保障等方面展开，对心理和精神方面的社会治理未能给予充分重视，而现代城市社会生活中的大量问题是属于心理和精神层面的问题，清楚地了解各种能引起社会矛盾甚至社会冲突的社会心理、思想观念、精神文化和价值倾向等方面的问题，并采取有效应对方案、对策措施和引导模式，及时化解精神心理层面的社会不稳定因素，应当是当前城市社会治理的学术研究和实际工作都应予以高度重视的重要课题。特别是随着社会网络化和信息化程度的继续提高，这方面的研究任务更加复杂、更加重要。

充分动员职业群体积极参与的社会治理，还应当探寻治理的新途径。应当明确企业的社会治理责任，充分动员企业参与社会治理。只有企事业单位才能对所属职业群体开展有效治理，企事业单位不仅应当有效管理所属职工的职业活动，而且也应当管理他们的社会活动，这是企事业单位应当承担的重要社会责任。在单位制弱化之后，企事业单位仅对所属职工的工作时间负责，职业群体在工作岗位之外的大量活动得不到有效治理和管控，这不仅不利于稳定社会秩序，而且也不利于企事业单位获得良好的社会环境。职业群体在任职单位以外的社会活动极为复杂，既应避免重蹈单位制时期对职工群众无所不管的旧辙，也应避免单位制功能弱化后对职工在职场之外的任何社会活动都不闻不问的做法。应当对职业群体有可能促进社会和谐和妨碍社会秩序的社会活动给予支持与监管，也应当明确企事业单位对所属职工社会活动给予支持与监管的合理权责和具体任务，探索有效路径和正确的操作方式。

网络化的快速推进已经引起社会生活的深刻变化，缺场交往的快速扩展，传递经验的地位提升，社会认同的权力彰显，社会时空的复杂变迁，都对城市社会治理提出了尖锐挑战，必须调整以传统社会为基础的社会治理方式，才能适应网络化、信息化引起的深刻变化。职业群体既是在场社会活动的主体也是缺场网络活动的主体，并且缺场的网络活动已经成为越来越重要的社会活动，而且还对在场社会活动产生十分重要的影响。近几年发生的一系列重大群体事件已经说明，网络信息、网络交流、网络围观和网络批评，对在场的社会活动具有强烈的舆论导向和行动助燃作用。企事业单位具有及时了解本单位职工网络行为与社会行为动向、不确定性和社会风险的能力与条件。企事业单位把本单位职工的缺场网络活动同在场社会活动统一起来管理，不仅是必要的，而且也是可行的。

参考文献

1. 刘少杰．中国网络社会研究报告 2014．北京：中国人民大学出版社，2014.

2. 卡斯特．认同的力量．2 版．曹荣湘，译．北京：社会科学文献出版社，2006.

3. 马克思恩格斯文集：第 1 卷．中央编译局，编译．北京：人民出版社，2009.

4. 福柯．生命政治的诞生．莫伟民，赵伟，译．上海：上海人民出版社，2011.

5. 吉登斯．超越左与右：激进政治的未来．李惠斌，杨雪冬，译．北京：社会科学文献出版社，2000.

6. 刘安．网格化社会管理及其非预期后果．江苏社会科学，2014（3）．

7. 王颖．扁平化社会治理：社区自治组织与社会协同服务．河北学刊，2014（5）．

8. 北京市统计局，国家统计局北京调查总队．北京市统计年鉴 2017．北京：中国统计出版社，2017.

9. 吉登斯．现代性的后果．田禾，译．南京：译林出版社，2000.

10. 中国互联网络信息中心．第 39 次中国互联网络发展状况统计报告．（2017－01－22）［2018－03－21］．http：//www.cac.gov.cn/2017－01/22/c_1120352022.htm.

11. 中国互联网络信息中心．第41次中国互联网络发展状况统计报告.（2018-01-31）［2018-04-20］. http：//www. cac. gov. cn/2018-01/31/c_1122346138. htm.

12. 卡斯特．网络社会的崛起．夏铸九，王志弘，等译．北京：社会科学文献出版社，2006.

图书在版编目（CIP）数据

网络社会的结构变迁与演化趋势 / 刘少杰著．—北京：中国人民大学出版社，2019.9

（网络与空间社会学丛书）

ISBN 978-7-300-27270-2

Ⅰ.①网… Ⅱ.①刘… Ⅲ.①互联网络-社会结构-研究-中国 ②互联网络-社会变迁-研究-中国 Ⅳ.①C916②TP393.4

中国版本图书馆 CIP 数据核字（2019）第 179720 号

网络与空间社会学丛书

网络社会的结构变迁与演化趋势

刘少杰　著

Wangluo Shehui de Jiegou Bianqian yu Yanhua Qushi

出版发行	中国人民大学出版社		
社　　址	北京中关村大街 31 号	**邮政编码**	100080
电　　话	010－62511242（总编室）		010－62511770（质管部）
	010－82501766（邮购部）		010－62514148（门市部）
	010－62515195（发行公司）		010－62515275（盗版举报）
网　　址	http://www.crup.com.cn		
经　　销	新华书店		
印　　刷	北京东君印刷有限公司		
规　　格	170 mm×240 mm　16 开本	**版　　次**	2019 年 9 月第 1 版
印　　张	21.75 插页 2	**印　　次**	2019 年 9 月第 1 次印刷
字　　数	236 000	**定　　价**	75.00 元